「225조 원의 질문 : 주택도시기금의 진실과 미래」

이 책이 세상에 나올 수 있도록 큰 힘이 되어 주신
한마음재단 남승우 고문님께 감사의 마음을 전합니다.

「225조 원의 질문 : 주택도시기금의 진실과 미래」

재단법인 동천 엮음

경인문화사

차 례

◀ 여는 글   진희선 · 7
◀ 에필로그   유욱 · 258

주택도시기금의 운용현황과 개선방향 | 박 준

Ⅰ. 주택도시기금의 개요 ···································· 19
Ⅱ. 주택도시기금의 조성 ···································· 23
Ⅲ. 주택도시기금의 운용 ···································· 28
Ⅳ. 주택도시기금 운용의 문제점 ···························· 32
Ⅴ. 주택도시기금의 적극적 활용 ···························· 35

인구감소와 지방소멸 시대, 주택도시기금의 역할 | 백두진

Ⅰ. '고자촌'과 '신생아 특별공급' 사이 ······················ 39
Ⅱ. 국민주택기금에서 주택도시기금으로 ····················· 42
Ⅲ. 주택도시기금으로의 개편, 한계와 문제점 ················ 48
Ⅳ. 주택도시기금 앞에 놓여진 과제 ························· 67
Ⅴ. 결론 ·· 99

안정적 주거정책을 위한 주택도시기금 거버넌스 개편 방안 | 장경석

Ⅰ. 주택도시기금, 누구를 위한 기금인가? ··················· 103
Ⅱ. 공공재정의 효율적 관리를 위한 접근 방법 ·············· 105

Ⅲ. 주택도시기금 연혁 및 운영현황 ················· 110
　　Ⅳ. 현행 주택도시기금 거버넌스 구조 ················· 116
　　Ⅴ. 국민연금기금 거버넌스 사례 ··················· 125
　　Ⅵ. 주택도시기금 거버넌스 평가 및 개편방안 ············ 133
　　Ⅶ. 국민을 위한 주택도시기금 거버넌스 개편을 향하여 ······· 147

주택도시기금과 지방자치 | 김경목

　　Ⅰ. 들어가며 ······························ 153
　　Ⅱ. 지방자치단체의 자치권 ····················· 155
　　Ⅲ. 주거복지와 지방자치단체 ···················· 161
　　Ⅳ. 주택도시기금 지역배정을 통한
　　　　지방자치단체의 주거복지 역량 강화 ·············· 175
　　Ⅴ. 나가며 ······························· 181

주거정책 분권화를 위한 주택도시기금 개선 방안 : 지역계정 신설을 중심으로 | 이성영

　　Ⅰ. 서론 ································ 185
　　Ⅱ. 중앙집중형 주택공급 현황과 지역별 주거 현황 ········ 187
　　Ⅲ. 주거정책 분권화를 위한 주택도시기금 활용 방안 ······· 198
　　부록 ···································· 209

민관협력형 주택공급 확대를 위한 주택도시기금 개선방향
| 이윤형

   Ⅰ. 들어가며 …………………………………… 217
   Ⅱ. 주택공급 패러다임 전환과 공공지원민간임대리츠 ……… 219
   Ⅲ. 공공지원민간임대리츠 향후 과제 ………………………… 233
   Ⅳ. 공공지원민간임대리츠 사업모델 개선 …………………… 239
   Ⅴ. 나가며 ……………………………………… 256

여는 글

진희선 연세대 도시공학과 교수

1. 들어가며

일제 식민지에서 해방되고 6·25 한국전쟁을 겪고 나서 우리나라 인구는 폭발적으로 증가한다. 1950년 남한 인구는 1,900만 명 정도였으나, 1960년 2,500만 명, 1967년에 3,000만 명, 1983년에 4,000만 명에 이르고 마침내 2012년에 5,000만 명을 넘었다. 60년 동안에 2.5배 3,000만 명이 늘어난 것이다. 특히 1차 베이비붐 시대인 1960년 전후와 2차 베이비붐 시대인 1970년대 초반에 1년 평균 출산이 거의 100만 명에 육박하는 등 인구 폭발 시대를 거쳤다.

1970년대까지는 식민지 수탈과 전쟁의 잿더미에서 국가를 재건하면서 헐벗고 굶주림 속에 생존을 위해 몸부림치는 시기였다. 경제적으로 사람이 하루 1달러를 지불할 능력이 있어야 기아에서 벗어날 수 있다. 우리나라는 1974년에서야 1인당 국민총소득이 365불이 되어 국가적 차원에서 비로소 기아를 극복했다고 할 수 있다. 당시 국가적 목표는 '우리도 한 번 잘살아 보세!'였다. 최저수준이지만 굶주림이 극복되면서 그 다음의 국가적 과제는 헐벗음의 해결이었다. 바로 먹고 자고 쉴 곳, 주거 문제였다. 폭발적으로 늘어나는 인구를 수용하기에는 당시 주택공급은 턱없이 부족했다.

2. 폭발적으로 늘어나는 달동네 판자촌

우리나라는 1960년대 이후 산업화 과정을 거치면서 서울을 중심으로 이농현상이 크게 일어났다. 한국전쟁이 끝나고 1955년 157만 명이었던 서울 인구는 1963년 325만 명, 1976년 725만 명으로 폭발적으로 늘어났다. 1966년 동아일보에 연재되었던 이호철의 장편소설 『서울은 만원이다』에 당시 서울의 상황을 묘사한 글이 있다. "일자리는 없고 사람들은 까지고 약아지고 당국은요 사발이나 먹으면 낑낑거리고 신문들은 고래고래 소리나 지른다." 한국전쟁 이후 서울의 도시화 과정 속 서민들의 애환이 고스란히 담긴 글이다. 시골에서 무작정 올라온 사람들로 인해 산꼭대기까지 판잣집으로 뒤덮일 만큼 주거난이 심했다. 마침내 1988년에 1,000만 명을 돌파하여 서울은 초만원이 된다. 30여 년에 만에 6배 이상 늘어나는 인구를 감당하기에는 서울은 너무나 좁고 정부는 어찌할 바를 몰랐다.

일자리를 찾아 꾸역꾸역 서울로 몰려드는 사람들은 산등성이나 천변에 무허가로 판잣집을 얼기설기 짓고 짐을 풀었다. 당시 서울시는 판자촌 문제를 해결하기 위해서 여러 정책을 펼쳤다. 산등성이 무허가 판자촌 점유자에게 국공유지를 싼값으로 매각하여 양성화하고, 도로 하수도, 공중화장실을 설치해주어 자립하도록 하였다. 청계천 변 등 홍수에 물난리 위험이 있는 곳은 별도 택지를 마련하여 집단 이주시키고, 국공유지에 시민아파트를 지어 서민주거지를 마련하였다. 당시 서울시에는 무허가 건물 137만여 동이 있었는데, 이 중 일부는 양성화하고, 나머지는 시민아파트를 건립하여 수용하거나, 경기도 광주군(현 성남시) 내에 대단지를 조성하여 이주 정착시킨다는 방침을 세웠다. 그러나 하룻밤을 자고 나면 두세 배씩 늘어나는 무허가 판자촌을 정리하기에는 정부와 서울시의 역량만으로는 무리였다.

결국 사건이 터지고 만다. 1970년 서울시가 와우산 중턱에 건설한 시민아파트가 붕괴하여 74명의 사상자가 발생했다. 부실 설계와 무리한 공사 기간, 날림공사에 도덕적 해이가 겹친 대참사였다. 이 사고로 인해 당시 김현옥 서울시장이 물러나고 관련자들은 구속되었다. 와우아파트 사고가 나고 어수선한 사회 분위기가 가라앉기도 전에, 1971년 철거민 이주단지인 광주에서 일명 '광주대단지 사건'이 발생한다. 당시 청계천과 서울역 일대에 살던 빈민들에게 '다시는 서울로 이사를 오지 않겠다'라는 서약을 받고 광주군 일원에 대단지 택지를 마련해 저렴하게 분양하면서 공장을 세워 일자리도 제공하기로 했다. 그러나 막상 철거민 10만여 명이 이불 보따리와 식기 등을 싸 들고 현장에 도착하니, 언덕배기에 금만 그어 놓고 가구당 군용 텐트 한 개만 지급했다. 도저히 살 수 없는 환경을 만들어 놓고 회유한 사실을 알게 된 철거민들은 그해 8월에 봉기했다.

'와우아파트 붕괴'와 '광주대단지 사건'은 폭발적으로 늘어나는 인구 문제 해결이 얼마나 어렵고 심각한지를 바로 보여 준다.

3. 서울시의 주택공급 및 재개발 정책

이후 서울시는 달동네 판자촌 주거 문제 해결을 위해 주택정책을 대전환한다. 바로 합동재개발 방식이다. 그전까지는 무허가 판자촌 주민 스스로 본인들이 점유하고 있는 국공유지를 정부로부터 불하받아서 주택을 새로 짓는 방식이었는데, 자금력과 기술을 갖춘 건설사와 합동으로 개발을 할 수 있게 새로운 방법을 고안한 것이다. 주민은 부지를 제공하고, 개발 전문업체인 건설사는 아파트설계도서를 작성하여 건축인허가를 받아 일부는 주민들에게는 특별분양하고 나머지는 일반분양하여 사업비를 마련하는 방식이다. 마련한 사업비는 설계비, 측량비, 공사비 등으로 사용하고 서울시에서는 사업 전 과정에 행정지원을 하였다. 성북구 한신·한진아파트, 금천구 벽산아파트 등이 주민조합과 건설사가 합동재개발 방식으로 탄생한 것이다. 혹자들은 왜 산꼭대기에 저런 흉물스러운 아파트를 짓게 했냐고 당시 공무원들을 타박한다. 하지만 이는 당시 상황을 모르고 하는 소리다.

당시 여기저기 산등성이에 빼빼이 들어선 무허가 판자촌은 골칫덩이였다. 평상시에도 공동수도를 이용해서 물을 받아야 하고, 화장실도 공동으로 사용해야 했기 때문에 아침마다 길게 줄을 서서 생리적인 현상을 참아야 하는 고통을 매일매일 겪어야 했다. 하수도 설치가 제대로 되지 않아 날씨가 더운 여름이면 악취가 진동했다. 1970년대 영화 '별들의 고향', '영자의 전성시대'를 보면 서민의 애환과 슬픔이 담긴 판자촌의 일상이 잘 그려져 있다. 홍수나 태풍이 불어닥치기라도 하면 산사태가 발생하여 하루에도 몇 사람씩 죽어 나갔다. 이러한 고질적인 판자촌 문제를 해결하기 위해 산등성에 있음에도 용적률을 대폭 올려주어 사업성이 나오게 하다 보니 지금과 같은 형태로 지어진 것이다.

1980년대 합동재개발 방식이 활황을 띠며 또 다른 문제가 발생한다. 재개발 사업시행자는 용역을 동원해 달동네 판자촌을 물리력으로 강제철거하려 하고, 영세세입자는 극렬하게 저항하였다. 이 과정에서 인명사고가 발생하여 사회문제화되자 서울시에서는 재개발 현장 세입자에게 임대아파트를 제공하도록 업무지침을 마련했다. 이후 정부에서 이 지침을 법제화하여 재개발로 인해 철거되는 세입자에게 임대주택을 제공하도록 하였다. 이렇게 시작된 서울시 판자촌 재개발사업은 재개발법으로 제도화되고, 2002년 도시및주거환경정비법으로 확대 개편되면서 오늘에 이르고 있다.

서울시는 1967년에 '시민아파트'를 건설하면서 난립한 무허가 주택

문제를 해결하기 위해 판자촌철거민에게 특별분양권을 지원하기 시작하였다. 그 이후에 도로, 공원, 주차장 등 도시계획사업으로 철거되는 주민에게 보상금 외에 아파트 특별분양권을 주었는데 서울 아파트값이 치솟으면서 투기 수단으로 전락했다. 가난한 철거민들은 웃돈을 받고 '딱지'라고 불리는 특별분양권을 외지인에게 넘기면, 이 딱지는 돌고 돌면서 거액의 프리미엄이 붙어 주택가격을 부추겼다. 당시 특별분양권을 그대로 갖고 철거민이 입주하는 비율(잔존율)은 2000년 이후 13% 정도에 불과했다. 서울시는 2008년 특별분양권 딱지가 아파트 투기 수단으로 변질했다는 판단 하에, 철거민에게 주는 특별분양권 제도를 폐지한다. 이때 당시 서울시 주택본부장 이름이 김효수 씨였는데, 시청 앞에 시위대가 몇 달간 데모했다. "효수를 효수하라!"

한편으로는 서울로 몰려드는 인구를 수용하기 위해서 신규 택지 마련이 필요했다. 서울시는 1970년대 강남 일대 대규모 개발을 통해 아파트를 공급하면서 '강남 시대'를 열었다. 1980년대에는 상계동, 목동, 가락동, 가양동 등에 신규 택지를 조성하여 대규모 아파트 단지를 건설했다. 2000년대에는 은평뉴타운, 상일, 천왕, 문정, 마곡 등 서울의 외관에 도시개발사업을 추진하여 주택을 공급했다.

4. 삶의 보금자리 집, 국가 현안 과제로

현재 우리나라 주택은 2023년 기준 2,262.4만 호로 주택보급률은 103%다. 2,207.3만 가구 대비 3% 정도 여유분이 있다.

일제 식민지 수탈과 6·25 한국전쟁으로 주요 도시가 상당 부분 파괴된 상황에서 폭발적인 인구 증가로 인해 2000년 이전까지는 절대적인 주택 부족을 겪어야 했다. 1960년 주택보급률은 84.2%였으나 도시화와 인구 증가, 핵가족화에 따른 가구수 증가에 1970년 78.2% 1985년 69.8%까지 하락한다. 1970년에는 서울 주택보급률이 56%로 절대적인 주택 부족 현상을 겪었다. 이 시절에는 한 집에 여러 세대가 사글세, 월세, 전세 형태로 어울려 살면서 삶의 애환을 함께 나누며 헐벗음을 해결했다.

박정희 정부의 새마을사업, 노태우 정부 200만 호 건설, 1기 신도시 건설, 김영삼·김대중 정부의 국민임대주택 건설, 노무현 정부 2기 신도시 건설 등 정부 차원에서 막대한 재정을 투입, 주택을 공급하여 주택 부족 문제를 해결하고자 했다. 이렇게 노력한 결과 2008년에야 전국 기준 주택보급률이 100%에 도달한다.

그러나 서울을 중심으로 수도권 인구집중 현상이 가속화되면서 여전히 수도권은 주택 부족 현상을 겪고 있으며 2000년대에 들어서면서 서울 강남이 진원지가 되어 집값이 폭등하기 시작했다. 이명박 정부 보금자리 주택, 박근혜 정부 행복주택, 문재인 정부 3기 신도시 건설, 윤석열 정부에서는 서울 주변 그린벨트 추가 해제로 저렴한 주택공급 정책을 추진하고 있으나 여전히 서울은 주택문제로 많은 사람이 어려움을 겪고 있다.

1972년 정부는 「주택건설촉진법」을 제정하였다. 정부는 산업화에 따른 도시화로 발생한 주택 부족 문제를 심각하게 느끼고 이를 해소하기 위해 제도를 마련한 것이다. 당시 한국 주택은행에 '국민주택자금 계정'을 설치하여 주택건설사업자에게 주택사업자금을 지원하기 시작했다. 부족한 재원은 국민주택채권을 발행하여 보조하도록 했다. 1969년부터 시작한 주택복권의 수입금도 기금으로 보탰다. 이후 '국민주택기금'으로 변경되었다가 2015년 도시재생사업 재원으로도 사용하기 위해 '주택도시기금'으로 바꿔어 주택도시보증공사(HUG)가 운용하도록 하였다.

주택도시기금은 국토교통부 장관이 기획재정부장관과 협의하여 기금운용 계획을 수립하고, 실질적인 운용은 HUG가 시중은행을 통해 시행하는 구조이다. 주택도시기금은 2023년 기준 94.5조로 국민연금 기금 191조 다음으로 기금 규모가 크다. 그 용도는 주택구매 및 전세자금 지원, 다가구 매입 임대, 전세 임대, 국민임대 출자금 등으로 사용하고 있다. 기금은 LH와 지방자치단체, 지방공사를 통해 배분되고 투입된다. 그런데 공공주택사업자가 누구인지에 따라 지원되는 방식이 다르다. LH에는 자본금을 늘릴 수 있는 출자방식과 사업비 성격인 융자방식으로 혼용하여 지원하고, 지방자치단체나 지방공사는 융자방식으로만 지원하고 있다. 따라서 LH는 출자금이 계속 늘어나기 때문에 출자금을 담보로 기채발행 규모를 확대하여 동시에 많은 사업을 할 수 있으나, 지방공사에 제공되는 융자는 채무로 계상되고, 출자금은 묶여 있어 사업 규모를 확대하기 어려운 여건이다.

5. 주거 문제는 지역마다 여건이 상이

전국적으로 보면 주택보급률이 100% 넘지만, 지역별로 보면 경북 113%, 전남 112%로 높은데 반해, 대전 97%, 서울 93.7%로 현격한 차이를 보인다. 서울을 중심으로 한 수도권 인구집중 현상은 당분간 불가피할 것으로 보인다. 메가시티와 대도시로 재화나 인구가 집중되는 것은 세계적인 현상이다. 규모 경제 효과로 인한 효율성, 인재의 밀접한 교류와 소통은 밀도 높은 지식의 집적과 융합을 낳고, 이를 통한 기술 혁신으로 창의적인 제품을 탄생시킨다. 오늘날 세계 패권을 누가 쥐느냐는 신기술을 누가 먼저 개발하여 국제표준으로 만드느냐에 달려 있다. 우리나라는 서울을 중심으로 한 수도권으로 인재와 재화가 모일 수밖에 없으며 일자리 창출도 여기서 일어난다.

2000년대 초중반과 2020년 전후로 폭등했던 서울 강남 중심의 집값도 이러한 메가시티 현상과 밀접한 관련이 있다고 할 수 있다. 2000년대 이후로 지방과 서울의 집값 차이가 더욱 벌어지고 있다. 올 6월 기준으로 서울 아파트 평균 가격은 13억 원, 수도권을 제외한 지방 전체 아파트 가격은 3억 5천만 원으로 9억 5천만 원 차이가 난다. 10년 전인 2014년만 해도 이 차이는 3억 1천만 원이었으나 집값 상승 시기였던 2018년에 6억 2천만 원으로 그 차이가 벌어지기 시작하더니, 이제 서울 아파트 한 채를 팔면 지방 아파트 3채를 사고도 남는다. 그런데 조금 더 기다리면 4채, 5채도 살 수 있을지 모른다. 지금의 속도로 가격 차이가 벌어진다면 말이다. 문제는 그럴 개연성이 충분하다는 것이다.

 집값이 폭등하거나 폭락할 때마다 정부는 정권의 명운을 걸고 집값 잡기에 총력을 기울인다. 집값이 폭등하던 시기에는 노태우 정부 200만 호 건설, 노무현 정부와 문재인 정부의 부동산 투기 방지책으로 각종 규제강화를 시행했고, 집값이 폭락하던 때인 이명박·박근혜 정부에서는 부동산규제 완화정책을 쓰면서 건설경기 활성화를 도모했다. 그러나 범국가적으로 시행했던 부동산 정책의 결과는 그리 좋은 평가를 받지 못했다. 특히 노무현 정부와 문재인 정부는 부동산 정책의 실패로 정권을 보수 세력에게 넘겨주었다는 비판을 아직도 받고 있다.

 필자는 부동산 하락기인 박근혜 정부에서 서울시 주택실장으로, 폭등기인 문재인 정부에서 서울시 부시장으로 재직하면서 정부의 부동산 정책에 참여했다. 그런데 막상 서울시를 대변해서 정책회의에 참석하면 지방자치단체 차원에서 할 수 있는 일이 별로 없다. 부동산 정책의 핵심인 금융 대출, 세제, 재정, 신도시 개발 주택공급, 정비사업 규제 등은 정부가 그 권한을 가지고 있고, 부동산에 가장 단기적 영향을 미치는 금리 정책은 금융통화위원회가 가지고 있다. 특히 금융 대출, 세제, 금리 정책을 부동산 수요 조절 기능으로 유효하고, 단기적으로 효과를 발휘한다.

　지방자치단체에서 행사할 수 있는 것은 주택사업 인허가 권한인데, 이것은 부동산 수요 조절이나 주택공급 정책으로 활용하기 어렵다. 재개발·재건축 등은 평균적으로 정비구역 지정 후 15년 이후에나 준공되어 입주하기 때문에 10년 주기인 부동산 경기 흐름에 오히려 거꾸로 작동하기 십상이다. 주택가격이 폭등할 때 인허가한 주택건설 사업이 입주할 때가 되면 주택가격이 하락하는 시기와 겹쳐 오히려 하락을 부채질하는 경우가 발생한다. 반대의 경우도 종종 발생한다.

　2010년 초중반기에 주택매매가는 하락하지만, 전월세가격은 오르고 있어서 서민들의 주거 문제가 심각했다. 서울은 10가구 중 6가구가 남의 집에 세 들어 사는 임차 가구다, 전세가 월세로 전환하는 이 시기에 서울시는 전·월세 안정화 대책에 골몰했다. 주택 임대시장에서 상대적 약자인 임차인의 권리를 보호하고 임대 기간을 조정하며(2년에서 3년 또는 2+2년 등), 월세시장의 현황을 파악하기 위해 월세 신고제 도입을 검토했다. 이 모두가 지방자치단체에서 할 수 있는 일이 아니었고, 정부와 국회 차원에서 법제화를 통해서만 가능한 것이었다. 정부와 국회를 찾아가 설득했으나, 실패했다. 부동산 시장이 모처럼 잠잠한데 괜히 긁어 부스럼 만들지 말라는 것이었다. 정부와 국회는 전세가 월세로 전환하면서 청년과 서민들의 주거비 부담이 늘어나는 것은 보이지 않았을 수도 있다. 언론의 초점은 늘 집값 폭등과 폭락이었고, 전·월세에 관한 관심은 소홀했으니까.

　부동산 가격이 상대적으로 하락 보합세였던 그때 임대차법을 손보았다면, 2020년 7월에 입법 추진한 부동산 3법으로 인한 부동산 시장 혼란을 상당한 부분 막았을 텐데 하는 아쉬움이 있었다.

　주택가격이 폭등했던 문재인 정부에서는, 강남을 중심으로 아파트 가격이 2~3배까지 상승했다. 노무현 정부 부동산 정책 실패 트라우마가

잔재하고 있던 문재인 정부는 사활을 걸고 부동산 가격 안정화를 위해 노력했지만, 결과적으로 실패했다고 비판받고 있다. 당시 부동산 가격 상승은 5대 광역시를 비롯한 전국에 걸쳐 발생했지만, 지역에 따라 그 정도의 차이는 컸다. 서울은 폭등 수준이었지만, 대구나 광주는 완만한 상승세였고, 지방 중소도시는 영향이 거의 없었다. 지역마다 부동산 여건과 주택시장 상황이 다른데 중앙정부에서 일괄해서 대책을 세우고 정책을 펴나가는 것이 얼마나 효과가 있을까? 서울의 주택가격 걱정은 서울시장이 제일 먼저하고, 대책도 많이 세워야 하는데 막상 시장이 할 수 있는 것은 별로 없다. 대통령과 청와대, 국토교통부 장관이 연일 대책을 세우고 발표한다. 서울시와 경기도는 정책발표 자리에 배석할 뿐 별다른 큰 역할이 없다.

6. 주택기금, 국가주의에서 지방자치로

세계적으로 코로나 팬데믹을 대처하기 위해 주요 국가들이 재정을 확대하던 2019~2021년은 선진 주요 도시들도 주택가격 폭등사태를 겪었다. 국가마다 나름대로 주택가격 안정을 위해 노력했을 것이나 우리나라만큼 국가 차원에서 요란하지 않았다. 코로나 사태에 대응하기 위해서 재정이 확대되고 초저금리가 지속되는 상황에서 집값 상승은 경기에 따라 변동하는 당연한 상황으로 받아들였다. 대부분 나라에서 주택정책은 관할 주나 시에서 관장하고 중앙정부는 재정으로 주택건설과 임대료를 보조해주는 정책을 취한다.

1987년 지방자치제를 헌법 개정에 반영하고 1991년부터 지방자치를 시행한 지 35년이 지났으나, 아직 우리는 중앙집권주의 시대에 살고 있다. 주거 여건이 지역마다 다르고 주택수요가 다양할 텐데, 아직도 우리는 중앙정부에서 수립한 정책과 제도에 따라 주택을 건설하고, LH가 전국을 대상으로 수립한 개발계획에 따라 아파트를 공급받는다. 지방자치단체나 지방공사에서 주택건설과 임대주택 확보를 위해서는 HUG가 세운 주택도시기금의 세부적인 운용계획에 따라 지원을 받아야 한다. 지방화 시대에 지역마다 여건이 현격히 다름에도 중앙정부가 수립한 세부 개발계획과 재정 및 기금 배분 계획에 따라 주택공급이 이루어진다.

2025년도 정부에서 서울시에 지원한 주거 지원 금액은 국비 3,179억 및 융자 5,674억으로 총 8,853억 원이다. 그런데 지원내용을 들여다보면, 사용처를 아주 세부적으로 명시하고 있다. 몇 가지 예를 들면, 기축 주택 915호, 신축 주택 2,395호 구입 자금으로 명시하고, 기축 주택은 호당 193 백만원, 신축 주택은 청년주택 269백만원, 기숙사 230백만원, 신혼 주택 230~491백만원, 리모델링 105백만원으로 지원 금액을 주택 유형에 따라 구체적으로 달리하고 있다. 이러한 관행은 수십 년 동안 그대로 이어지고 있다.

공공주택 건설 융자도 국민임대주택자금 전용 $35m^2$ 이하 4,781만원, $45m^2$ 초과 9,184만원, 행복주택자금은 6,201만원, 통합공공임대주택자금은 전용면적에 따라 3,382만원~11,152만원까지 구체적으로 지원자금을 명시하고 있다. 그리고 자금 지원 유형별로 융자기간과 이율을 차별화하고 있다.

지원 세부 명세서를 보면 중앙정부가 지자체에 지원하는 금액을 이렇게까지 세밀하게 정해야 할까 하는 의문이 든다. 정부가 지자체의 주거 사정을 얼마나 세밀하게 알기에 이렇게까지 친절하게 나누어서 지원하는 것인가? 아무리 사전에 계획을 잘 수립했더라도 일하다 보면 주택 유형별로 어디는 지원하는 돈이 남고, 다른 쪽은 부족할 것인데, 유연하게 쓸 수 없는 구조를 만들어 놨다. 그동안 지역 차원에서 공동체 주택, 사회주택, 공유주택 등 다양한 시도들이 있었다. 그러나 이러한 주택들은 정부에서 지원하는 주택 유형으로 인정받지 못했다.

지역 특색에 따라 관광 한옥, 귀촌 귀농 주택, 은퇴자 마을 등 다양한 지역 맞춤형 주거복지 사업이 추진되어야 할 것인데, 정부에서 이를 일일이 따져서 지원 여부를 결정하는 것은 거의 불가능한 일이며 바람직하지도 않다. 중앙정부의 일률적인 주택도시기금 운용에서 벗어나 지역 특성이 반영된 고유의 사업이 시너지 효과를 낼 수 있도록 제도 개선이 절실하다. 주택도시기금의 구조개혁을 통해 지역에 자율권을 주고 필요한 곳에 재정과 기금을 사용하여 주거 문제를 해결하고 서로 경쟁하며 상생할 수 있는 여건을 마련해야 한다.

지방자치 시대를 개막한 지 35년이 되어 가는데 우리는 아직도 모든 주택정책이 중앙정부 통제 아래 일률적으로 추진되면서 지역의 주거 문제를 실질적으로 해결하지 못하고 있다. 지역 실정에 맞는 주택정책이 제대로 구현되지 않고 있다. 이제 지역의 주거 문제 해결은 지역의 사정을 잘 알고 있는 지방자치단체가 주도적으로 추진할 수 있는 체계로 대폭 바뀌어야 한다. 그 첫걸음이 바로 주택도시기금을 지방자치 시대에 맞게 개편하는 것이다.

주택도시기금의 운용현황과 개선방향

박 준 서울시립대학교 국제도시과학대학원 교수

Ⅰ. 주택도시기금의 개요

주택도시기금(舊 국민주택기금)은 무주택 서민의 주거안정 정책을 지원하기 위한 가장 중요한 자금이다. 1973년 국민주택자금계정으로 시작된 국민주택기금은 1981년 정식 기금으로 설치되면서 본격적으로 무주택 서민의 주거안정을 위한 분양·임대주택 등 국민주택 건설자금 공급과 저리의 서민 전세자금, 주택 구입자금 등 주택자금 지원에 활용되기 시작했다. 이후 2015년 국민주택기금 지원사업에 도시재생 사업 지원 목적을 추가하면서 주택도시기금으로 개편되었지만 여전히 주택계정이 전체의 98% 이상을 차지하는 등 무주택 서민의 주거안정 지원이 가장 중요한 목적이다. 기금은 자체 재원 및 외부차입 등으로 조달하고 회수된 대출원리금은 전액 재적립해 주택도시기금 대출 등 사업으로 다시 운용하는 구조를 가지고 있다.

주택도시기금은 2022년 기준 정부가 운영하는 68개의 기금 중 세 번째로 크다.[1] 2022년 결산 기준 전체 기금 853조 원 중 공공자금관리기

---

1 기획재정부 2023년 기금현황 자료 상 2022년 기준

금 251조원, 국민연금 175조원에 이어 주택도시기금은 108조원 규모이다. 각종 기금들에서 발생하는 여유자금을 모아서 관리하는 공공자금관리기금을 제외하면 국민연금에 이어 두 번째로 큰 것이며, 사업목적성 기금으로는 가장 규모가 크다고 할 수 있다. 자산규모로도 네 번째로 크다. 전체 기금 총 자산 규모가 2,583조원인데 이 중 공공자금관리기금 957조원, 국민연금기금 891조원, 외국환평형기금 269조원에 이어 주택도시기금이 221조원이다. 역시 공공자금관리기금을 제외한 기금 중에는 주택도시기금이 세 번째로 크다.

다음 그림은 주택도시기금의 조성과 운용 그리고 부채 및 자산으로 이어지는 기금의 흐름을 나타낸 것이다.

| 주택도시기금 조성 및 운용 흐름 (2022년 결산 기준)

단위: 조원

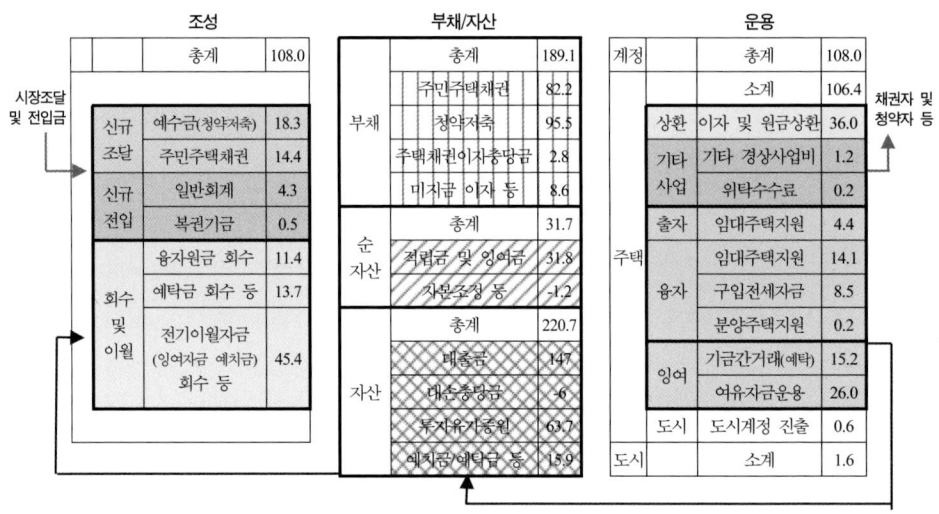

주: (자산/운용) 국토교통부. 2023c. 2023년도 주택업무편람,
　　(조성) 국토교통부. 2024. 2024년도 예산 및 기금운용계획 사업설명자료(II-1) 자료 내용을 재구성

주택도시기금의 자금조성은 정부재정과 복권기금 일부의 전입도 있지만 주로 청약저축과 국민주택채권 두 가지 경로의 민간 자금의 조달로 이뤄진다. 이렇게 대부분 부채로 조성된 기금은 각종 주거안정 관련 사업에 지원되며, 조달금리와 대출금리간 차이에서 발생하는 수익과 정부재정 일부를 기반으로 운영된다. 주택도시기금이 쓰이는 주거안정 관련 사업은 주로 국민주택건설 출자 및 대출, 국민주택 규모 이하 주택의 구입 및 임차 등 융자, 기타 주거안정 관련 정부 사업 지원 등이다.

신규조달과 신규전입, 그리고 기존 융자금 및 예탁금 및 예치금의 회수금을 통해 조성된 기금은 신규 출융자 사업 및 자금 상환에 쓰이며 남는 기금분은 예탁금 및 예치금 등 여유자금으로 운용된다.

이렇게 신규 조달로 인한 부채와 융자사업의 대출금으로 구성되는 총괄 부채 및 자산은 다음과 같다. 주택도시기금의 저량(stock) 기준의 자산 총액은 2022년 결산 기준으로 220.7조원으로 주요 항목은 융자 등 누적 대출금 147조원과 누적 여유자금투자액 등 63.7조원이다. 한편, 2022년 결산 기준 신규시장조달 등을 통해 누적된 부채 총액은 189.1조원으로 주요 항목은 국민주택채권 82.2조원과 청약저축 95.5조원이다. 이 둘의 차이인 순자산 총액은 31.7조원으로 주요 항목은 적립금 및 잉여금 31.8조원이다.

유량(flow) 기준으로 2019~2023년 5년 평균 조성액 상세는 다음과 같다. 5년 평균 조성액은 99.1조원이다. 이 중 청약저축 18.8조원과 국민주택채권 16.1조원 등 시장을 통한 신규조달이 34.9조원이다. 정부 전입금 등 신규이전은 3.9조원이며, 기존 융자금, 예탁금, 예수금에서의 회수 등은 약 55조원이다.

| 주택도시기금 조성액 추이

단위: 억원

구분	2016	2017	2018	2019	2020	2021	2022	2023
합계	674,390	665,294	693,213	745,935	1,003,031	1,169,141	1,080,022	954,377
〈주택계정 계〉	673,989	663,944	685,555	729,951	986,905	1,146,001	1,064,386	936,239
국민주택채권	159,307	143,421	151,162	154,180	187,046	188,045	144,455	133,717
청약저축	190,685	183,270	170,708	162,074	211,701	231,384	183,139	149,607
일반회계전입금	5,873	9,238	10,380	17,368	24,240	35,936	42,781	30,392
복권기금전입금	5,672	5,504	5,504	5,927	5,504	5,504	5,504	4,500
융자금회수	133,914	102,415	94,814	112,441	147,433	138,648	111,071	117,123
대출이자 수입	22,270	22,257	24,531	25,939	26,226	25,997	27,149	29,936
예치이자 수입	25,477	65,219	109,996	102,730	89,621	124,065	103,598	161,675
여유자금회수	130,791	132,620	118,460	149,292	295,134	396,421	446,689	309,289
〈도시계정 계〉	401	1,350	7,658	15,984	16,126	23,140	15,637	18,137
융자금 회수	-	-	5	117	1,364	2,918	2,451	2,275
대출이자 수입	-	1	15	64	130	206	269	425
예치이자 수입	-	7	29	67	50	37	109	169
주택계정전입금	401	1,015	6,749	5,874	4,572	9,020	5,907	5,380
여유자금 회수	-	327	861	9,862	10,010	10,960	6,901	9,888

자료: 국토교통부. 2024. 주택업무편람.

역시 유량(flow) 기준으로 2019~2023년 5년 평균 운용액 상세는 다음과 같다. 5년 평균 운용액은 99.1조원이며, 이 중 차입금 상환 및 예탁금이 40.3조원이다. 구매 및 전세자금 등 수요자 지원이 10.3조원이며, 임대주택지원은 16.5조원이다. 한편, 사업 운용 후 남는 기금은 여유자금운용 또는 지급준비자금이라는 항목으로 예탁 및 예치되는데 이것이 28.1조원이다.

| 주택도시기금 운용액 추이

단위: 억원

	2016	2017	2018	2019	2020	2021	2022	2023
사업비(융자사업+기타사업)	186,144	212,778	233,181	265,389	265,616	315,508	291,541	279,728
-기타사업	29,743	26,393	4,564	4,600	4,749	9,873	7,172	15,396
-융자사업	156,401	186,385	228,618	260,789	260,867	305,636	284,369	264,332
주택금융신용보증기금출연	1,179	1,094	1,135	1,127	1,143	1,154	1,141	1,268
차입금상환등	320,701	322,681	370,318	356,322	404,364	378,703	517,834	464,284
여유자금	166,360	128,735	88,571	123,088	331,904	473,773	269,503	209,095
기금운영비	6	6	9	8	5	4	4	2
합계	674,390	665,294	693,213	745,935	1,003,031	1,169,141	1,080,022	954,377

자료: 국토교통 통계누리. 주택도시기금 운용현황.

주택도시기금의 운용·관리의 책임은 국토교통부 장관에 있으나, 실제 기금 사무의 대부분은 주택도시보증공사로 지정하여 위탁하고 있다. 기금의 관리주체로서 국토교통부 장관은 매년 주택종합계획 수립, 주택도시기금 운용계획 수립, 정부 부문 자금조달, 전담기관 관리감독 역할을 수행하며, 주택도시보증공사는 현재 기금전담 기관으로 기금운용과 관리, 국민주택채권 및 청약저축 업무, 대출업무, 대출금 관리의 총괄 역할을 맡고 있다.

Ⅱ. 주택도시기금의 조성

1. 조성 주요 재원

주택도시기금의 신규조달에서 주요 조성재원은 국민주택채권과 청약저축 두 가지이다.

 국민주택채권은 의무매입 채권으로서 정부 및 지자체 사업의 각종 면허·인허가 시 또는 등기·등록 시 의무적으로 매입하도록 설계된 국채이며, 청약저축은 공공택지를 통해 공급되는 국민주택의 분양 및 공공임대주택 입주 자격을 위해 일반 가계 및 개인이 일정 범위 내에서 주기적으로 저축하도록 한 계좌이다.

 이 두 가지 주요 조성원 이외에 정부 전입금 부분은 정부재정의 일반회계에서 주택도시기금으로 신규 이전되거나 주택복권의 수익금 등이 주택도시기금으로 신규 이전되는 자금이다. 현재는 거의 유명무실화되어버린 재건축초과이익환수금도 이러한 정부 전입금 중 일부이다.

 신규 조성이 아닌 기존 기금의 대출분이나 예탁금을 회수함으로써 조성되는 부분도 전체 조성액 규모의 약 40~50%에 이른다. 이 중 융자금 회수는 기존에 수요자 및 공급자에게 대출했던 자금 중 일부를 상환받는 금액이며, 예탁금 회수는 조성된 기금 중 남는 부분을 공공자금관리기금에 예탁하여 맡기는 자금 중 일부를 회수한 금액이다. 예치금 회수라는 것은 역시 조성된 기금 중 남는 부분을 증권사 등에 맡겨 운용하는 투자유가증권 중 일부를 매해 청약저축 해지에 대비한 지급 준비 등을 이유로 회수한 금액이다.

2. 국민주택채권

 국민주택채권은 1972년 주택건설촉진법 제정 시 무주택서민을 위한 주택건설의 자금조달을 위해 근거가 마련된 의무매입 국채이다. 현재 국토교통부 장관의 요청에 따라 기획재정부 장관이 발행하며, 관련 근거는 주택도시기금법 제7조와 제8조 그리고 동법시행령 제4조 그리고 국채법 5조이다.

1973년 당시 한국주택은행에서 최초의 국민주택채권을 발행했는데, 당시 5년 만기 연 금리 5%의 제1종 채권이었으며, 이후 1983년 제2종 국민주택채권을 추가적으로 발행했다. 보통 대부분의 채권 매입자들은 채권 수익률이 시장이율보다 낮기 때문에 금융기관에서 바로 할인하여 채권을 매각한다. 이렇게 국민주택채권의 조달금리가 되는 채권금리를 시중 금리 수준보다 낮춤으로써 주택도시기금의 수요자 및 공급자 대상의 대출이자도 낮출 수 있는 것이다.

　제1종 국민주택채권은 부동산 등기, 각종 허가, 건설업종 등록 등에서 의무로 매입하도록 설계된 채권이다. 소유권 보존, 이전, 상속 등 저당권 설정, 이전 등기 등을 하고자 하는 이들도 의무적으로 매입하도록 되어 있다. 면허 및 허가에서 주류제조업 면허 등 각종 면허 4종, 주류판매업 면허(도매업), 엽총소지자 허가, 식품영업 허가(유흥주점 및 단란주점) 등 허가 7종, 사행행위 영업허가(복권발행업 등) 등이 포함되며, 건설업 등록 및 정보통신공사업 등록 등 12종도 제1종 국민주택채권을 매입하도록 의무화되어 있다. 채권만기는 5년이며 최저발행금액은 1만 원이다.

　현재는 폐지된 제2종 국민주택채권은 분양가상한제 적용을 받는 주택을 구매할 경우 의무적으로 매입하도록 도입되었었다. 국민주택규모 전용면적 85m^2를 초과하는 주택에 적용되었으며, 1983년 만기 20년 3% 금리로 제1종 국민주택채권보다 더 낮은 금리로 발행이 시작되었으며, 2013년부터는 신규 발행이 중단되었다.

　역시 현재는 폐지된 제3종 국민주택채권은 2005년 공공택지 분양 대상으로 발행되기 시작했다. 공공택지 중 국민주택규모인 전용면적 85m^2 초과하는 면적의 주택 건설용 택지를 분양받는 건설사가 의무 매입하도록 설계되었다. 2005년에 최초 발행되었으나, 2006년부터 신규 발행이 중단되었다.

3. 주택청약저축

현재 국민주택채권과 함께 양대 주택도시기금 신규조성 재원이 되고 있는 주택청약저축제도는 주택청약저축 보유자에게 국민주택 공급 시 수분양 자격을 부여하는 제도인데, 1976년 신규주택 분양 수분양자 선정 시 추첨제와 선착순 방식에 공정성 문제가 있다는 지적에 1977년 「국민주택 우선 공급에 관한 규칙」 제정을 통해 국민주택청약부금 가입자에게 주택분양 우선권을 부여한 것이 주택청약제도의 시작이다.

이후 1978년부터 「주택공급에 관한 규칙」을 통해 국민주택청약부금 포함 주택청약예금과 재형저축 등을 포함하여 청약저축제도를 정비하면서 민영주택 공급까지 포함하기 시작했다. 이후 국민주택청약부금은 청약저축으로 변경되었으며, 공공주택과 민영주택 분양자격은 분리하여 운영하기 시작했다.

2015년부터는 청약저축, 청약예금, 청약부금 등 세 종류였던 입주자 자격요건을 주택청약종합저축으로 일원화했다. 한편, 청약가점제를 도입함으로써 무주택기간, 청약기간, 부양가족수 등을 반영했다. 총 가점으로 일정한 자격을 갖춘 청약통장 가입자의 경우 청약신청을 할 수 있도록 하고 가점이 높을수록 동일 조건에서 가점 점수 높은 순으로 당첨자를 선정하게 하는 방식이다.

국민주택채권의 금리가 시중금리보다 낮게 설계된 것처럼, 청약저축의 약정이율은 시중은행 저축통장의 이율보다 낮다. 국민주택채권처럼 의무성은 없으나 청약기회 등을 고려하여 가입이 늘어나는 구조이다. 예컨대 2023년 기준 약정이율은 납입기간 1개월 이내 0%, 1개월 초과 1년 미만 연 1.3%, 2년 미만 연 1.8%, 2년 이상 연 2.1% 등이다.

청약저축은 국민주택 및 민영주택 분양주택뿐 아니라 공공건설임대 등 공공임대주택의 입주를 위한 자격기준으로도 활용되고 있다. 수분양

자격 및 공공임대주택 입주 자격 등의 혜택에 힘입어 청약통장 수는 지속적으로 늘어났다. 예컨대 2012년 약 1,500만 계좌에서 2022년까지 2,800만 계좌로 약 두 배에 가깝게 비약적으로 늘어났다. 이는 우리나라 전체 국민 둘 중 하나는 청약통장을 가지고 있음을 의미한다.

| 연도별 입주자저축 계좌 수

연도별	합계	청약저축	청약예금	청약부금	종합저축
2024	26,962,972	349,055	903,579	146,768	25,563,570
2023	27,038,994	356,577	919,453	149,442	25,613,522
2022	27,894,228	381,099	973,612	158,222	26,381,295
2021	28,371,714	406,847	1,025,386	166,757	26,772,724
2020	27,224,983	437,655	1,049,468	178,704	25,559,156
2019	25,507,354	481,434	1,074,495	195,324	23,756,101
2018	24,429,375	526,724	1,119,606	212,277	22,570,768
2017	22,931,880	585,696	1,157,803	236,452	20,951,929
2016	21,476,649	649,410	1,207,881	260,471	19,358,887
2015	19,970,189	732,415	1,273,084	291,879	17,672,811
2014	17,576,679	847,560	1,323,519	323,447	15,082,153
2013	16,209,822	988,044	1,386,802	359,973	13,475,003
2012	14,905,057	1,163,867	1,547,454	430,305	11,763,431

출처 : 국토교통 통계누리. 입주자저축가입자현황.

이렇게 무주택세대주가 국민주택을 분양받기 위해, 공공임대주택에 입주하기 위해 납입한 주택청약저축은 국민주택채권과 함께 주택도시기금 신규 조성의 중요한 한 축이 되며, 이렇게 조성된 주택도시기금은 주거안정을 위한 사업에 활용된다.

Ⅲ. 주택도시기금의 운용

1. 주요 운용 부문

주택도시기금은 주로 무주택 서민의 주거안정 목적을 위한 다양한 사업에 운용된다. 가장 중요한 분야는 분양 및 임대 등 국민주택의 건설 지원이다. 주택도시기금은 임대와 분양을 포함한 국민주택의 건설을 위한 출자 및 대출 지원에 활용되어왔다. 주로 공공주택공급 및 관리 업무를 담당하는 한국토지주택공사 및 서울주택도시공사 등 공기업에 분양주택 및 임대주택 건설과 관련한 융자대출을 실행해왔다. 대출금리는 시중은행 대출금리보다 낮도록 설계하여 공공임대주택 사업자가 금융적 지원을 받는 방식이다.

이후 기금은 국민주택 규모 이하 주택의 구입, 개량, 임차 등을 위한 출자 및 융자 지원에도 활용되기 시작했는데, 임차인 대상 전세대출 및 저소득층 주택구매 대출 등 다양한 대출 프로그램 등이 여기에 해당한다. 최근에는 도시재생 활성화 정책과 기타 정부 주택관련 사업 등 다양한 프로그램에도 활용되고 있다.

| 연도별 주택도시기금 운용실적

(단위 : 억원)

구분			2016	2017	2018	2019	2020	2021	2022	2023
합계			674,390	665,294	693,213	745,935	1,003,031	1,169,141	1,080,022	954,377
주택계정 계			673,989	663,944	685,555	729,951	986,905	1,146,001	1,064,386	936,239
〈융자사업비〉			156,377	185,946	197,926	216,062	207,778	246,333	228,297	213,816
	임대주택지원		63,755	82,656	106,826	119,685	107,087	137,458	140,988	94,872
		다가구매입임대	5,035	7,100	9,759	24,211	24,026	56,259	54,403	14,617
		국민임대	4,157	4,449	5,331	7,334	8,020	6,201	5,467	1,483

구분		2016	2017	2018	2019	2020	2021	2022	2023
	매입임대	0	0	0	0	0	0	0	2,466
	공공임대	17,774	21,002	15,193	13,320	4,596	2,867	2,303	5,363
	행복주택	6,615	10,673	9,230	11,446	13,589	13,590	13,182	16,606
	민간임대	4,165	10,597	19,480	18,708	16,154	17,189	16,512	502
	집주인임대주택사업	0	0	3,258	2,413	918	1,000	823	
	전세임대	26,009	28,835	44,575	42,253	39,784	40,048	46,612	5,164
	통합공공임대	0	0	0	0	0	304	1,685	
분양주택등 지원		5,415	5,070	3,004	2,254	1,569	5,731	2,092	5,760
	분양주택	5,211	4,866	2,973	2,194	1,449	5,671	2,017	5,700
	기타	200	200	0	100	200	0	100	100
구입·전세자금		87,208	98,224	88,096	94,127	99,122	103,145	85,217	113,124
	내집마련디딤돌	39,868	31,997	11,096	5,515	18,889	39,130	25,048	24,249
	버팀목전세자금	46,980	66,151	76,931	88,519	80,211	63,214	57,393	76,767
	신혼희망타운공공유형모기지	0	0	0	0	0	780		
	기타	400	100	100	100	0	0	0	0
〈경상사업비〉		28,513	24,881	30,539	42,528	48,059	59,698	55,776	55,959
	전세임대경상보조	679	754	909	946	1,232	1,058	1,383	1,363
	이차보전지원	794	901	1,372	2,178	2,615	3,565	4,982	9,297
	다가구매입임대출자	4,599	6,517	9,074	18,664	19,118	32,462	29,467	24,712
	주택신용보증기금출연	1,179	1,094	1,135	1,127	1,142	1,154	1,141	1,268
	주택도시보증공사출자	0	0	700	0	0	3,900	0	3,839
	국민임대출자	2,374	988	1,531	3,487	3,437	707	1,748	563
	영구임대출자	837	869	643	2,812	3,232	1,606	2,032	1,012
	행복주택출자	6,593	9,315	7,346	9,648	12,286	8,589	5,643	4,216
	임대주택리츠출자	11,457	4,443	7,829	3,666	4,637	2,122	2,688	3,109
	통합공공임대출자	0	0	0	0	0	884	1,962	4,566
	노후공공임대주택그린리모델링	0	0	0	0	360	3,645	4,729	
〈기본사업비〉		2,365	2,563	2,494	2,390	2,099	2,364	2,156	2,227
	위탁수수료	2,359	2,557	2,486	2,382	2,095	2,361	2,153	2,225
〈차입금(예수금)상환등〉		320,701	322,680	370,318	356,322	404,364	378,702	517,834	464,284

구분		2016	2017	2018	2019	2020	2021	2022	2023
정부내부지출		62,228	82,321	94,534	91,164	119,838	103,436	157,581	149,594
	공자기금(융자) 원금상환	1,230	834	508	305	122	81	62	49
	사학진흥기금 예탁금	562	442	2,156	495	529	330	837	707
	공공자금관리기금 예탁금	60,000	80,000	85,000	84,300	114,613	93,900	150,771	143,455
	기타	0	0	100	200	0	100	0	0
도시계정전출금		401	1,015	6,749	5,874	4,572	9,020	5,907	5,380
차입금원금상환		235,176	218,465	253,410	244,310	263,000	258,055	334,825	291,076
	국공채원금상환	112,315	88,975	112,661	122,594	162,318	155,494	144,455	138,978
	기타민간차입금 원금상환	122,861	129,490	140,749	121,716	100,681	102,562	190,370	152,099
차입금이자상환		23,297	21,894	22,374	20,848	21,526	17,211	25,428	23,613
	국공채 이자상환	16,929	15,141	14,236	13,417	15,308	11,512	13,019	12,595
	기타민간차입금 이자상환	6,368	6,753	8,138	7,431	6,217	5,699	12,410	11,018
〈여유자금 운용〉		166,033	127,874	84,278	112,648	324,605	458,902	260,322	199,953
도시계정 계		401	1,350	7,658	15,984	16,126	23,140	15,637	18,137
	도시재생지원융자	24	270	672	471	542	1,019	1,501	2,301
	도시재생지원출자	50	50	1,441	1,192	1,280	1,580	300	300
	도시재생증진지원	0	170	1,251	3,881	7,005	5,671	4,656	6,394
	여유자금운용	327	861	4,293	10,440	7,299	14,870	9,180	9,142

출처 : 국토교통부. 2024. 주택업무편람.

2. 공급자 대출사업

서민주거안정 위한 주택도시기금 사용의 중심은 공공임대주택 공급사업자에 대한 저리의 융자사업이다. 공공임대주택 융자는 보통 주택건설사업 등록업자가 5년 이상 임대 목적의 임대주택 공급하는 경우에 지원한다. 이때 대출금리는 정책성 변동금리이고 기금운용계획 등에 따라 변하며, 금리는 시중은행 대출금리보다 낮도록 설계하여 공공임대주택 사업자가 금융적 지원을 받는 방식이다.

주택도시기금은 분양주택지원을 위해서도 사용된다. 공공분양 지원은 주택건설사업 등록업자 대상으로 분양목적의 국민주택건설 자금을 융자 지원하는데, 지원대상 주택은 세대당 주거전용면적이 60㎡ 이하의 주택에 국한된다. 역시 정책성 변동금리이며 이는 기금운용계획 변경 등에 따라 변할 수 있다. 대출한도는 60㎡이하의 경우 주택건설승인 사업은 세대당 5,500만원 이내, 60~85㎡는 세대당 7,500만원 이내, 건축허가 대상주택은 세대당 3,000만원 이내 등으로 한정된다.

한편 다세대 및 다가구주택의 건설을 위한 대출자금 프로그램 운영이나 협동조합을 비롯한 비영리 사업자의 사회주택건설 사업 대출을 포함하여 사회경제적 변화에 맞춰 정책대출상품을 다양화하고 있다.

3. 수요자 대출사업

주택도시기금 운용 중 수요자 대출사업을 좀 더 상세히 살펴보면 주로 서민의 주택구입 및 전세자금에 대한 대출 지원이 주를 이루고 있다. 예를 들어 '내집마련 디딤돌 대출'은 주택취득을 위해 주택매매계약을 체결한 세대주를 지원하는 것으로 2025년 기준 대출의 자격기준은 무주택 세대주의 경우 가계 부부합산 연 6천만원 이하, 생애최초 주택구입자, 또는 2자녀 이상 가구 등이며, 대출한도는 2.5억원, 신혼가구 및 2자녀 이상 가구 4억원 이내 등으로 설정된다. 대출 기간은 10년, 15년, 20년 그리고 30년으로 설정된다.

한편, 주택도시기금은 민간임대주택의 임대에 대한 지원도 포함된다. 예를 들어 '버팀목전세자금대출'은 2025년 기준 주택임대차계약을 체결 후 임차보증금의 5% 이상을 지불한 세대주일 경우 지원대상이 되는데, 자격기준은 역시 무주택 세대주로 부부합산 연소득 5천만원 이하이고 순자산가액 3.37억원 이하이다. 전세자금대출은 수도권과 수도권 외 각각 1.2억원 및 0.8억원 이내로 대출기간은 2년씩 4회 연장하여 최장 10년까지 지원가능하다.

IV. 주택도시기금 운용의 문제점

주택도시기금의 규모가 커진 이유는 크게 청약저축액의 규모 확대, 국민주택채권의 발행액 확대, 그리고 누적된 융자사업의 확대로 인한 융자사업회수액 증가이다. 분양 및 임대주택에 대한 수요의 지속적 증가, 통합저축 통한 민영주택으로의 확대, 청약자격의 20세 이상 성인 대상 확대 등을 통해 청약저축 청약저축액의 규모가 크게 늘게 되었고, 경제성장 과정에서 국민주택채권을 의무적으로 매입해야하는 관련 공공 인허가 등의 규모가 커지면서 국민주택채권 발행액도 늘어 전체 주택도시기금의 신규 기금조성액이 늘었다. 예컨대 2005년 22.7조원이던 주택도시기금 조성액은 2024년 기준 120.2조원이 되어 20년 기간동안 429% 증가했다. 같은 기간에 국민주택채권은 8.5조원에서 14.1조원으로 67%, 청약저축은 1.6조원에서 14.8조원으로 812%, 융자금 회수는 5.5조원에서 14.2조원으로 159% 증가했다.

하지만 이러한 주거안정을 위한 사업 지원여력의 증가에도 불구하고 실제 사업에 대한 지원 규모의 증가는 이에 비해 부족했다. 기금운용내역에서 대표적인 부문인 융자사업은 조성액 증가폭보다 적게 늘었으며, 이에 비해 여유자금(지급준비자금)은 크게 증가했다. 예컨대 2005년에서 2024년까지 20년 기간 동안 융자사업은 10.0조원 수준에서 27.9조원으로 178% 증가에 그친 반면, 여유자금은 같은 기간 4.6조원에서 45.4조원으로 896%로 대폭 늘어났다. 운용액 중 주거안정을 위한 사업목적으로 투입된 사업비(융자사업+기타사업)의 비중은 2005년 당시 10.0조원으로 전체 기금 운용액의 44.6%를 차지했으나 2024년의 경우 27.9조원으로 전체의 25.1%로 줄어들었다. 반면 여유자금은 2005년 당시 전체의 20.1%였으나 2024년 37.8%로 증가했다.

주택도시기금은 국민연금이나 공무원연금 등 사회보험성기금과 달리 사업 목적으로 조성된 사업성 기금이며 이를 감안할때 사업 미투입 금액의 규모와 증가폭은 정책의지 부족 및 중앙주도의 기금운용이 효율적이지 못하다는 것으로 해석될 수 있다. 공공주택 지원을 위해 적극적으로 투입되었어야 할 기금이 투입되지 못하고 기록적인 수준으로 남는 동안 지역에서는 다양한 공공주택 사업을 위한 재원 부족으로 어려움을 겪고 있는 것이 사실이다.

여유자금(지급준비금)은 주택청약저축 해지로 인한 긴급지급 등 경우에 대비한 적정유동성 차원으로 설명되고 있다. 그러나 전체 청약통장 2600만여 계좌 중 순가입 통장 변화가 최근 5년 간 -87만 ~ +168만 계좌 수준임을 감안하면 이는 과도한 규모라고 할 수 있다. 이의 누적인 투자유가증권 및 예치/예탁금은 2023년 기준 71조원 수준으로 장기유가증권인 출자금 약 39조원[2]을 감안하더라도 약 32조원의 누적 여유가 있는 셈이다.

융자사업을 다시 세부적으로 살펴보면 공급자 지원보다 수요자 지원의 지원 규모가 더욱 크다는 문제가 보인다. 2005년의 경우 융자사업비 중 임대주택 지원이 2.9조원이었음에 비해 주택구입 및 전세자금 지원 규모가 5.2조원으로 더욱 컸었으며 2023년의 경우에도 임대주택 지원

---

2 2023년도 주택도시기금 재무제표 감사보고서

9.5조원 대비 11.3조원으로 여전히 크다. 또 하나의 문제는 임대주택 지원에서도 영구임대, 국민임대, 행복주택 등 건설형 및 매입형에 대한 지원 비중이 주는 대신 전세임대 및 집주인임대주택사업 등 민간임대주택을 활용하는 사업에 대한 비중이 늘고 있다는 점이다. 전세임대 및 집주인임대주택사업는 2005년에는 없는 사업이었지만 2023년의 경우 규모가 5.4조원에 이를 정도로 커졌는데, 이는 임대주택 융자지원 사업액 9.5조원의 57%에 이르는 비중이다.

주거안정 차원에서 저렴한 임대료 수준과 장기 임대기간이 중요하다는 점을 고려하면 임대주택을 직접 확보하여 장기적으로 저렴한 임대료 수준으로 운영할 수 있는 공급자 지원 부분에 더욱 많은 기금이 투입되는 것이 바람직할 것이다. 같은 맥락에서 주택구입 및 전세대출 지원 부분에 대한 기금 지원은 점차 줄여나가고, 임대운영기간이 더욱 길고 임대료 수준이 낮은 공공임대주택 확보에 더욱 많은 기금을 투입하는 것이 바람직하다.

주택도시기금의 설치 목적은 무주택 서민의 주거안정이다. 기금의 규모가 지속적으로 커져왔지만 그만큼 기금이 본연의 목적에 맞게 잘 쓰여지고 있는지는 의문이다. 최근에는 심지어 여유자금을 활용하여 부실 부동산PF 사업을 지원하는 계획이 나오는 등 주택도시기금이 본연의 목적인 주거복지 증진 관련 사업에서 벗어나는 방향으로 그 쓰임새로 논의되고 있는 현실이다. 기금 본연의 목적에 더욱 적합한 사업이 무엇인지에 대한 재확인과 함께 이러한 지원을 효과적으로 확대하기 위한 적극적 대안 검토가 필요한 시점이다.

V. 주택도시기금의 적극적 활용

공공임대주택은 여전히 부족하다. 주택도시기금이 더 적극적으로 공공임대주택 사업에 투입되어야 하는 가장 근본적인 이유이다. 주거취약계층의 주거안정을 위한 공공임대주택 공급이 시급한 상황이다. 고시원, 반지하, 쪽방, 옥탑방 등에 거주하는 주거취약계층이 약 40만 가구로 추정되며(국토교통부. 2018), 여기에 비주택거주가구까지 더하면 91만 이상이라는 추산도 있다(KBS·한국도시연구소. 2021). 공공임대주택에 대한 수요는 주거취약계층에만 한정되지 않는다. 보편적 주거복지정책으로 공공주택 공급확대에 대한 공감대가 확산되고 있다. 2020년도 주거실태조사에서 전체 가구 중 공공임대주택 입주 의향이 있는 가구가 35.6%에 달했다. 보다 넓은 평수의 공공임대주택에 대한 수요도 커지고 있으며, 공공임대주택을 도시 곳곳에 확보함으로써 소수로 집중된 공공임대주택에 대한 낙인효과를 줄이고 사회적 혼합효과도 높일 수 있다. 준공 후 30년이 되어가는 기존 공공임대주택에 대한 재건축 등도 시작되고 있어 이에 대한 지원도 필요하다. 더 넓고 더 고품질의 공공임대주택 공급을 위해서는 공공임대주택 호당 지원 융자비중을 확대하고 융자이율을 하향조정하는 등 공급자 부담을 더 줄여주고 이러한 지원에 상응하는 임대의무기간 및 임대료 통제를 병행해야 한다.

민간임대주택을 활용하는 주거안정정책은 한계가 명확하다. 주택도시기금 운용에서 공공주택 부문을 강화해야 하는 이유이다. 늘어나는 공공주택에 대한 수요에 비해 공급과 재고가 부족한 상황에서, 공공임대주택의 상대적 부족은 민간임대시장에 대한 정책적 의존도 심화로 이어지고 있다. 공공주택의 혜택에 닿지 않는 주거취약계층을 대상으로 주거급여, 민간임대주택을 활용한 전세임대 지원, 등록민간임대주택사업자에 대한 혜택 등이 모두 확대되어왔다. 하지만 이렇게 공공주택의 완충역할이 부족할 경우 주택시장이 금리변동 등 외부충격에 더욱 취약해진다. 민간임대주택을 활용한 정책은 시장 상황 변화에 따른 임대료나 금리 변동 등에 그대로 노출되어 있기 때문이다. 이러한 정책방향은 공공임대주택을 늘리는 것에 비해 전체 시장에서의 주거안정성이 낮으며 장기적으로 민간시장의 주택가격 및 임대료 수준 상승 과정에서 재정적 부담이 더욱 커질 수 밖에 없는 구조를 가지고 있다. 공공임대주택의 경우 공공에서 소유권을 가지고 시장임대료가 오르더라도 공공임대주택 임대료를 낮은 수준으로 유지할 수 있다. 시간이 흐를수록 민간임대주택 의존형 정책에 비해 주거안정효과가 커지고 정부재정의 부담은 오히려 낮아진다. 주거보조금 성격의 전세자금융자 및 전세임대는 결국 민간임대시장 내에 있기 때문에 금리변동 등 외부충격에 취약하며, 주택가격상승기에 갭투자 등 통해 가격상승을 부추길 수 있는 우려 또한 존재한다. 민간임대시장 활용 기반의 주거안정정책은 이러한 근본적 한계를 가지고 있는 일종의 보조 정책이라는 점을 잊지 않아야 한다. 주택도시기금의 운용은 이러한 구조적 문제에 대한 명확한 인식 하에 재편되어야 한다.

　주택도시기금의 중앙집중식 경직성으로 지방정부와 다양한 공급주체의 접근성이 떨어지고 있다. 주택도시기금 운용을 주체와 대상을 넓혀 유연화해야 하는 이유이다. 지방정부 차원에서 주거복지 관련하여 지역 소요에 맞게 소규모의 다양한 주거복지 프로그램을 마련하더라도 주택도시기금의 지원을 받기는 어렵다. 이렇게 지방정부의 낮은 기금 접근성은 주택도시기금 잉여자금 발생의 원인 중 하나가 된다. 중앙집중적 주택도시기금 운용이 기금 접근성 저하와 소극적 기금운용과 무관하지 않다는 것이다. 각 지방정부의 소요와 역량을 고려하여 주택도시기금의 일정 부분을 지방정부에 배정하여 직접 운용할 수 있도록 하는 방안을 고려할 필요가 있다. 즉 지방정부별 자체적 주거복지 프로그램에 활용할 수 있도록 주택도시기금 활용의 분권화가 필요한 것이다. 주택도시기금 활용 주체 역시 다각화될 필요 있다. 현재 사회적기업, 사회적협동조합, 비영리법인 등 사회적경제주체에 의한 사회임대주택 사업에 주택도시기금이 지원은 충분하지 않다. 임대주택 운영기간 연장 및 임대료 수준 하향조정 등 의무사항을 강화하면서 융자최대한도 상향조정과 금리 인하 등의 방식을 통해 사회적경제주체의 임대주택 공급 활성화 유도가 필요하다.

주택도시기금은 '주거복지 증진'을 위한 사업목적성 기금이기 때문에 국민연금이나 공무원연금 등과 같이 수익과 위험도 등을 고려하여 기금자체를 키우는 것이 주요 목표인 여타 기금과 근본적으로 다르다. 기획재정부에서 이들을 포함한 68개의 전체 기금을 관리하는 과정에서 주택도시기금의 특수한 사업목적에 대한 고려가 부족해지고 있으므로 이를 고려한 관리 거버넌스의 개편 역시 필요하다고 할 수 있다. 주거복지 증진을 위한 공공주택 확보에 주택도시기금의 적극적 투입이 필요하며 국토교통부나 향후 주택청 등 주무부처의 강력한 정책의지가 뒷받침되어야 할 것이다.

주거안정을 위한 적정수준의 공공주택 확보에 대한 요구는 지속적으로 커지고 있으며 이를 지원할 수 있는 주택도시기금의 여력은 부족하지 않다. 어느 때보다도 공공주택정책에 대한 보다 적극적인 정책의지와 이에 따른 주택도시기금의 합리적이고 합목적적인 운용이 필요한 시점이다.

참고문헌

국토교통부. 2021. 2020년도 주택도시기금 운용계획.
국토교통부. 2022. 2021년도 주택도시기금 운용계획.
국토교통부. 2023a. 2023년도 주택도시기금 업무편람.
국토교통부. 2023b. 국민주택채권 업무편람.
국토교통부. 2023c. 2023년도 주택임무편람.
국토교통부. 2024. 2024년도 주택업무편람.
국토연구원. 2019. 지역 및 계층별 수요를 고려한 공공주택 공급·관리정책 추진방향.
김혜승·김근용·이길제·강성우(2019), 「공공주택·주거급여 등 주거복지지원정책의 성과와 과제」, 국정과제 성과평가 정책세미나.
박준·김현정·이신(2018), "임대주택 유형별 주거안정효과 분석", 공간과사회, 28(4), 142-175.
박준·봉인식(2022), "공공주택 공급확대를 위한 재원조달 분석", 주택연구, 30(2), 107-139.
봉인식(2013), "공공임대주택 정책에 대한 중앙과 지방정부의 역할 재편 가능성에 대한 연구", 주택도시연구, 3(2), 23-29
이종권·박근석·김경미·박진희·이원재·이동근, 「종합적 주거복지 전달체계 구축 연구: LH 역할을 중심으로」, LH토지주택연구원, 2015.
이후빈·박미선·조정희(2020), "주거복지정책 지방화의 가능성과 한계: 광역지방자치단체의 특화사업을 중심으로", 주택연구, 28(4), 5-43.
장경석(2024), 주택도시기금 거버넌스 체계 개편 방안 모색. 제2회 주거공익법제포럼 발제자료.
전국시·도의회의장협의회(2020), 「지방분권형 주거복지 정책 인식조사」.
한국부동산원, 청약업무 종합준칙, 2022.
행정안전부, 「2023년도 지방공사채 발행운영기준」, 2023.

인구감소와 지방소멸 시대, 주택도시기금의 역할

백두진 경기주택도시공사 부동산금융사업단 단장

Ⅰ. '고자촌'과 '신생아 특별공급' 사이

'반포 디에이치 클래스트', '반포 래미안 트리니원'. 이름만 들어도 부유함이 느껴지는 이 아파트들은 원래 1970년대 '남서울개발계획'에 따라 영동지구(지금의 강남)에 지어진 반포주공 아파트였다. 그 당시 청약제도가 함께 도입되었는데, 분양 우선순위는 지금과는 사뭇 다르다.

외화벌이를 장려하기 위해 해외근로자가 3순위였고, 불임시술자가 이보다 앞선 2순위였다. 해외근로자가 불임시술을 하면 1순위였다. 당시 급증하는 인구를 제한하는 일이 얼마나 시급한 과제였는지 알 수 있다.

당시 신문기사에서는 반포주공 아파트 4천여 가구 대부분이 불임수술자에게 돌아갈 것으로 예상된다고 보도하면서 그 시절 반포주공 아파트를 풍경을 "불임수술자의 집결지"로 묘사하기도 하였다. 그러면서 "그 아파트에서 아이가 태어나면 불법 입주자이니 색출이 쉬울 것"이라는 건설부 직원의 의견도 소개하고 있다.[1]

---

1 조선일보 1977.7.12.자 3면 경제칵테일

이런 배경 때문에 당시 시중에서는 우스갯소리로 반포주공 아파트를 "고자촌"이나 "내시촌"으로 부르기도 했다고 한다. 인구문제를 해결하는 수단으로 주택청약제도를 활용한 것이다.

그로부터 반세기가 지난 2024년 3월 정부는 신생아 특별공급 도입을 발표한다. 저출생을 넘어 인구감소 시대에 대응하기 위해 자녀를 낳는 경우 주택을 특별공급한다는 것이다. 이에 더해 파격적인 조건의 주택담보대출인 "신생아 특례대출"도 제공한다. 이 대출은 시행 10개월 만에 무려 10조 원이 넘게 대출되었다고 한다.

정부는 신생아 특례대출을 신청할 수 있는 소득요건을 기존의 부부합산 1.3억 원에서 2억 원으로 늘렸고 이를 다시 2.5억 원까지 확대할 예정이다. 통계청에서 발표한 '23년 신혼부부의 가구당 평균소득이 6,790만 원(맞벌이는 8,972만 원)이라는 점이나 우리나라 근로자들의 일반적인 소득수준을 고려할 때 사실상 아이를 낳기만 하면 다른 자격은 보지 않겠다는 것이다.

이와 같은 청약제도나 주택담보대출 정책의 중심에는 주택도시기금이 있다. 청약을 위해서는 청약저축에 가입해야 하는데 이를 통해 조성된 기금으로 신생아 특례대출과 같은 저리의 주택구입대출을 지원하는 것이다.

앞서 70년대 인구정책에서 살펴본 것처럼 주택도시기금은 단순히 주택공급을 위한 수단을 넘어 이를 매개로 우리 사회가 그 시대에 해결해야 할 사회문제를 해결하기 위한 중요한 제도적 장치와 재원으로 활용되어왔다.

예를 들어, 80년대는 올림픽의 성공적 개최를 위해 모든 국가의 역량이 총동원되던 시기였는데, 정부는 그 재원을 마련하기 위해 주택도시기금(舊.국민주택기금)의 주요 재원이었던 주택복권을 올림픽 복권으로 변경하고 복권 수익금의 35%를 국민주택기금에 적립하기도 했다.

주택도시기금이 주거복지라는 기금 설치의 본질적 기능을 넘어 인구나 사회문제에 관한 역할을 요구받는 이유는 우리나라의 눈부신 경제성장에도 불구하고 의식주(衣食住) 중 주거 문제는 여전히 충분하게 해소되지 않았기 때문이다. 주택으로 인한 계층·지역 간 격차가 갈수록 확대되고 일상생활에서부터 직업 선택, 혼인과 출산 여부에 이르기까지 국민들의 삶에 주거 문제가 두루 영향을 미치고 있다.

예를 들어, 저출산고령사회위원회와 보건복지부는 '23년 4월 KBS와 함께 이틀에 걸쳐 2~30대 청년 219명이 참여하는 「저출산 정책제안 청년 토론회」를 개최한 바 있는데, 이 토론회에서 청년들은 '결혼·출산을 어렵게 하는 가장 큰 요인'으로 '주거 문제'를 꼽았다. 경제 규모와 1인당 국민소득, 사회적 인프라와 과학기술, 문화·예술·스포츠 등 여러 방면에서 우리나라가 선진국 수준에 진입하였는데도, 그 환경 아래 성장한 젊은이들이 결혼을 꺼리고 아이를 낳지 않으려는 이유가 바로 주택마련 부담 때문이라는 것이다.

주택도시기금은 고성장에 따른 인구 증가와 급격한 도시화에 대응하기 위해 1981년[2] 최초 설치된 이래 약 35년간 특별한 변화 없이 운영되어 오다 2015년 주택도시기금으로 개편되었다. 하지만 주택도시기금이 출범한 이후에도 우리나라의 저출생은 더욱 악화하여 합계출산율은 '15년 1.24에서 '23년 0.72로 낮아졌다. 이에 더해 지방의 위기는 "쇠퇴"를 넘어 "소멸"이란 단어로 표현되는 시대다. 기금 설치 이후 사회·경제적 환경이 너무나도 달라진 현시점에서 주택도시기금의 과거와 현재 역할을 진단하고, 변화된 여건에 맞는 새로운 대안을 제시해 본다.

---

2 1973.1월 한국주택은행에 설치한 국민주택자금계정이 국민주택기금을 설치할 때 승계되었고 한국주택은행이 국민주택기금의 업무를 수탁받아 운영해 왔으므로 주택도시기금의 시작을 이때로 보는 견해도 있다.

Ⅱ. 국민주택기금에서 주택도시기금으로

1. 국민주택기금 설치

주택도시기금의 역사는 그 전신인 국민주택기금으로 거슬러 올라간다. 1970년대 산업화·도시화에 따른 급격한 인구 증가와 주택공급 부족을 해소하기 위해 1972년 국민주택채권, 1977년 청약제도가 도입되었고 이 제도들을 바탕으로 1981년 국민주택기금이 설치되었다.

설치 이래 국민주택기금은 우리나라의 경제성장과 주택공급 확대에 크게 기여하였다. 예컨대, 1980년대 공급된 전체 신규주택 중 32.7%가 국민주택기금의 지원을 받아 공급되었고, 1990년대에는 그 비중이 40%까지 증가하였다.[3] 주택 공급 확대가 절실하지만, 국가재정이 충분하지 않던 시기에 국민주택기금은 청약저축과 국민주택채권을 통해 자금을 조달하고 이를 다시 서민주택의 공급에 활용함으로써 금융시장이 성숙하지 않았던 국내 주택시장에 중요한 자금줄 역할을 했었다.

2. 「주택도시기금법」 제정

설치 이후부터 국민주택기금의 규모는 비약적으로 커져 최초 2,550억 원을 조성하면서 시작된 이 기금은 '24년 자산규모 220조 원의 대규모 기금으로 성장하였다. 이와 같은 급성장에도 불구하고 운영 방식은 2010년대 초반에 이르기까지 처음과 큰 변화가 없었는데, 주로 주택을 공급하는 건설사·공기업에 대한 건설자금 융자나 서민주택마련을 위한

---

3 성진욱, "지방공기업 투자 활성화를 위한 주택도시기금의 혁신", 지방공공기관 통권 46호, 지방공기업평가원(2024), 62p

구입·전세자금 대출이 사업의 대부분이었다.

그러나, 2015년 「주택도시기금법」이 제정되면서 큰 변화를 맞이하게 되는데, 우선 기금의 설치에 관한 근거 규정이 「주택법」의 일부 조항에서 「주택도시기금법」이라는 단일 법률로 확장된 것이다. 이것은 기금이 설치되던 당시와 달리 우리나라가 저성장 국면에 진입하게 되었고, 주택시장과 부동산 시장도 구조적 변화로 인해 기존의 융자 중심의 지원 체계로는 한계가 있다는 정책적인 판단 때문이었다. 또한 우리나라의 금융시장도 기금이 설치된 1980년대에 비해 비약적으로 성장하여 시중의 풍부한 유동성을 활용해 주택공급 뿐만 아니라 낙후된 지역개발 투자에도 활용하고자 하는 의도도 있었다.

3. "도시계정"의 신설

주택도시기금으로 개편되면서 생긴 가장 큰 변화는 "도시계정"의 신설이었다. 이는 기존 아파트 중심의 신도시 개발이나 전면 철거 방식의 정비사업에서 벗어나 지역의 사회·경제·환경적 요소를 통합적으로 개선하고 지속 가능한 개발에 중점을 두는 도시재생사업을 기금의 투자 대상에 추가한 중요한 변화였다. 이것은 단순히 개발사업 중 하나가 지원대상에 추가되거나 기금의 명칭이 변경된 데 국한된 것은 아니었다.

가. 점(點) 단위 지원에서 면(面) 단위 지원

주택도시기금으로 개편되기 전 기금은 단일 사업에 대해서만 지원하는 체계였다. 주택건설이나 정비사업과 같이 기금의 지원 대상이 되는 사업은 개별사업 단위로 인허가가 이루어지고 사업주체도 단일 사업자이기 때문이었다. 주택도시기금으로 개편된 이후에도 주택계정에서는 여전히 이와 같은 방식으로 지원하고 있다.

하지만 새로 신설된 도시계정은 일단의 지역(도시재생활성화구역 등)을 대상으로 그 안에서 이루어지는 주거·상업·업무시설의 개발과 건설에 필요한 자금을 지원할 수 있게 하였다. 이로써 특정 지역에서 일어나는 다양하고 복합적인 문제해결을 위해 필요한 주거·일자리·산업·문화시설 에 주택도시기금이 투자할 수 있는 길이 열리게 되었다.

나. 융자에서 투자로 전환

지원 방식 측면에서는 기존의 대출 일변도에서 벗어나 리츠·펀드 등 금융투자기구에 대한 출자도 가능하게 하였다. 과거 고금리, 고성장 시대에는 저금리의 안정적 대출만으로도 충분한 지원이 될 수 있었다. 그렇지만 저성장이 고착화되고 예전과 같은 고금리가 다시 도래하기 힘든 시대에는 저금리의 공적자금 대출만으로는 충분한 지원책이 되기 어렵다. 또한 외환위기 이후 우리나라의 금융시장에도 리츠, 펀드와 같이 투자기구를 활용한 금융기법이 발달하면서 이를 통해 시중의 풍부한 유동성을 활용하자는 측면도 있었다.

한편, 선분양 제도하에서 분양보증을 수행하던 보증기관 '대한주택보증'을 '주택도시보증공사'로 개편하면서 기금의 출자·융자 사업에 대한 신용보강을 지원하도록 하였다. 이로써 출자·융자·보증을 아우르는 입체적 금융지원이 이루어질 수 있는 체계가 갖추어지게 되고 지원방식이 과거의 융자 일변도에서 벗어나 '투자'로 전환되는 계기가 되었다.

다. 운영 중심의 장기투자

국민주택기금 시절 기금의 대출만기는 공기업에 대한 임대주택 건설자금을 제외하면 거의 5년 이하의 단기대출 중심이었다. 그러나, 주택도시기금으로 개편되면서 민간임대주택에 대해서도 10년 이상의 만기를 가진 대출상품이 등장하고, 10년 이상 출자도 가능하게 되었다. 장기투자 도입은 과거 분양사업 중심으로 이루어지던 주택시장에 민간임대사업자도 참여하는 계기가 되었고, 쇠퇴지역에 장기투자하고 운영을 통해 회수하는 도시재생사업에 있어서도 중요한 자금원이 되었다.

〈주택도시기금 전환 배경과 방향〉

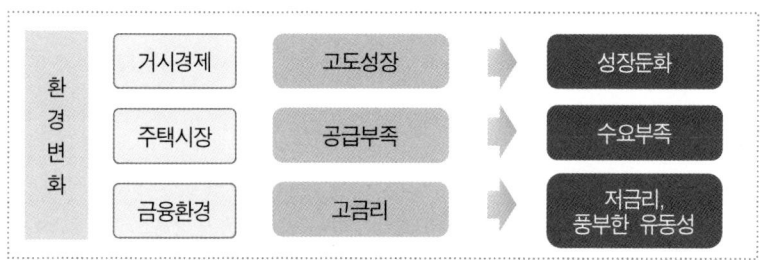

자료출처: 국토교통부 보도자료('15.2.26)

라. 개편 이후 10년의 성과

주택도시기금으로의 개편 이후 10년간의 성과를 살펴보면 우선 본연의 역할인 주택공급의 측면에서는 충실하게 역할을 수행했다고 할 수 있다. 아래의 표는 주택도시기금이 공급한 연도별 주택 호수와 투자 규모이다. '17년 주택도시기금으로의 개편 이후 임대주택에 대한 투자가 크게 늘어났고 이에 따라 공급 호수도 상당히 늘어난 것을 볼 수 있다. 수치로 살펴보면 2015년~2023년 사이 주택도시기금의 지원을 받아 공급된 임대주택은 113만 호, 투자금액은 82.4조 원에 이른다.

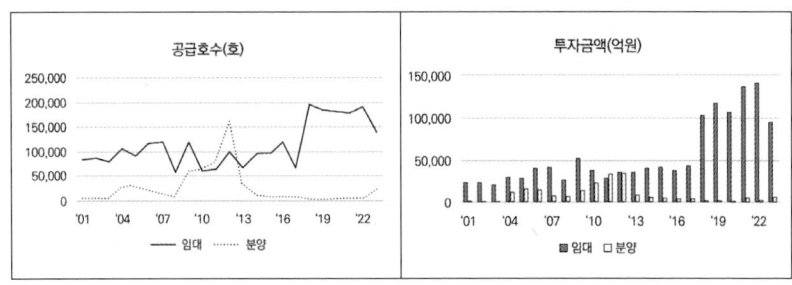

〈연도별 주택도시기금 주택공급 현황〉

출처: '23년 주택도시기금 업무편람을 기초로 저자 재구성

또한, 기금을 위탁관리하는 주택도시보증공사(HUG)의 설립, 임대주택 사업에 대한 리츠(REITs) 도입, 도시계정 신설을 통한 도시재생사업 등 기존에 시도하지 않았던 사업에서도 성과를 거두었다고 할 수 있다.

융자 일변도의 지원 방식을 벗어나 출자 방식을 도입하면서 리츠(REITs: 부동산투자회사)가 임대주택을 공급할 수 있는 길을 연 것도 의미 있는 변화이다. LH나 SH·GH와 같은 공공기관은 리츠를 활용해 부채 부담을 줄이면서 공급을 더 확대할 수 있었고, 공공지원민간임대주택과 같이 민간과 공공이 협력하는 모델도 출현하게 된다.

| 주택도시기금의 임대주택 리츠 현황

구분	종류	리츠수	출자액	투자자
공공임대주택리츠	공공임대, 행복주택 등	23	1.60조	공기업
공공지원민간임대리츠	공공지원민간임대주택	115	5.15조	건설사

출처: 저자 정리

특히 주목할 부분은 그동안 국토교통부와 LH가 주도하던 주택공급, 지역개발사업에 지방자치단체와 지방공사가 참여하면서 다양한 임대주택, 도시재생사업 모델이 발굴되고 실현되었다는 점이다.

예를 들어, 서울의 경우 서울주택도시공사(SH)가 주택도시기금으로의 개편에 발맞춰 "서울리츠"를 발표했고 공공임대, 공공지원민간임대, 사회주택, 도시재생 등 다양한 영역에서 사업모델을 개발해 운영 중이다. 최근에는 경기·인천·광주와 같은 광역자치단체 외에도 천안시·고양시와 같은 기초자치단체들도 리츠 사업을 추진하고 있다.

| 서울시 리츠 사업 현황

(금액: 억 원)

대상	종류	사업내용	출자자	사업비
주택	공공임대	서울리츠1호(행복주택 1,598호)	주택도시기금	1,861
		서울리츠2호(행복주택 5,328호)	서울시	8,500
		서울리츠3호(장기전세 2,450호)	서울시	11,728
	공공지원	서울리츠4호(재건축 139호)	현대건설	691
	사회주택	사회주택리츠(사회주택)	사회적 기업	226
토지	토지지원	사회주택사업자에게 토지임대	주택도시기금	1,200
도시재생	복합개발	도봉구 창동 시드큐브 복합개발	주택도시기금	6,555
	공간지원	도시재생지역 상가매입 등	주택도시기금	1,800

자료출처: 저자 정리

지방공사의 리츠활용 사례는 기존에 중앙정부가 예산을 편성해 할당하고 이를 하향식으로 집행하는 방식에서 벗어나 지방 스스로 수요를 찾아 사업모델을 발굴하고 필요한 자원을 조직하면서 주택도시기금의 지원을 끌어내는 방식이라는 점에서 의미가 있다.

주택도시기금이 지방의 요구에 좀 더 귀를 기울여주고 더 많은 자율성을 부여해주기를 바라는 목소리는 갈수록 높아지고 있는데, 이와 같은 요구에 주택도시기금이 어떻게 대응해야 하는지에 대한 시사점을 보여주는 사례라고 할 수 있다.

III. 주택도시기금으로의 개편, 한계와 문제점

주택도시기금으로의 개편 이후 임대주택에 대한 투자는 늘었고, 투자 대상과 투자 방식에도 변화가 있었다. 서민들의 주택구입과 전세자금 마련을 지원함에 있어 주택도시기금의 역할도 더 커졌다. 그럼에도 불구하고 지난 10년간 우리가 느끼는 주택시장의 상황은 크게 개선된 것 같지 않다. 우리나라의 주택문제를 오로지 주택도시기금이 책임져야 하는 것은 아니다. 하지만 주택도시기금은 전 세계적으로 비교 사례를 찾아보기 힘든 대규모의 주택 전문 공적기금이며 주택 공급과 서민주거안정에 미치는 영향도 크다. 따라서, 지난 10년의 성과에도 불구하고 어떠한 점이 부족했고 그로 인해 발생했던 주택시장의 문제점과 한계를 점검하고 개선 방안을 모색하는 것은 중요한 일이다.

1. 수요자융자의 지나친 확장

주택도시기금은 과거 서민들의 주택구입, 전세자금 마련을 지원하기 위해 "저소득영세민 전세자금", "근로자 서민 구입전세자금" 등 수요자 융자 상품을 운영해왔다. 기금이 설치된 초기에는 건설사 등 주택을 공급하는 사업자에 대한 지원에 비해 수요자융자 상품의 규모는 크지 않아 이를 통합적으로 집계하지 않았다. 하지만 그 규모가 점차 증가하면서 2003년부터는 "수요자융자지원"이라는 명목으로 별도 집계하고 있다.

그 후 2014년 수요자 금융에 대한 일종의 통폐합이 일어나는데 서민 주택구입자금인 "근로자 서민 구입자금", "생애최초 구입자금", "우대형 보금자리론"이 "디딤돌 대출"로 일원화되었고, 2015년에는 "근로자 서민 전세자금"과 "저소득가구 전세자금" 등 전세대출도 "버팀목 대출"로 통합되었다.

가. 급증하는 수요자융자

주택도시기금이 2003년 수요자융자지원을 별도 집계하기 시작한 그 이듬해인 2004년 수요자융자 지원 규모는 2.6조 원이었는데 이후 사업규모가 지속적으로 증가하면서 20년이 지난 2024년에는 융자규모가 12.3조 원까지 증가했다. 그런데 여기에는 2013년부터 도입된 이차(利差)보전이 빠져있다. 이를 포함하면 그 규모는 훨씬 크다.

이차보전이란 말 그대로 금리 차이를 정부가 보전해 주는 방식이다. 예를 들어 시중은행의 주택담보대출금리가 4%, 주택도시기금의 디딤돌 대출금리가 2.5%라고 하자. 이때 은행은 자체 자금으로 대출해주면서 정책금리인 2.5%는 차입자(차주)로부터 받고 원래의 은행 금리와의 차이인 1.5%는 주택도시기금으로부터 보전받는 제도이다. 다시 말해 은행은 4%의 원래 금리를 차입자와 기금으로부터 각각 지급받는다.

이차보전을 통해 은행은 시중금리와 동일한 수준으로 대출하면서 이익을 얻을 수 있고, 차입자는 원래 정책대출의 낮은 금리로 대출을 받을 수 있다. 반면에 대출만기까지 정부는 그 차액을 계속해서 보전해야만 하는 부담이 생긴다. 이차보전이 처음 도입된 2013년 202억 원이었던 예산 규모는 2024년에는 1.4조 원으로 무려 70배 가까이 증가하였다.

주택도시기금 수요자융자 지원

(단위: 억원)

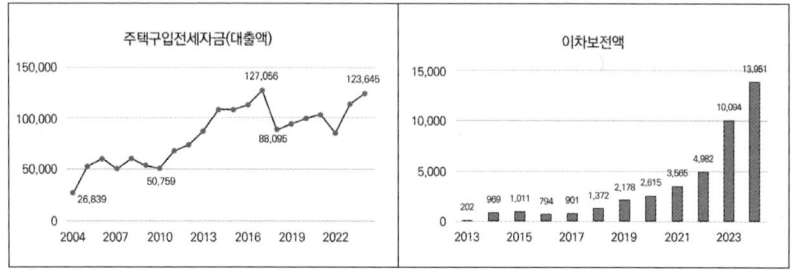

자료출처: 주택도시기금 업무편람 기초로 저자 재구성

이차보전으로 집행된 대출금의 전체 규모는 공개되지 않고 있지만 연도별 예산과 금리 차이를 통해 역산하면 주택도시기금이 직접 대출해 준 대출금액에 육박할 것으로 예상된다. 다시 말해, 주택도시기금이 주택시장에 공급하는 대출 규모는 예산을 통해 공개되는 규모보다 훨씬 크다[4]는 것이다.

물론 이차보전이 부정적인 측면만 있는 것은 아니다. 정부는 1억원을 직접대출 하는 것보다 금리 차이인 100~200만 원만 은행에 보전해 주면 되므로 낮은 재정부담으로 저렴한 정책대출을 더 많은 서민들에게 공급해 줄 수 있다. 이차보전을 통해 절감된 재원은 임대주택 공급과 같은 다른 정책사업에 투자되고, 늘어나는 여유자금을 운용해 통해 주택도시기금의 수익[5]을 확충할 수도 있다.

---

4 대한금융신문이 보도('24.11.20.)한 바에 따르면 '24년 상반기 이차보전 방식으로 시장에 신규 공급된 디딤돌·버팀목 대출규모는 18.1조원으로 '24년 기금이 직접 융자하는 주택구입, 전세자금 대출규모보다 더 크다.

결국 수요자를 지원하기 위해 주택도시기금의 자체 재원으로 대출할 것이냐 은행 재원의 이차보전을 활용할 것이냐는 주택시장과 금융시장의 환경, 주택도시기금의 재정 상황 등을 종합적으로 고려 해 전략적으로 판단해야 하는 것이지 어느 방식이 더 좋거나 나쁘다고 단정하기는 어렵다. 문제는 이러한 전략적 고려보다는 대출을 확대하려는 정부와 정치권의 의지에 따라 이차보전을 활용한 주택구입·전세대출이 지속적으로 늘어나고 있다는 점이다.

나. DSR 규제 없는 정책대출, 가계부채와 주택시장 자극

정책대출은 시중보다 낮은 금리로 주택구입·전세자금을 제공하여 대출수요를 촉진시키고 이는 가계부채 증가로 이어진다. 우리나라의 경우 GDP 대비 가계부채 비율은 이미 높은 수준인데 한국은행에 따르면 2022년 4분기 기준 우리나라의 GDP 대비 가계부채 비율은 105.0%로 주요 43개국 중 세 번째로 높은 수준이다.

저금리의 정책대출이 과도하게 부동산 시장에 공급되면서 주택가격 상승을 부추길 우려도 있다. 이는 실수요자들의 주택 구매 부담을 가중시키고 부동산 시장의 과열을 초래한다. 우리나라의 주택가격은 2017년부터 본격적인 상승기로 돌입하였는데, 그 이유로 어떤 한가지 요인을 꼽기는 어렵다. 하지만 주택시장으로 쏠린 과도한 유동성이 주택가격의 상승을 촉발한 재료가 되었다는 사실은 부인하기 어렵다.

특히, 주택도시기금이 공급하는 디딤돌 대출은 총부채원리금상환비율(DSR) 규제에서 제외되기 때문에 대출수요자들이 과도하게 대출을

---

5 실제 이차보전이 확대된 2017년부터 2023년까지 주택도시기금의 여유자금 운용 수익률은 3.3%로 대출수익률과 이차보전율을 합한 것과 유사하거나 더 클 것으로 예상된다. 특히 저금리 시기에는 주택도시기금이 여유자금을 운용하는 주식·채권의 수익률이 높아 이차보전을 활용하는 편이 더 유리하다고 볼 수 있다.

일으켜 주택을 구입하게 만드는 요인이 되고 가계부채 상황을 더 악화시킬 수 있다.

다. 대출지원의 역진성

정책대출이 저소득층보다 중·고소득층에게 더 많이 활용될 경우, 재정지출의 역진성이 발생한다. 이는 자칫 소득 불균형 해소를 위한 정부의 지출이 상대적으로 여유가 있는 계층에 더 많은 혜택을 주는 결과를 초래할 수도 있다는 것이다.

주택도시기금은 원래 저소득계층을 위한 서민 주거지원 금융으로서 주로 저소득 서민을 중심으로 대출을 공급해 왔다. 예를 들어 주택구입자금 대출인 디딤돌 대출의 경우 지원 대상이 부부합산 소득 6천만원 이하의 가구였다.

그러던 것이 2022년 하반기부터 신혼부부에 대해서는 소득 기준을 8,500만 원으로 완화하였고, 2024년에 출시된 신생아특례대출은 출시될 때부터 소득 기준을 1억 3천만 원으로 설정하였다. 버팀목 전세대출도 마찬가지이다. 저소득 일반 가구에는 대출한도가 1억 2천만 원인데 반해 34세 이하 청년이라면 한도가 2억 원으로 늘어난다.

저출생을 극복하기 위해 결혼과 출산을 장려하려는 정책 취지를 이해하지 않는 것은 아니다. 자산 형성이 미약하고 취업과 결혼을 시작하는 젊은이들에게 국가가 더 빨리 안정적인 주거 공간을 마련해주는 것도 중요한 일이다. 하지만, 34세가 넘어서도 전세에 살 수밖에 없는 서민들과 비교해서 청년들에게 더 많은 전세대출을 지원해 줘야 할 당위성이 있는지 의문이다.

쉬운 대출은 청년들로 하여금 주택을 과소비하게 만들고 정작 그 집이 필요한 중장년층은 전세시장에서 점점 밀려난다. 주택은 소비가 늘어나는 만큼 공급이 신축적으로 일어나지 않는 재화이다 보니 전세가격과 주택가격이 연쇄적으로 상승한다. 대출받지 못하는 중장년층은 대출 지원도 못 받고 올라가는 전세가격은 지켜볼 수밖에 없다. 이러한 부작용은 앞서 살펴본 신생아 특례대출에서도 마찬가지일 것이다.

청년들에게는 미안한 얘기지만 청년이나 신혼부부는 경제적 계층이 아니다. 개인의 생애주기 중 성년에 도달하거나 결혼하면 누구나 거쳐가는 하나의 시기에 불과하다.

주택이 가장 필요한 시기의 중장년층에게는 연 소득 6천만 원의 기준을 적용하고 신혼부부에 대해서는 연 소득 8천5백만 원 기준을 적용하면서 출산 시에는 다시 2억 원까지 소득 요건을 완화하는 것은 역차별 논란을 일으킬 수 있을 뿐만 아니라 정부 지원의 역진성을 강화한다.

요즘 시대에 연 소득 1억 원 정도 안되는 신혼부부가 어디 있냐고 반문할 수도 있겠지만 우리나라 신혼부부 중에서 부부합산 연 소득이 1억 원을 넘은 비율은 20% 정도에 불과하다.[6] 부부가 모두 대기업에 다니는 경우에는 가능할지 모르나 우리나라 근로자의 80%는 중소기업에서 근무한다.[7] 결국 공적자금인 주택도시기금 대출이 하위 80% 계층보다는 상위 20%를 지원하기 위해 사용된다는 비판에서 자유롭기 어렵다. 이런 상황에서 정부는 신생아 특례대출의 연 소득 기준을 2.5억 원으로 다시 상향한다고 밝혔다. 소득 2.5억 원의 부부에게 왜 저리의 정책대출이 지원되어야 할까?

개인적 의견이기는 하지만 이와 같은 현상이 일어나는 이유는 인터넷을 중심으로 대기업 근로자들의 여론이 과도하게 반영되기 때문이다.

---

6 통계청이 발표한 2023년 신혼부부통계에 따르면, 초혼 신혼부부의 연간 평균 소득은 7,265만 원이고 이중 1억 원 이상은 20.7%이다. 맞벌이 부부로 좁혀봐도 소득 1억원을 넘는 비중은 30.9%이다.
7 「우리 경제의 근간 '중소기업', 전체 기업의 99%·근로자 81%」, 행정안전부 보도자료, 2022.07.28.

이것을 신문, 방송과 같은 기존의 미디어들이 비판의식 없이 보도하면서 정부나 정치권에서도 같은 압박을 느끼게 되는 것이다.

라. 주택시장 왜곡

청년과 신혼부부에 대한 정책대출 지원이 장기적으로 이들에게 더 좋다는 보장도 없다. 예를 들어, '24년 들어 주택담보대출 중심으로 가계부채가 급증하자 정부는 그해 9월 신규대출을 사실상 금지하는 대출 규제를 실시하였는데, 신생아특례대출의 경우 대출 규제와 상관없이 기존대로 계속 공급하기로 하였다. 이에 따라 서울지역의 경우 신생아특례대출의 지원 대상인 9억 원 이하 주택의 거래 비중이 크게 늘어나게 되었다.[8]

대출 지원으로 인해 창출된 수요가 9억 원 이하 주택 거래량을 늘렸고 이는 곧 가격에 반영되었을 것이다. 특정 가격대의 주택이 대출 지원으로 인해 가격이 상승하게 되면 이는 풍선효과를 일으켜 향후 전반적인 주택가격의 상승을 초래할 가능성이 있고 이 같은 시장 왜곡이 빚을 내 주택을 구입한 계층에는 결코 바람직한 것이 아니다.

2. 바보야 문제는 전세야!

아마도 전세는 우리나라 부동산 시장에서 가장 다루기 어려운 주제 중 하나일 것이다. 모두가 문제라는 것은 알지만 아무도 해결 방안을 내놓을 수 없는 문제가 바로 전세 문제이다.

전세사기가 본격화한 지 2년 이상이 지났는데 아직도 이 문제를 해

---

[8] 대출 규제 두 달…서울 아파트 거래 9억 원 이하가 절반 넘어, 연합뉴스, 2024. 10.27

결하기 위한 근본적인 처방이 나오지 않고 있는 것은 정부나 정치권에서 관심이 부족하다기보다는 마땅한 해법을 내어놓기가 쉽지 않기 때문이다. 그 기원[9]이 어디서부터 시작되었는지조차도 명확하지 않은 이 제도는 오늘날 대한민국 주택시장을 무겁게 짓누르고 있는데 이것을 섣불리 건드렸다가는 예측하지 못한 문제를 일으킬 것은 분명하다.

어떤 이들은 전세가 임차인에게 유리하고 서민들에게는 꼭 필요한 제도이므로 정부가 서민을 위해서 오히려 더 지켜야 하는 제도라고 생각하기도 한다. 반면에 고성장 시기가 끝나고 금융시장이 충분히 발달한 지금 일종의 사금융인 전세가 우리나라에 더 이상 필요하지 않다는 의견도 있다.

여기서 전세의 필요성에 대해 논쟁하기보다는 서민 주거안정과 내 집 마련을 위한 주거 사다리로서 전세제도가 그 순기능을 제대로 발휘하고 있는지, 역기능과 부작용은 없는지 먼저 진단해 볼 필요가 있다.

가. 전세시장의 수익구조

다소 딱딱하게 들릴 수 있겠지만 전세의 수익구조를 수식으로 나타내보면 다음과 같다.

$$총수익 = S + G$$
- S: 보증금을 운용해서 얻는 이자(또는 투자) 수익
- G: 주택 매각 시 주택가격상승으로 인한 자본이득(Capital Gains)

위 식에서 총수익을 결정하는 첫 번째 항목인 보증금 운용수익(S)은

---

[9] 조선 시대 "전당제도"에서 전세의 기원을 찾는 견해도 있다.(박신영, "주택 전세 제도의 기원과 전세시장 전망," 대한주택공사 주택연구소, 2000.),

전보증금에 운용수익률을 곱해서 계산된다.

$$보증금\ 운용수익(S) = 전세보증금 \times 보증금\ 운용수익률$$

전세보증금은 주택임대차 시장에서 수요와 공급에 따라 결정되고, 보증금 운용수익률은 금리, 경제성장률 등 거시경제 상황에 따라 자본시장에서 결정된다. 한편, 주택임대차 시장에서 전세와 월세는 대체재 관계에 있다. 전세보다 월세가 유리하면 월세가 공급될 것이다.

이런 전제하에서 전세가 지속적으로 공급되려면 보증금 운용수익이 월세 수익보다 더 높아야 한다. 보증금을 받아 은행 이자[10]를 받거나 다른 곳에 투자하면 월세보다 더 많은 돈을 벌 수 있어야 하는 것이다.

나. 고성장 시대 전세는 고금리를 먹고 살았다

우리나라가 고성장을 거듭하던 1970년대 은행 금리는 20%대였고 1984년 금리자유화 조치가 시작된 이후 90년대 초중반까지도 10% 수준을 유지했었다. 이 시기에는 전세가 유지되기 위한 조건인 "월세수익보다 더 높은 보증금 운용수익"이 가능했다.

그러던 것이 IMF 구제금융이 마무리되기 시작한 2000년대 들어서 금리가 꾸준히 내려가 2009년에는 2%까지 하락했다. 그 이후에도 경제상황에 따라 다소 등락은 있었지만 우리나라의 금리는 대체로 2%에서 4% 수준에서 움직이고 있고 앞으로도 과거와 같은 고금리 시대는 오지

---

10 편의상 임대인이 보증금을 받아 예금하는 것으로 가정했지만, 현실에서 전세보증금의 활용은 대출금 상환, 가계 자금의 융통, 다른 투자처에 대한 투자 등 다양한 양태로 나타난다. 그럼에도 불구하고 금리로 대표되는 보증금운용수익의 본질은 동일하다.

않을 것이다.

은행 이자나 투자를 통한 기대수익률은 여러 가지 요인에 영향을 받지만, 장기적으로는 한 국가의 잠재성장률이나 물가상승률과 연관이 있다. 우리나라의 경제가 선진국 수준으로 진입해 있고, 인구구조나 다른 여건들을 봤을 때 앞으로도 예전과 같이 연간 5%를 넘는 고성장을 하기는 쉽지 않다. 금리도 과거처럼 높지는 않을 것이다.

따라서, 저금리가 본격적으로 시작된 2010년대부터 우리나라 전세시장은 서서히 월세 시장으로 전환되었어야 했다. 실제 이와 같은 현상이 일어났었는데 2015년 12월 한국일보는 그 해 부동산 시장의 10대 이슈 중 하나로 "월세시대 가속화"를 꼽기도 했다.

저금리 시대에 수익률이 낮아졌는데도 전세가 지속되기 위해서는 한 가지 방법밖에는 없다. 보증금 운용수익 = 전세보증금 × 수익률이므로 보증금 운용수익의 다른 한 축인 수익률이 무너진 상황에서는 전세보증금이 커져야 하는 것이다.

그런데 전세보증금은 주택임대차 시장의 수급에 따라 결정된다. 인구나 가구 등 수요자 자체가 늘어나거나 어떤 이유로 수요자가 같은 위치, 같은 크기의 집에 지금보다 더 많은 돈을 지불할 용의가 있어야 하는 것이다. 인구는 정체기를 넘어 이미 감소기에 접어들었고 전세에 사는 사람들이 갑자기 더 큰 비용을 내고 싶은 마음이 생길 리도 없다. 따라서, 2000년대 말부터 나타난 전세에서 월세로의 전환은 자연스러운 것이었다. 그로 인한 서민 주거비 부담 증가는 별론으로 하고 말이다.

다. 저금리 시대, 전세를 살린 건 전세대출

보증금 운용수익이 낮더라도 전세가 유지될 수 있는 다른 환경은 있다. 주택을 보유하다 매각했을 때 생기는 매각차익이 크면 전세보증금은 제로(zero)금리의 대출이 되고 이를 통해 전세시장은 유지된다.[11]

그런데 2008년부터 우리나라 주택시장은 안정기에 진입하였고 2015년까지 주택가격의 상승폭도 크지 않았다. 보증금 운용수익도 낮고 주택가격 상승에 대한 기대도 크지 않았는데 전세시장이 계속 유지된 이유는 무엇일까? 그것은 바로 전세대출 때문이었다.

전세대출이 현재와 같은 모습을 가지게 된 것은 2008년 금융위기 시기이이명박 정부가 서민주거안정을 위한다는 명분으로 전세대출에 대해 1억 원까지 주택금융공사를 통해 보증해 주면서 시작되었다.

실물자산인 주택을 담보로 하는 주택담보대출과 달리 물리적 담보가 없는 전세자금대출은 주택금융공사(HF), 주택도시보증공사(HUG), 서울신용보증(SGI) 등 보증기관의 보증서를 담보로 대출이 일어난다. 보증기관의 보증한도는 2009년에 2억 원으로 상향되었는데 이때 무주택세대주 요건도 폐지된다. 박근혜 정부 들어서는 이를 3억 원으로 올리더니 2년 후인 2015년에는 보증한도가 5억 원까지 확대되었다.

여기에 더해 2015년부터는 주택도시기금이 기존의 근로자서민전세자금과 저소득가구전세자금이 "버팀목 대출"로 통합하면서 본격적으로 전세자금대출을 공급하기 시작했다.

전세는 주택을 구입하기에는 아직 자산형성이 미약한 서민들에게 주거안정을 위한 수단이자 주거 사다리로서 긍정적인 측면이 있다는 것은 사실이다. 2008년 정부가 전세대출을 본격적으로 도입하면서 그 담보로 임대인, 임차인 모두 부담 없이 정부가 신용만 제공하면 되는 전세대출 보증이라는 제도를 확대해서 도입하기 전까지는 임차인들은 자신의 여유자금 범위 내에서 전세보증금을 납부했고, 꼭 필요한 경우에는 이자

---

11 오로지 주택가격 상승만을 기대하면서 주택구입에 필요한 자금의 대부분을 전세보증금으로 조달하는 방식을 소위 갭(Gap) 투자라고 부른다. 부동산을 전문으로 매매하던 전문가 혹은 투기적인 시장 참여자들 사이에서만 오르내리던 이 용어는 오늘날 일반인들도 쉽게 사용하는 용어가 되었다.

를 감당할 수 있는 수준에서 전세대출을 이용했다. 이 시기 전세대출은 과거 주택은행(현. KB국민은행)이 까다로운 조건으로 운영하거나 특정 금융기관이 고금리로 운영하는 틈새상품 정도였지, 현재와 같이 대다수 국민들이 보편적으로 이용하는 대출상품이 아니었다.

하지만 무주택 서민이 자기자본이 아닌 대출을 통해 손쉽게 전세자금을 구할 수 있게 되면서 전세가격이 상승하고 주택가격도 연쇄적으로 상승하게 된다. 결국 서민들은 전세 재계약을 할 때마다 그 전보다 더 많은 대출을 받아야 하는 대출의 악순환에 빠지게 되는 것이다.

2000년대 후반부터 주택가격 안정되면서 주택구매 수요의 상당 부분이 임차 수요로 전환되었지만 임차인들이 알아서 척척 전세금을 구해오니 임대인들은 전세를 굳이 월세로 전환할 필요성이 없어졌다. 전세의 월세 전환보다는 오히려 월세에서 전세 전환 현상까지 나타났다. 전세수요가 확대되고 대출도 쉬워지니 당연히 전세가격은 급등했다.

아래 그래프는 2007년~2024년까지 우리나라의 매매지수와 전세지수를 비교한 것이다. 그래프에서 A시기를 살펴보면 2008년 들어 주택 매매시장과 전세시장 모두 안정세에 돌입하다가 2009년부터 매매지수와 전세지수가 탈동조화, 다시 말해 디커플링(decoupling)이 시작된다. 매매지수는 특별한 등락이 없는 가운데 전세지수만 급등하는 것이다.

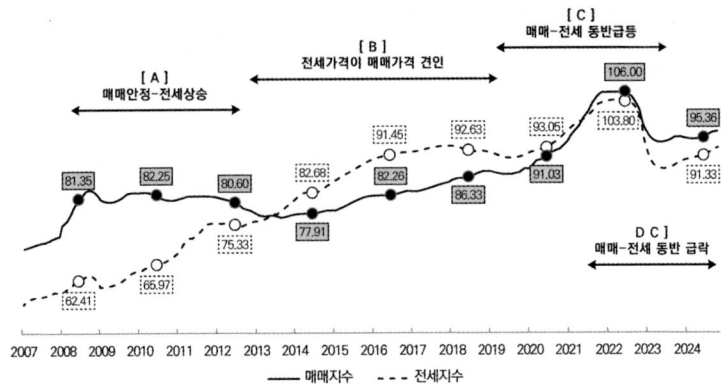

출처: 한국부동산원 주택매매지수(종합), 전세지수(종합)를 토대로 저자 재구성

이런 추세가 장기화고 전세지수가 매매지수를 추월하는 시기가 도래하자 B시기부터 전세가격이 매매가격을 견인하기 시작한다. 매매와 전세는 서로가 서로에게 영향을 주고받으며 동조화(coupling)되다가 C시기에는 절정을 이루면서 결국 매매·전세 가격이 동반 폭등하게 된다.

국토연구원에 따르면 2018년 ~ 2023년 사이 증가된 전세대출보증으로 인해 전세가격과 매매가격이 모두 상승했는데 전세대출보증이 1% 증가하면 매매가격은 0.365%, 전세가격은 0.177% 증가[12]했다고 한다. 이 시기 전세대출에 대한 보증 잔액은 1.7배가 증가하였다.

라. 전세시장의 벨 에포크(Belle Époque)

다시 위 그래프의 A시기를 살펴보자. 이 시기는 적어도 전세시장에서만큼은 모두에게 행복한 시절이었다. 저금리에도 불구하고 전세가격

---

[12] 전세자금대출 보증이 주택시장에 미치는 영향과 정책방향, 국토연구원, 국토정책 브리프 955호, 2024.12.23.

이 상승해 모수가 커지면서 수익 규모도 덩달아 커진 임대인들은 월세로의 전환보다는 전세 유지를 택했다. 임차인들은 전세가격이 올라가더라도 은행에서 쉽게 대출을 해주니 계속해서 대출을 늘려갔다.

은행은 저금리 시대 수익원도 마땅치 않던 시기에 정부의 보증서를 담보로 손쉽게 영업할 수 있었고 정부도 특별한 재정투입 없이 돈 안 드는 보증서만 끊어주면 되니 서민 주거를 위해 힘쓴다는 생색도 내고 좋았다. 말 그대로 아름다운 시절, 벨 에포크[13]였던 것이다.

하지만 표면적으로는 낙관주의가 넘치고 평화와 희망이 가득 찬 시대같이 보였던 벨 에포크도 내부에서 자라난 민족주의와 제국주의라는 긴장 속에 1차 세계대전의 발발로 그 종말을 맞았듯, 전세시장의 평화도 오래가지 못했다. 지금 우리 사회가 겪고 있는 전세사기, 빌라시장의 붕괴, PF 위기 등의 씨앗은 모두 이 시기에 잉태되고 있었다. 2022년부터 주택가격과 전세가격이 동반 급락하기 시작했는데 전세금을 돌려주지 못하는 임대인이 급증했고 이들 중 악의적으로 전세대출 제도를 이용한 전세사기 실태가 본격적으로 드러나기 시작했다.

전세대출액의 100%까지 보증을 서줬던 주택도시보증공사(HUG)의 경우 대규모 손실을 보게 되는데 '22년부터 '24년 기간 HUG는 8조 원 가량의 손실을 기록하게 된다. 그러자 정부는 전세시장이 무너지지 않도록 주택도시보증공사의 보증배수[14]를 기존 70배에서 90배로 늘릴 수

---

13 프랑스어로 "아름다운 시대"라는 뜻으로, 19세기 말부터 제1차 세계대전이 발발하기 전까지(약 1871년~1914년)의 유럽, 특히 프랑스를 중심으로 한 평화롭고 번영했던 시기를 지칭한다. 이 시기는 산업혁명이 성숙기에 접어들며 기술 발전과 경제성장이 이루어졌고 철도, 전기, 전화 등 인프라의 발전이 가속화되었다. 중산층이 성장하면서 소비문화가 발전하고 문화와 예술의 황금기가 도래하였으며 카페, 극장, 서커스와 같은 대중 오락도 확산되었다. 파리에 에펠탑이 건립된 것도 이 시기이다.
14 주택도시보증공사가 자기자본 대비 보증할 수 있는 한도이다. 보증배수가 70배

밖에 없었고, 4조원의 자본금도 출자 하였다. 이것으로 부족하자 HUG는 최근 7천억원 규모의 신종자본증권15도 발행했다. 전세사기와 공적 보증기관의 대규모 손실은 아직도 끝나지 않은 현재진행형이다.

마. 버팀목 전세대출, 과연 무엇을 떠받치고 있는가?

아래 표는 주택도시기금의 전세대출 공급 추세를 보여주는데 문재인 정부 들어 전세난이 심화되면서 주택도시기금의 전세자금 대출 규모도 함께 늘어난다. 다만, 이 시기에 전세대출의 증가 속도는 그나마 감소하고 있었는데 이마저도 윤석열 정부가 들어선 2022년부터는 다시 증가 추세로 전환한다.

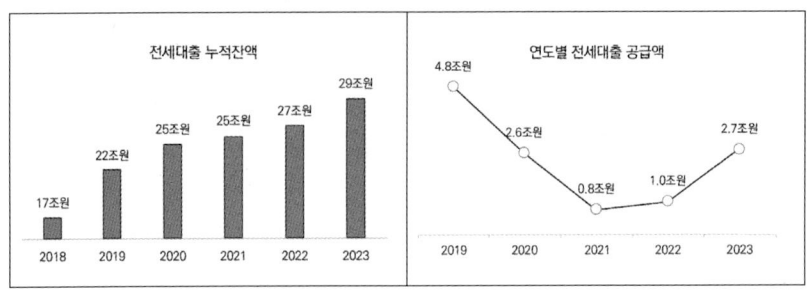

주택도시기금의 전세대출 지원현황

출처: 주택도시기금 감사보고서를 토대로 저자 재구성

국내 전세자금 대출의 전체규모가 얼마나 되는지 공식적인 통계는 없다. 한국은행이 매월 가계부채의 상황을 발표하면서 전세대출을 주택담보대출에 포함해 발표하고 있지만, 여기에 주택구입을 위한 대출과

에서 자기자본이 1조 원인 경우 보증할 수 있는 금액은 70조가 된다.
15 만기가 30년 이상으로 길며, 채권이긴 하지만 회계상 영구채로 분류되어 부채가 아닌 자기자본으로 인정받는 금융상품을 말한다.

전세자금 대출을 따로 구분하여 발표하지 않고 있다. 다만, 금융감독원이 집계한 자료에 따르면 2022년 12월 기준 국내 은행권의 전세대출 규모는 약 170조원[16]에 이른다.

같은 시기 주택도시기금이 공급한 전세자금대출 잔액은 26.5조원[17]이므로 전체 전세대출 잔액의 15.6%를 주택도시기금이 직접 공급했다는 말이다. 여기에는 주택도시기금이 이차보전방식으로 은행재원으로 공급한 전세대출은 빠져있다. 따라서 국내 전세대출 시장에서 주택도시기금이 차지하는 비율은 20~30%에 달할 것으로 추정된다.

주택도시기금의 전세대출이 특히 문제가 되는 것은 전세대출 시장에서 차지하는 비중도 클 뿐만 아니라 그 성격이다. 주택도시기금의 전세대출은 주로 부부합산 가구소득 5천만원 이하의 저소득층을 대출 대상으로 하고 있고, 시중은행과의 금리 차이 때문에 저소득층에 대한 전세대출 대부분이 주택도시기금을 통해 공급되고 있다는 점은 주목해야 한다.

| 주택도시기금의 버팀목 전세대출 개요

항목	대출대상
소득기준	부부 합산 연소득 5천만 원 이하, 단, 신혼부부는 6천만원
주택기준	전용 85㎡이하로서 전세보증금이 수도권 3억, 지방 2억 이하
대출한도	수도권 1억 2천만 원, 지방 8천만원(보증금의 70~80%)
대출금리	2.3 ~ 3.2%(소득별 차등)

자료출처: 저자 정리

위 표는 주택도시기금 버팀목 대출의 대상과 대출한도이다. 이를 통

---

16 "지난해 전세자금대출 170조 돌파…3년새 70% 증가", 연합뉴스, 2023.3.10.
17 2022년 주택도시기금 감사보고서

해 수요층을 짐작해 볼 수 있는데 버팀목 전세대출의 주요 수요자는 다가구·다세대주택 등에 거주하는 서민들이다. 이런 집들의 주인들은 정부가 서민들에게 저리로 대출해 준다고 해서 전세보증금을 낮추지 않는다. 오히려 그만큼 전세보증금을 올린다.

원래는 입지가 나쁘고 집이 낡아 임대하려면 깨끗하게 수리하거나 전세금을 낮춰서 공급해야 하는 주택들이 개량되지도 않고 오히려 더 높은 가격에 시장에 나오게 된다. 우리나라 주택시장에서 가장 하위의 주택을 누가 떠받치는지 추적해 내려가다 보면 그 끝에는 주택도시기금의 버팀목 대출이 있다.

전세시장에서 가장 아래에 놓인 다가구·다세대 빌라에 저금리 정책대출이 쉽게 공급되면 전세가격이 인위적으로 상승한다. 빌라 가격이 오르니 아파트 가격도 같이 오른다. 집주인들은 자산가치 대비 임대수익이 더 높고 시간이 지나면 자산가치는 더 상승하니 재개발할 이유도 임차인을 끌어들이기 위해 투자를 할 이유도 없다.

지역의 인프라는 갈수록 낡아가는데 집주인들은 집수리도 인프라 개량도 하지 않는다. 그 틈을 타 일부 시행업자와 임대업자, 부도덕한 공인중개사와 감정평가사들이 모여 전세가격을 더 부풀리고 난개발을 부추긴다. 이런 시스템이 무한히 반복될 수는 없다. 결국 어느 순간 작동을 멈추게 되면 전세사기와 같은 숨겨져 왔던 모습들이 나타내게 되는 것이다. 이것이 오늘날 전세대출로 떠받쳐 온 우리나라 저층주거 밀집지역의 모습이다. 버팀목 전세대출이 떠받치고 있는 것이 과연 무엇인지 생각해 볼 필요가 있다.

3. 다양한 주택공급 주체 육성 부진

앞서 지난 10년동안 주택도시기금은 공공임대와 민간임대 주택 공급을 확대하기 위해 상당한 재원을 투자하고 사업자를 지원해왔다는 점을 알 수 있었다. 하지만 주택공급 확대에 집중하기 위해서 기금재원을 좀 더 많이 투자하고 배분하기만 하면 될까?

2024년 국정감사에서는 우리나라에서 가장 큰 민간임대주택 사업자인 ㈜부영이 도마 위에 오른바 있다. 최근 20년간 주택도시기금 지원의 약 23.4%를 지원받았음에도 분양전환대금 부풀리기, 임대료 인상, 퇴거 입주민에 대한 부당한 비용 청구 등이 있었다는 것이다.

우리나라의 주택공급은 크게 공공과 민간으로 구분되는데 공공임대는 LH·GH와 같은 공공주택사업자가 주로 공급하고, 민간주택은 건설사가 공급한다. 주택이 부족하고 대량 공급이 필요한 시기에 이들의 역할은 매우 컸다. 예를 들어 90년대 주택시장 안정에 크게 기여했다고 평가받는 1기 신도시 개발사업의 경우 이들의 노력이 없었다면 그렇게 이 대규모의 주택공급이 일시에 일어나기 힘들었을 것이다.

하지만 위 ㈜부영의 사례에서 보듯이 주택도시기금이 기존의 공급주체에 대한 지원을 늘리기만 한다고 해서 오늘날 우리가 겪고 있는 주거 문제가 쉽게 해결될 수 없다. ㈜부영이 주택도시기금의 지원을 받아 재계 20위권의 대기업으로 성장하는 동안 민간분야에서 우리나라의 임대주택 시장이 성장하고 국민들이 체감할 수 있는 변화가 있었다고 할 수 있을까?

그동안 주택도시기금이 민간분야에서 다양한 공급주체를 발굴하려는 노력이 없었던 것은 아니다.

사회적 경제나 협동조합, 건설사와 공동투자하는 민간임대리츠 등 공급주체를 다변화하기 위한 노력은 있었고 성과도 있었다. 그러나, 이런 노력이 지속되지 않고 1회성 지원에 그치다 보니 성과가 확산되지 못하고 사례 수준으로만 남게 되었다.

4. 중단된 도시재생

도시재생에 대한 투자는 아쉬움이 크다. 「도시재생활성화 및 지원에 관한 특별법」제정 이후 "도시재생활성화구역" 지정, "도시재생 혁신지구" 투자 등 제도 개선을 위한 노력이 있었고, 문재인 정부 시절에는 2017년 도시재생 뉴딜사업을 핵심 국정과제로 정하기도 했다. 노후화된 주거지와 쇠퇴한 구도심을 활성화하여 도시 경쟁력을 높이고 일자리를 창출하는 것을 목표로 5년간 총 50조 원의 재원을 투입하여 매년 100여 개의 노후 마을을 선정, 개선한다는 계획이었다.

추진 전략으로는 지역 공동체가 주도하는 방식으로 전환하여 중앙정부나 지방자치단체의 개입을 줄이고 주민 참여를 강조하고 물리적 환경 개선뿐만 아니라 임대주택 공급, 산업 육성, 청년 일자리 창출 등 다양한 분야를 포괄하도록 하였다.

구체적인 사업유형으로는 다양한 지역 특성과 필요에 따라 '우리동네 살리기', '주거정비지원형', '일반 근린형', '중심 시가지형', '경제 기반형' 등 5가지 유형으로 분류하여 추진하였다.

이러한 도시재생 뉴딜사업은 전국적으로 456곳의 사업지를 선정하여 진행되었으나 2022년 이후, 윤석열 정부는 해당 사업의 성과가 미진하다는 평가에 따라 국민주택기금에서 주택도시기금으로의 변화의 가장 큰 한 축이었던 도시재생사업은 상당 부분 축소되고 위축되었다.

주택도시기금은 도시재생뉴딜 투자비 50조 원 중 25조 원을 담당하는 것으로 계획되었으나, '17~'22년 5년 간 실제 집행액은 3천억 원 수준에 머물러 당초 계획에 크게 미달하였다.

| 주택도시기금의 도시재생 투자현황

(단위: 억원)

분야	2018	2019	2020	2021	2022	계
도시재생융자	672	471	542	1,019	1,501	4,205
도시재생출자	1,441	1,192	1,280	1,580	300	5,793
도시재생지원	1,251	3,881	7,005	5,671	4,656	22,464
합계	3,364	5,544	8,827	8,270	6,457	32,462

자료출처: '23년 주택도시기금 업무편람을 기초로 저자 재구성

Ⅳ. 주택도시기금 앞에 놓여진 과제

지금까지 주택도시기금의 역사, 주택도시기금으로 개편된 이후의 성과와 한계점을 살펴보았다. 주택도시기금으로의 개편 이후 10년 간 임대주택 공급 확대, 민간임대리츠(REITs) 도입과 지방공사의 참여 증가, 도시재생투자와 주택도시기금의 역할 확장 등 성과가 있었던 것은 분명하다. 하지만 주택도시기금 앞에 놓인 과제도 만만치 않다.

우선 급격하게 상승한 주택가격과 이로 인한 계층 간의 격차가 확대되었고, 청년들의 실망감은 혼인, 출산 기피로 이어지고 있다. 도시재생의 성과는 꽃피워지기도 전에 투자는 중단되었고, 수도권-지방의 격차가 확대되면서 청년들은 일자리를 찾아 수도권으로 몰리는 현상이 심화되고 있다.

이러한 환경에 능동적으로 대처하고 향후 10년 이상을 내다보는 관점에서 주택도시기금, 더 나아가 우리의 주택금융 시스템에서 개선할 점과 과제를 제안한다.

1. 더 많은 주택을 공급할 것인가? 주택마련 부담을 덜어줄 것인가?

주택도시기금은 전통적으로 서민들의 주택 마련 부담을 덜어주는 수요자 대출지원과 더 많은 주택공급을 통해 주택시장을 안정시키는 두 가지 역할에 집중해왔다. 둘 중에서 어떤 것이 더 좋은지에 대한 답은 없다. 전반적인 주택시장의 상황과 금융시장 여건, 서민들의 주거비 부담 등을 종합적으로 고려해 시기별로 정책당국자가 결정해야 하는 문제이다.

하지만 수요자에 대한 대출 지원보다는 주택 사업자를 지원해 주택공급을 확대하는 것이 시장에 미치는 부작용이 더 크다는 것은 확실하다. 대출 지원은 주택시장에 유동성을 공급하게 되고, 이로 인한 가격상승과 시장 왜곡, 가계부채 증가 등의 부작용이 있다. 주택공급을 위한 사업자 지원도 효율성의 문제나 과잉공급에 따른 부실문제가 있지만 수요자에 대한 대출 지원에 비해 시장에 미치는 부정적 영향은 덜 하다고 할 수 있다.

가. 정책의 무게중심: 공급 확대로 기조전환 필요

앞서 살펴본 것처럼 주택도시기금은 주택공급을 확대하기 위한 지원을 지속적으로 늘려왔고 특히 임대주택에 대한 지원은 박근혜 정부와 문재인 정부 모두 확대 기조[18]를 유지해 왔지만 수요자에 대한 대출지원은 이보다 훨씬 더 가파르게 증가하는 추세이다.

아래의 표는 주택도시기금에서 수요자 대출을 별도항목으로 집계하

---

18 윤석열 정부의 경우 초기('23년)에는 임대주택 예산이 일시적으로 감소한 바 있으나 거센 비판이 일자 '24년에는 이를 다시 회복하였다.

기 시작한 2003년부터 2024년까지 20년간의 추세를 보여주는데 이 기간을 크게 4개의 시기로 나눠볼 수 있다.

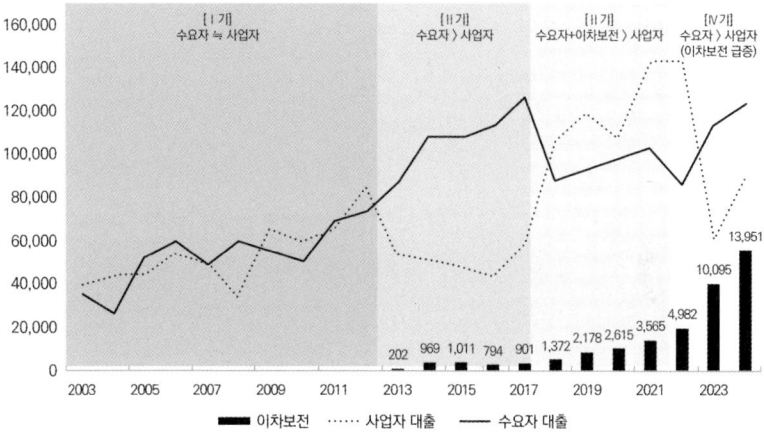

자료출처: 연도별 주택도시기금 업무편람을 기초로 저자 재구성

먼저 Ⅰ기는 2003년~2012년까지로 노무현, 이명박 정부의 임기와 대략적으로 일치한다. 이 기간 주택도시기금의 규모가 증가하면서 수요자·사업자 대출 모두 비슷한 수준에서 증가하고 있다는 것을 알 수 있다.

Ⅱ기는 박근혜 정부 시기인 2013년~2017년까지인데, 이 기간에 주택구입자금 대출인 '근로자·서민 주택구입자금대출'과 '우대형 보금자리론'이 현재의 디딤돌 대출로 통합되었고 전세자금 대출인 버팀목 대출도 출시되는 등 주택도시기금의 수요자 대출이 현재와 같은 체계를 갖추게 되었다. 이 시기는 주택공급을 위한 사업자 대출은 감소하는 반면 수요자 대출은 급증하게 되는데 이차보전을 통한 수요자 대출도 바

로 이때 시작되었다.

Ⅲ기에 해당하는 2018년~2022년은 문재인 정부의 임기와 겹치는데 이 기간 동안 명목상으로는 수요자 대출이 줄어들고 사업자 대출이 늘어나는 것처럼 보인다. 하지만 이때부터 이차보전을 통한 수요자 대출이 본격적으로 늘어나면서 수요자 대출의 상당 부분을 기금의 직접 재원이 아닌 은행의 이차보전에 의존하기 시작한다. 따라서 이 시기 수요자 대출의 총액은 단순히 공개된 수치보다 더 많고, 사업자 대출의 총액보다 더 많았을 것으로 추정[19]된다.

주택도시기금의 재원이 한정된 상황에서 임대주택 등 주택공급을 확대하면서도 늘어나는 국민들의 주거비 부담을 경감시키기 위해 불가피하게 이차보전을 통한 수요자 대출을 활용할 수밖에 없었던 당시 정부의 고민은 충분히 이해할 수 있다. 게다가 당시는 저금리 시기였으므로 이차보전을 통한 수요자 대출이 기금 운용 측면에서 더 유리한 점도 있었다. 하지만 이로 인해 시장에 공급된 유동성이 주택가격 상승의 원인 중 하나였다는 사실은 지적하지 않을 수 없다.

마지막으로 Ⅳ기는 윤석열 정부가 출범한 이후 현재까지의 상황이다. 이 시기에는 사업자 대출은 급감하고 수요자 대출은 주택도시기금의 직접 재원과 이차보전 재원 모두 급증하였다. 특히, 부동산 경기가 하락함에 따라 주택도시기금의 조성이 원활하지 않은 상황에서 늘어나

---

19 이차보전을 통해 수요자 대출이 얼마나 공급되었는지는 공개되는 자료를 통해서는 파악하기 힘들다. 왜냐하면, 이차보전은 시중금리와 정책금리의 차이를 보전해주는 것이므로 대출액이 크더라도 시장금리가 낮으면 이차보전액은 그리 많이 증가하지 않기 때문이다. 따라서, 이차보전을 통한 대출총액을 공개되는 이차보전액을 통해 파악하기 위해서는 개별 대출 건별로 대출 시점의 시장금리를 알아야 하는데 이것은 각 은행별 내부자료를 집계해야만 비로소 파악할 수 있다. 다만, 문재인 정부 임기의 대부분이 초저금리 시기였다는 점을 감안하면 이차보전액을 통해 대출총액은 상당한 규모였을 것으로 미루어 짐작할 수 있다.

는 대출의 상당 부분을 이차보전을 활용해 공급하고 있다.

주택도시기금은 지난 10년간 수요자 대출을 계속해서 늘려왔는데, 이러한 추세를 앞으로도 계속해서 유지해야 하는 지는 한번 되짚어 볼 필요가 있다. 명확한 것은 지금은 주택 수요자들로 하여금 더 쉽게 주택을 구매하거나 임차할 수 있도록 정책자금을 풀어 유동성을 공급하는 정책을 구사할 시기는 아니라는 것이다.

우선 수요자에 대한 대출 지원을 저소득층과 서민 중심으로 재편하는 동시에 전체 규모를 점차 줄여나가고, 이를 통해 확보되는 여유 재원으로 주택공급을 위한 사업자 지원에 더 투자하도록 정책 기조를 전환해야할 때라고 생각한다.

다시 말해, 수요자에 대한 주택구입, 전세자금 대출은 꼭 필요한 계층을 제외하면 금융시장에 맡겨 금융정책이나 통화정책으로 관리하고, 주택도시기금은 꾸준하게 주택이 공급될 수 있도록 지원하는데 초점을 맞춰야한다는 것이다.

나. 공급자 다변화를 위한 제3섹터 지원

주택도시기금의 주택공급 기능이 강화되기 위해서는 이에 필요한 재원도 늘려야 하지만 기금의 지원을 받아 주택을 공급할 사업자가 다변화 되어야 하고, 이러한 사업자들이 기금의 지원을 받는 만큼 공익성을 강화해야한다.

"민간사업자는 이익을 추구하는 데 공익성을 강화하라고 하면 누가 사업을 하나?" 또는 "공익사업은 공기업이 해야하지 않느냐?"라고 반문할 수도 있다. 하지만, 주택도시기금은 그동안 "협동조합형 임대주택"이나 "사회주택"과 같은 민간 주체가 공익과 사익을 조화시키면서 주택을 공급해 온 사례를 발굴해냈고, 건설사와 함께 임대리츠에 공동 투자하면서 부담가능한 임대주택을 공급할 수 있도록 하면서 사업을 다변화해왔다. 이 과정에서 다수의 주목할 만한 사례가 나왔는데 대표적인 것이 소셜 디벨로퍼 그룹인 더함의 협동조합형 뉴스테이 등을 들 수 있다.

협동조합형 뉴스테이는 민간임대주택(뉴스테이) 모델에 협동조합 방식을 결합한 주거 형태이다. 뉴스테이 사업은 중산층을 위한 장기임대주택 공급 정책으로 시작되었지만, 더함은 여기에 입주민 참여형 관리와 공동체 운영의 협동조합 모델을 접목시켰다. 이들의 목표는 입주민들에게 단순한 거주 공간 이상의 공동체 기반 서비스를 제공하고, 안정적인 임대료와 주거 환경을 보장하는 것이다.

한 가지 아쉬운 점은 이와 같은 사례들이 주택도시기금의 보편적인 사업모델로 확산되고 정착되지 않았다는 점이다. 그러다 보니 매년도 정부의 사업 목표 수립에 이러한 유형의 주택들에 대한 공급 목표를 수립한다거나 예산이 배정되지 못했다. 반면, 앞서 살펴본 ㈜부영과 같은 민간사업자에 대해서는 정해진 예산을 반복적으로 편성해 왔는데 ㈜부영 단일기업에 대해서만 주택도시기금이 지원한 금액이 4.4조원에 달한다. 만일 그 절반의 절반이라도 더함과 같은 사업모델이나 사회적 경제, 주거분야 소셜 디벨로퍼 등에 투자했다면 지금 우리나라의 주택공급 생태계는 지금보다는 훨씬 더 다양한 주체가 서로 경쟁하는 역동적인 모습일 것이다.

다. 수요자 지원: 서민 중심의 초심으로 돌아가자

시중은행들이 저소득 서민들을 위한 주택구입, 전세대출을 하지 않거나 오히려 고금리로 대출하던 시기에도 주택도시기금은 저소득층을 위한 주택구입, 전세대출을 지원해 왔다. 하지만 최근 들어 다양한 수요에 부응하고 미래세대인 청년들을 지원한다는 명분으로 지원 대상이 지나치게 확대되고 요건들도 완화되고 있다. 거듭 말하지만 청년들의 혼인과 출산을 지원할 필요성에 대해 부인하는 것은 아니다. 다만 주택도시기금은 무주택 서민을 지원하는 정책금융으로서 역할에 충실해지자는 것이다.

주택도시기금 이외에도 우리나라의 주택 관련 정책대출은 금융위원회와 주택금융공사가 운영하는 보금자리론이 있다. 본래 저소득층에 대해서는 주택도시기금, 중위계층은 보금자리론[20]이 정책자금을 지원하고 그보다 상위계층은 시중은행이 각각 서로의 역할을 구분해 담당하고 있었다. 그런데 지금의 주택도시기금은 기존 보금자리론의 지원 계층을 넘어 시중은행이 대출해 왔던 영역까지 대출 범위를 넓히고 있다.

소득 2.5억 원의 가구까지 지원하는 신생아 특례대출이 대표적이다. 이 정도 소득의 가구는 민간의 금융기관이 담당하는 것이 맞겠지만 그럼에도 불구하고 정책금융이 반드시 필요하다면 주택도시기금보다는 상위의 계층을 중심으로 지원해왔던 보금자리론을 활용하는 것이 맞다. 하지만 금융위원회가 운영하는 보금자리론은 이 부분에 관한 관심을 가지지 않았다.

그 사이에 코로나 시기를 거치며 그 후유증으로 물가가 급등하면서 전세계적으로 고금리가 시작되었고 시중은행들이 고금리를 바탕으로 막대한 이자 수익으로 실적을 낼 수 있었다. 반면 주택도시기금은 저금리의 정책대출을 급속도로 확대하면서 여유자금[21]은 '22년 39조 원에서

---

20 예를 들어 신혼부부에 대한 주택구입자금 지원의 경우 주택도시기금은 연소득 7천만 원 가구를 지원하였다. 보금자리론의 경우에는 8천 5백만 원 ~ 1억 원(다자녀)의 가구를 지원했었고 여기 해당하지 않는 가구는 시중은행의 주택담보대출을 이용했었다.

21 "여유자금"이라는 용어는 자칫 오해를 불러일으킬 수 있는데 이로 인해 주택도시기금이 재원의 여유가 있음에도 불구하고 일부러 주택공급이나 서민을 위한 주거복지 사업에 기금을 사용하지 않고 있다는 인상을 준다. 주택도시기금의 여유자금은 5년만기로 상환해야 하는 국민주택채권을 상환하기 위한 "상환대기성 자금"과 요구불 예금인 청약저축의 해지에 대비한 "지급준비금"이다. 주택도시기금은 적정수준의 상환대기성 자금과 지급준비금을 확보하기 위해 BIS 기준 자

'24년 10조 원으로 1/4토막이 났다.

민간금융이 담당해야 할 부분은 민간에서 담당하게 하고, 정책금융은 정책금융으로서의 기능에 충실하도록 역할을 다시 정립해야 한다.

라. 정책금융 담당기관 간 역할 분담도 필요

저소득 서민 중심의 주택도시기금과 이보다 상위계층에 대한 보금자리론이 제대로 역할을 하기 위해서는 이를 관리하는 정책금융 기관들의 역할도 중요하다.

주택도시기금 이외의 주택분야 정책금융 자금으로는 주택금융신용보증기금이 있다. 이것은 "주신보"라고도 불리는데 주로 정부 출연금이나 시중은행들의 출연금으로 조성된다. 시중은행들이 주택담보대출을 실행하거나 주택건설자금을 대출할 때 의무적으로 "주신보"에 일정 금액을 출연금으로 납부해야 하는데 주신보는 금융위원회 소관으로 주택금융공사(HF)가 기금을 관리한다.

주택도시기금과는 차이기 있지만, 이들 두 개의 기금은 각각 주택구입, 전세자금을 지원하기 위한 수요자 지원과 주택공급을 위한 사업자 지원 모두를 담당하고 있다.

각각의 역할을 비교하면 다음과 같다.

기자본비율을 적용하고 시중은행 수준으로 유동성을 관리하고 있으며 그 결과가 "여유자금"이다. 따라서, 이것을 잉여의 개념으로 보아서는 안된다.

| 주택금융별 주택담보대출 비교

구분		주택도시기금	주택금융신용보증기금
조성재원		청약저축·국민주택채권	정부 및 은행출연금
관리기관		HUG	HF
주택구입 대출	명칭	디딤돌 대출	보금자리론
	방식	기금직접, 이차보전	MBS 발행
전세자금 대출	명칭	버팀목 대출	없음
	방식	HUG 보증	HF 보증
공급자 지원	공공	공기업 출·융자	없음
	민간	직접융자, PF보증	PF보증
기타		분양보증 운영(HUG)	주택연금 운영(HF)

위에서 볼 수 있듯이 두 기금 모두 주택담보대출, 전세대출, 건설사 PF보증 등 유사한 성격의 업무를 중복적으로 수행하고 있다.

주택시장을 안정시키기 위해서는 꾸준하고 예측할 수 있는 주택공급과 더불어 수요 측면에서 실수요자를 위한 안정된 대출 지원이라는 두 바퀴가 원활하게 돌아가야한다. 이 같은 관점에서 주택도시기금(국토교통부)과 주택금융신용보증기금(금융위원회)의 역할 분담이 필요하다.

좀 더 구체적으로 말하면 주택공급을 통한 시장 안정은 국토교통부가, 주택담보대출 규제 등 금융을 통한 수요 조절은 금융위원회가 주관하는 것이 더 효율적이다. 가계대출은 거시경제 관점의 운용과 통화정책과의 연계가 필요한데 이를 위해서도 국토부가 주택도시기금과 같이 DSR이 배제된 정책대출을 과도하게 공급한다거나, 전세대출의 2~30%를 시장에 공급하는 현재와 같은 상황은 바람직하지 않다.

기금의 조성 재원이나 관리기관의 특성과 역사, 업무영역 등을 고려하면 국토교통부·주택도시기금·HUG는 공급자 금융에, 금융위원회·주택금융신용보증기금·HF는 수요자 금융에 집중할 필요성은 더 커진다.

예를 들어, 주택금융신용보증기금의 재원 대부분은 시중은행들이 대출할 때 의무적으로 납부하는 출연금으로 조성된다. HF가 운영하는 주택연금 역시 그 실질은 주택담보대출과 유사한데 고령자의 주택을 담보로 대출하고 이를 장기에 걸쳐 연금으로 나눠주는 구조이기 때문이다.

여기에 더해 HF의 주택구입대출 보금자리론은 시중은행의 대출채권을 주택금융공사가 사들이는 방식으로 공급된다. HF는 대출채권을 사들이는 자금을 모기지 담보증권(MBS)을 발행해 조달하는데 공공의 신용을 바탕으로 시장금리보다 더 낮게 조달된다. 주택도시기금과 같이 기금이 직접 수요자에게 시장금리보다 훨씬 낮은 대출을 공급하는 방식보다는 시장친화적이고 주택시장을 왜곡하는 부작용도 덜하다.

반면, 주택도시기금은 주택공급을 위한 공급자 지원에 강점이 있다. 주택도시기금은 공공임대주택 공급을 위해 LH·SH·GH 등의 공기업에 대한 출자, 융자를 지원하고 민간사업자에 대한 융자와 PF보증 등 다양한 지원 상품을 가지고 있다. 선분양이 관행으로 자리 잡은 우리나라의 주택공급 시장에서 선분양 주택에 대한 분양보증도 HUG가 담당한다.

물론 현재도 양 기관의 역할 분담과 정책협의가 이루어지고 있지만 실제로 주택금융이 작동하는 시장에서는 양 기관의 역할이 모호해지고 중복되는 지점이 발견된다. 당장 올해에도 국토부와 금융위 간 정책 엇박자[22]가 노출되면서 언론을 통해 다수 지적된 바 있다.

국토교통부는 주택도시기금과 HUG를 활용해 주택공급에 더 집중하고 금융위원회는 주택금융신용보증기금과 HF를 활용하면서 전체적인 거시경제 환경과 금융시장을 관리하는 관점에서 수요자 금융 정책을 전

---

22 최근 보도된 사례는 ❶사사건건 충돌…국토부-금융위, 부동산대출 두고 잇단 '엇박자', 국민일보, 2024.10.30., ❷금융위 "이자차액 보상 부담" vs 국토부 "재원 전혀 문제 없다", 서울경제, 2024.11.27., ❸금감원장 "은행·국민에 불편 드려 사과…정책대출 국토부와 소통 중", 아시아경제, 2024.09.10. 등

담할 필요가 있는 것이다. 결론적으로 주택도시기금은 주택공급을 위한 공급자 지원에 집중하되 수요자 대출은 저소득층 중심으로 개편하고 중위계층 이상에 대한 수요자 대출은 HF가 전담하는 것이 바람직하다.

| 주택금융 역할분담 개편방향

구분	주택도시기금	주택금융신용보증기금
핵심영역	공급자 금융	수요자 금융
주택구입	저소득층, 주거취약계층	중위계층
전세시장	전세임대주택 공급	전세대출 보증지원

2. 전세시장의 순기능 제고와 연착륙 방안

> "A씨는 집주인 B씨의 집에 전세 살던 중 다른 곳으로 이사하려고 보증금을 돌려달라고 요구하였으나, B씨는 다른 임차인이 들어오면 그 돈으로 보증금을 돌려주겠다고 하여 거절하였다. 이에 A씨는 B씨를 상대로 소송을 걸었다".

마치 2020년대를 살아가는 오늘날의 풍경이라고 해도 어색하지 않을 위 장면은 1909년 9월 7일 황성신문 3면 "잡보(雜報)"에 실린 기사이다(오른쪽 세 번째 맨 좌측 칼럼).

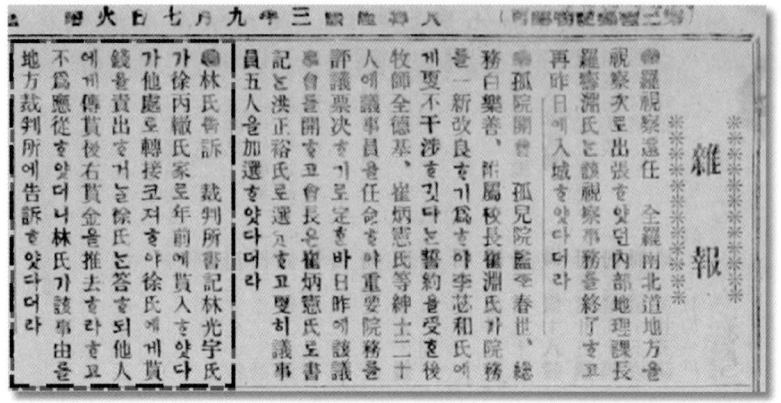

출처: "대한민국 신문 아카이브". 국립중앙도서관.

전세가 언제 어떻게 시작되었는지에 관한 명확한 기록은 없다. 다만, 조선왕조실록이나 승정원일기와 같은 공식적인 사료에 전세를 유추할 수 있는 기록들이 등장하고, 일제가 조선을 강제 병합한 직후인 1912년 조선총독부가 간행한 「관습조사보고서[23]」에도 오늘날의 전세제도와 거의 유사한 형태의 전세(傳貰)에 대해 서술되어 있다는 사실을 미루어 보

---

[23] 일본 통감부의 "부동산법조사회"와 "법전조사회"가 1908년 5월부터 1910년 9월까지 조선의 민사와 상사 관습을 조사한 것이다. 일제가 식민통치의 일환으로 민법전을 편찬하기 위해 그들의 민·상법 체계에 따라 당시 조선의 관습을 해석하여 왜곡이 있을 수 있으나 총칙에서부터 물권, 채권, 친족에 관한 사항까지 전체적인 체계는 오늘날 우리 민법의 체계와도 크게 다르지 않게 구성되어 있다. 당시 조선의 관습에 따르면 가옥을 임차하는 셋집은 "월세"와 "전세"가 있는데 이 중 전세의 경우 전세가율은 가옥 가액의 10% ~ 80% 수준으로 조사되었다. 오늘날 공인중개사에 해당하는 '가쾌'가 전세 거래를 중개하게 되면 집주인과 임차인으로부터 각각 전세금의 1%에 해당하는 수수료를 받았다고 한다. 이 보고서에서는 전세관계가 대체적으로 채권적 관계를 갖지만 소유자가 전세금을 반환하지 않으면 대항력을 가진다는 점에서 물권적 성격도 가진다라고 하면서 "크게 연구할 가치가 있다"고 기술하고 있다.: 왕현종·방광석·심희찬 편역, 『일제침탈사 자료총서 14』, 동북아역사재단, 2022, 433쪽, 592쪽.

면 조선시대에도 전세제도가 있었고 그 모습이 오늘날과 크게 다르지 않았다는 것만은 확실하다.

대출에 크게 의존하지 않는 전세는 분명 월세에 비해 서민들의 주거비 경감과 자산축적을 위한 주거 사다리로서 좋은 장점을 가지고 있다. 하지만, 현재와 같이 대출 의존도가 높은 전세는 가계부채를 유발하고 가격의 등락에 따른 시장기능이 작동하는 것을 어렵게 만든다. 주택경기의 변동성이 심해지는 국면에서는 전세금 반환에 관한 분쟁과 전세사기 등 너무 많은 사회적 부작용도 유발한다.

오늘날 주택시장에서 일어나는 문제의 책임을 전적으로 전세대출 탓으로 돌릴 수는 없다. 하지만 저금리가 본격화되고 주택시장이 안정을 찾기 시작했던 2000년대 말 무렵 서민들의 전세대출을 쉽게 하면서 전세시장을 키우는 방향이 아니라 전세시장을 연착륙시킨다는 목표아래 서서히 월세로 전환하면서 서민의 주거비 부담을 안정시킬 수 있는 좀 더 입체적인 방안을 병행했더라면 그로부터 10년 후 우리가 겪었던 주택시장의 혼란은 없었을 수도 있었을 것이다.

가. 전세가 순기능을 유지하며 지속되기 위한 조건

대출에 의존하는 전세는 그 순기능을 유지하면서 더 이상 지속되기는 어렵다. 전세와 관련된 중요한 변수는 주택수요와 금리, 주택가격상승률 등인데 이런 변수들이 임대인과 임차인 모두를 만족시키는 상태가 유지되어야 하고 금융시장과 정부의 재정 상황도 이를 뒷받침해 줄 수 있어야 하기 때문이다. 하지만 그런 환경은 쉽게 찾아오지 않는다.

우선 임대인 입장에서는 보증금 운용수익이 매력적일 정도로 금리가 충분히 높아야 한다. 반면, 임차인 입장에서는 전세대출 이자가 부담스럽지 않을 정도로 금리가 낮아야 한다. 금리 환경이 마치 "따뜻한 아이스 아메리카노"와 같은 상태가 되어야 한다는 것인데, 이 불가능해 보

따뜻한 아이스아메리카노
(ChatGPT를 이용해 생성)

이는 것을 가능하게 만드는 제도가 바로 전세대출이다.

만일 정부가 HUG, HF와 같은 공적 보증기관을 통해 신용을 제공하지 않았다면 전세대출 금리와 보증수수료율의 합은 월세주택에 대한 전월세전환율과 거의 유사할 것이다. 이에 반해 전세보증금은 오히려 지금보다는 더 낮게 유지되었을 것이다. 하지만, 전세대출로 인해 임차인은 시장가격보다 더 낮은 이자율로 대출받는 대신 더 높은 전세 보증금을 납부하게 된다.

전세는 원래 임차인의 자기자본으로 조달되었다. 자기자본이 부족한 경우 월세를 살거나 기껏해야 부모나 지인을 통해 융통하던 것이 전세금이다. 전세가 금융시장이 충분히 발달하지 못한 환경에서 자생적으로 나타난 제도이니 당연했다. 그런데 어느 순간부터 전세보증금은 서민들이 자력으로 착실하게 모은 내 집 마련의 종잣돈이라기보다는 정부의 보증과 재정지원으로 지탱되는 대출금에 가깝게 되었다. 다시 말해 서민들의 자산이 아니라 부채라는 것이다.

이런 상황에서 전세제도가 내 집 마련을 위한 주거 사다리로서 제 역할을 하리라 기대하기는 어렵다. 오히려 전세가격의 거품을 일으켜 서민들의 부채만 늘릴 뿐이다.

나. 소비자가 가격 하락을 걱정해야 하는 모순

전세가 유지되기 위한 또 하나의 조건은 주택가격의 꾸준한 상승이다. 전세가격에는 주택가격 상승에 대한 기대가 담겨 있다.[24] 그러나, 주

---

24 전세가격이 미래 주택가격과 연관되어 있고 주택가격 상승에 대한 기대가 반영

택가격은 상승과 하락을 반복하기 마련이고 꾸준하게 상승만 하는 주택시장이 펼쳐지는 것은 불가능하다.

전세시장은 임차시장이지만 전세보증금과 관련된 거래의 본질은 자본시장에서 일어나는 대출 투자에 더 가깝다. 임차인이 일정 기간 임대인에게 돈을 빌려주고 그 대가로 주택을 사용하는 것이다. 순수한 임차시장 혹은 공간 서비스 시장이라면 전세가격이 하락하면서 전세수요가 늘어야 하는데 오히려 수요가 더 위축된다. 임대인에게 투자(대출)한 원금을 돌려받지 못할 수 있기 때문이다.

더 나아가 주택가격 자체가 하락하면 전세가격이 같이 낮아지면서 수요가 회복되어야 하는데 정반대의 현상이 나타난다. 전세금을 못 돌려받을 가능성은 더 커지면서 수요는 급격하게 위축되는 것이다. 다시 말해 가격을 통한 시장 기능이 작동하지 않는 것이다.

결국 전세시장에서 임차인의 이익을 위해서는 전세가격과 주택가격이 하락해야 하는 것이 아니라 둘 다 적정한 수준에서 꾸준히 상승해야 한다는 모순이 발생한다. 주택가격이 너무 급등하면 올라가는 전세가격을 감당하기 어렵고(임대인에게 더 많이 빌려줘야하고), 하락하면 원금인 전세보증금을 돌려받기 어렵다. 이것은 임차인이 주택의 수요자이면서 임대인에 대한 대출투자자의 지위를 같이 가지고 있기 때문이다.

되어 있다는 점은 경험적인 차원을 넘어 학술적으로도 충분히 연구되고 있다. 예를 들어, 김경환과 손재영(2011)은 "주택에 대한 투자, 자가 또는 임차의 선택 등 주택과 관련한 의사결정은 주로 미래 가격 변동에 대한 기대에 크게 의존하며, 전세가율에 내포된 미래 자본이득 기대를 분석한 결과 우리나라에서는 합리적 기대가설이 대부분의 아파트에 적용됨을 실증적으로 확인하였다.
: 김경환, 손재영. (2011). 주택 전세-매매가격 비율에 반영된 미래 자본이득 기대형성 메커니즘. 부동산학연구, 17(4), 1-20. 참조

마. 전세를 위한 골디락스 존은 없다.

골디락스와 세 마리의 곰
(ChatGPT를 이용해 생성)

천문학에서는 생명체가 살아가기 위한 물이 있고, 온도는 너무 높지도 낮지도 않으며 태양과 같은 항성의 빛을 꾸준하게 받을 수 있어 생명체가 거주할 가능성이 있는 우주의 영역을 '골디락스[25] 존(Goldilocks zone)'이라고 부른다. 태양계에서 지구의 위치가 대표적인 골디락스 존이다. 경제학에서도 이 용어를 사용하는데 어떤 경제가 높은 성장률을 기록하면서 실업률도 낮고 물가상승은 거의 없는 이상적인 상태에 도달하는 것을 '골디락스 경제(Goldilocks Economy)'라고 한다.

전세시장이 순기능을 가지고 지속되기 위해서는 임차인에게는 너무 높지 않고 임대인 입장에서도 너무 낮지 않은 금리, 급격한 변동 없이 꾸준하게 유지되고 성장하는 주택가격, 전세대출 보증을 위한 정부의 지속적인 신용제공과 이를 뒷받침할 재정건전성 등이 절묘하게 맞아떨어지면서 유지되어야한다. 그러나 이런 골디락스 상태는 찾아오기도 어렵고, 장기간 유지되지 않는다. 따라서 이것을 가정하고 수립하는 정책은 성공하기 어렵다.

많은 이들이 전세의 문제점을 인식하고 있지만 서투른 정책이 불러일으킬 예측할 수 없는 결과 때문에 전세 문제에 대한 해법을 내놓기를

---

25 영국의 동화 골디락스와 곰 세 마리(Goldilocks and the Three Bears)에 나오는 여자 소녀 이름이다. 골디락스는 어느 날 숲 속을 걷다 곰 가족의 집을 발견한다. 곰 가족은 잠시 자리를 비웠는데 식탁에는 죽이 준비되어 있었다. 골디락스는 아빠 곰의 죽은 너무 뜨거워서, 엄마 곰의 죽은 너무 차가워서 먹지 않고 적당히 따뜻한 아기 곰의 죽으로 배를 채우고 침대에서 잠이 든다.

꺼려한다. 그럼에도 불구하고, 우리나라 주택시장에서 개혁해야 하는 과제가 있다면 그것은 단연코 전세 문제일 것이다.

우리에게 놓여져 있는 선택지는 그 부작용을 겪어봤고 앞으로도 반복될 것이라는 것을 알지만 당장의 서민들의 고통을 덜어주기 위해 지금의 시스템을 그대로 방치하느냐, 아니면 새로운 대안을 강구하느냐이다.

하지만 전세를 없애겠다거나 시장에 급격한 충격을 주는 방식은 지양해야한다. 점진적으로 전세수요를 월세와 구입 시장으로 이동시켜 주택시장 전체에서 전세가 차지하는 비중을 점차 줄여가야 하는데 그것은 법제도, 금융, 세제, 주택공급 등 종합적이고 입체적인 방안이어야 한다. 여기서는 주택도시기금을 포함한 주택금융에 한정해서 개선 방안을 제안해본다.

❶ 전세대출에 대한 DSR 적용

전세대출에 대해서도 총부채원리금상환비율(DSR)을 적용해야 한다는 목소리는 꾸준히 있어 왔다. 과도한 전세대출이 야기하는 갭투자를 방지하고 전세가와 주택가격 상승 등의 부작용을 방지할 필요성 뿐만 아니라 상환능력을 고려한 건전한 가계대출을 유도하기 위해서라도 필요하다. 실제 금융위원회는 2024년 신년 업무보고에서 전세대출에 대해서도 DSR을 적용하겠다고 밝혔다. 그러나, 그해 있었던 총선의 영향이 었는지 알 수 없지만 추진되지 않았고 2025년 신년업무보고에서는 기자의 질문에 "여전히 테이블에 있다"라고만 밝혔다.

새로 들어오는 임차인의 전세보증금으로 기존 임차인의 전세금을 돌려주는 전세시스템 아래에서 전세대출에 대해 DSR을 갑자기 적용하면 부작용이 생길 것이 뻔하다. 새로운 임차인을 찾지 못해 집주인이 전세금을 못 돌려주는 상황이 발생하는 등 시장에 혼란이 일어날 것이다.

그럼에도 불구하고 전세대출에 대한 DSR 규제는 필요하다.

우선 고가 전세주택[26]부터 시작해서 중위가격 수준의 전세까지 범위를 서서히 확장해 나가야한다. 충분히 시간을 두고 적용 범위를 넓혀가되 공공임대주택 입주자나 지방의 인구 감소 지역, 저가 전세주택에 대해서는 당분간은 현행대로 DSR을 배제하는 것이 바람직하다.

임대보증금 반환 목적의 주택담보대출에 대해서는 LTV 등을 한시적으로 완화하는 조치도 병행해야 한다. 낮아진 DSR로 인해 전세 일부를 월세로 전환하는 임대인이 기존 세입자에게 반환할 전세금을 대출로 조달할 수 있게 길을 열어줘야 하는 것이다.

전세대출을 받는 임차인에게 DSR을 적용하는 것을 넘어 임대인에 대해서도 DSR을 적용하자는 의견도 있다. 전세대출은 임차인이 직접적인 차주이지만 이를 다시 전세금으로 납부[27]하므로 사실상 임대인의 채무이고, 임대인이 임차인을 방패 삼아 DSR 규제를 회피하고 있다는 지적이다.

일리 있는 지적이기는 하지만 이렇게 되면 임대인은 전세대출을 받아 전세금을 납부하는 임차인에게는 전세를 주지 않으려고 할 것이다. 전세시장을 축소시키는 강력한 조치가 될 수도 있겠지만 오히려 자금이 부족한 저소득 서민 임차인의 피해를 양산할 수 있다. 또한 차주의 상환 능력을 관리하기 위한다는 DSR의 본래 취지에 비추어서도 과잉이라고

---

26 금융감독원에 따르면 2024년 2월 기준으로 전세보증금 9억원을 넘는 고가전세에 전세대출이 1.9조, 9억~12억원 구간에 1.3조, 12억원 초과에도 6000억원의 전세대출이 공급되었다.:9억 전세 살아도 서민?…소득 안 보는 '묻지마' 대출, 전세사기 키운다

27 법률적으로는 전세대출은 은행과 임차인 사이의 거래이고 임차인과 임대인은 별도의 임대차 계약에 따른 전세금을 주고 받는 것으로 되어 있지만, 실무적으로는 통상 전세대출금이 바로 임대인에게 지급되고, 퇴거 시에도 임대인이 은행에 바로 상환한다.

생각한다.

❷ 전세대출의 분할상환 유도

전세대출도 주택담보대출과 마찬가지로 일정 기간이 지나거나 대출계약 갱신 시 일부를 상환하도록 할 필요가 있다. 전세의 순기능을 자가구입 이전 단계의 자산형성을 위한 주거사다리라고 한다면 더더욱 필요한 조치다. 현재 각 은행들은 전세대출에 대한 분할상환이나 일부 상환 시 금리 등 혜택을 주고 있지만 이를 의무화하거나 지금보다 더 강화할 필요가 있다.

❸ 월세 대출 활성화

주택도시기금에는 다른 금융기관에서 찾아보기 힘든 대출상품이 있는데 바로 월세대출 상품이다. 월세 이용이 많은 청년들을 위해 주택도시기금이 2015년부터 출시한 상품인데, 월 70만원까지 대출이 가능하다. 금리도 월 20만원까지는 무이자, 20~70만원까지는 1%의 파격적인 대출이다. 월세 계약 기간이 끝나도 대출을 바로 상환할 필요 없이 10년에 걸쳐 상환하면 된다.

이런 대출이 활성화되면 대학가, 도심 등에 거주하는 청년층 등의 월세 이용이 늘어나고 임차시장에서 전세가 차지하는 비중도 서서히 감소할 수 있다. 전세사기가 자리 잡을 공간도 줄어든다.

주택도시기금의 경우 월세 대출에 대한 요건을 지금보다 더 완화할 필요가 있다. 왜냐하면, 전세대출보다는 월세대출의 대출금이 훨씬 적기 때문에 기금의 재정건전성 측면에서 유리하고, 여유재원을 주택공급을 위한 사업자 지원에 활용할 수 있기 때문이다.

이와 병행해서 월세에 대한 세액공제 확대 등도 월세로 인해 늘어나는 주거비 부담을 경감시킬 수 있는 세제지원도 함께 고려할 필요가 있다.

❹ 전세임대주택 공급 확대

전세대출에 DSR을 적용하면서 분할 상환을 유도하는 등 규제를 강화하고, 월세 시장이 지금보다 활성화되면 주택시장에서 전세가 차지하는 비중 축소는 불가피하다. 이 경우 가장 타격을 받는 계층은 저소득 서민 계층일 것이다. 축소되는 전세시장 중 저소득층에 대해서는 충격을 흡수할 정책 도입이 필요하다.

먼저 기존의 전세임대주택 공급을 현재보다 확대해야 한다. 이 제도는 임차인이 직접 자신이 거주할 전세 주택을 선택하면, LH와 같은 공공기관이 집주인과 먼저 계약을 체결하고 보증금은 주택도시기금이 임대인에게 납부한 후 LH가 다시 임차인과 계약을 맺는 일종의 전대차 계약이다.

입주자는 주택도시기금에게 이자에 상당하는 금액만을 납부한다. 전세 보증금 대부분을 주택도시기금 부담하므로 입주자는 낮은 비용으로 주거를 확보할 수 있다.

또한 공공임대주택과 달리 입주자가 원하는 지역과 주택을 선택할 수 있어 생활 여건에 맞춘 거주가 가능하며, 공공기관이 보증금을 대신 지급해주는 구조이므로 입주자가 계약상 문제로부터 보호받을 수 있다.

전세임대주택이 임대주택 재고를 직접적으로 확대하지 않으므로 주택도시기금이 전세금을 융자하는 대출에 불과하다고 지적하는 시각도 있다. 심지어 이를 가짜라고 하며 전세임대주택을 폐지해야 한다는 주장도 있는데 이는 온당하지 못하다.

전세임대주택 입주 계층은 영구임대주택과 유사한데 이들은 생업상의 이유로 직장 근처에서 주거지를 구할 필요가 있거나 가족의 요양이나 질병 등 다양한 이유로 기존의 임대주택에 입주하지 못하는 계층이다. 심지어는 아파트로 공급되는 일반 임대주택에 들어갈 보증금조차 부담스러워하는 경우도 있다.

<전세임대주택의 공급구조>

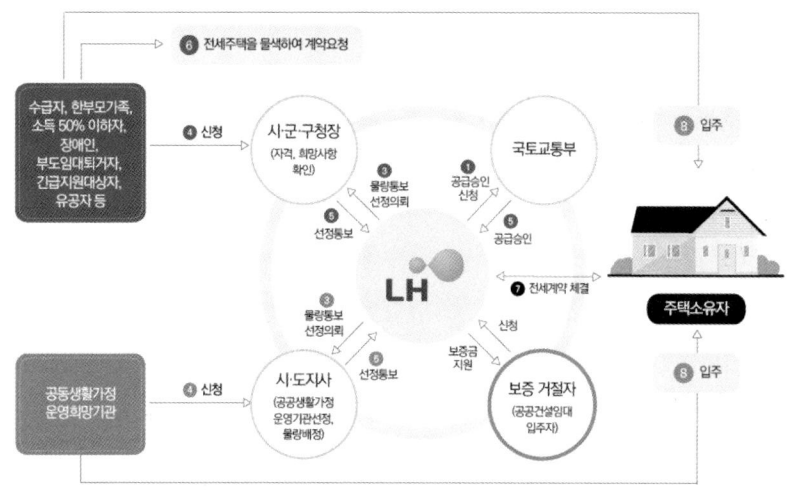

출처: LH공사

다시 말해, 전세임대제도는 대규모 택지개발이나 매입을 통해 임대주택을 확보하기 힘든 지역에서 저소득층을 위한 주거복지 수단으로서 한 축을 담당하고 있고, 임대주택을 신축적으로 공급하기 어려운 우리나라의 여건에서 최하위 주거취약 계층을 위한 주거복지 수단이라고 할 수 있다.

전세임대주택은 이들을 위해 LH·SH·GH같은 공공기관이 집주인과의 협상과정에 관여하면서 계약과정을 대행해 준다. 거주기간 동안 도배·장판 등 시설개량도 지원하며 임대차 관련 분쟁이 발생할 경우에도 입주자를 지원해 집주인의 부당한 요구로 인해 임차인이 손해를 보는 사례도 방지한다. 단순히 대출에 불과한 제도는 아니라는 것이다.

최근의 전세사기 국면에서 전세임대주택의 장점이 극명하게 드러난다. 전세임대주택의 전세금은 임차인이 은행에서 전세대출을 일으켜 그 돈으로 임대인에게 전세금을 납부하는 일반적인 방식이 아니라 주택도시기금이 임대인에게 직접 납부한다. 따라서 임대인이 전세금을 돌려주지 않아도 임차인은 손해가 없다. 전세금은 주택도시기금이 납부했기 때문이다.

주택도시기금은 이런 경우를 대비해서 보증보험에 가입하는데, 만일 임대인이 전세금을 돌려주지 않으면 보증보험을 통해 상환받기 때문에 공공기금의 재정건전성이 훼손될 우려도 적다. 주택도시기금이 보증보험으로부터 전세금을 돌려받으면 그 이후는 보증보험사와 임대인 간의 문제이다. 기존의 전세대출처럼 임차인이 은행에 빚을 지거나 신용불량에 빠지는 상황은 발생하지 않는다.

전세금과 관련된 분쟁의 당사자가 임대인-임차인이 아니라 임대인-국가였다가 최종적으로는 임대인-보증보험회사가 되는 것이다. 보증보험사로서는 손실이 발생하니 달가울 수 없겠지만 수많은 청년과 서민들이 신용불량자가 되어 고통을 받고 심지어 자살에까지 이르게 되는 것보다는 사회적으로 덜 심각한 방식이다.

주택도시기금은 전세임대주택에 연간 4조원 정도를 사용하는데 반해, 임차인이 빚을 지는 직접 대출방식(버팀목 대출)은 연간 약 10조원을 집행한다. 주택도시기금이 서민들에게 전세자금을 직접 대출하면 가계부채는 그만큼 늘어난다. 반면, 전세임대주택을 공급하면서 가계부채는 증가하지 않는다.

물론 이 방식은 전세계약의 과정에 LH와 같은 공공기관이 개입해야 하기 때문에 주택도시기금이 단순하게 대출만 하고 마는 직접 대출 방식보다는 비용이 수반된다. 하지만 전세계약과 관련된 법적, 경제적 리스크를 오로지 임차인 개인이 부담하도록 하면서 오늘날의 전세사기가 발생했고 그 사회적 비용이 엄청나다는 것을 감안하면 전세임대주택을 운영하는데 필요한 비용은 상대적으로 크지 않다고 할 수 있다.

국토교통부가 전세임대주택을 임대주택 재고에 포함시킨다는 점 때문에 시민단체나 전문가로부터 "가짜 임대주택"이라는 비판을 받기도 한다. 전세임대주택이 임대주택 재고에 포함되는 이유는 현행 공공주택특별법에서 임대주택의 유형을 건설형, 매입형, 임차형으로 구분하고 이중에서 전세임대주택을 "임차형"으로 분류하고 있기 때문이다.

이로 인해 공공임대 공급 실적이 부풀려지고 착시를 일으킨다는 주장은 할 수 있지만 전세임대주택의 기능과 필요성 자체를 부인할 수는 없다. 매년 4만호씩 공급되는 전세임대주택 제도를 폐지하면 매년 4만 가구나 되는 주거취약계층들은 어디로 가겠는가?

현재와 같이 시중의 전세대출 20% 정도를 공적자금인 주택도시기금이 직접 공급하는 것은 비정상적이고 효율적이지도 않다. 부작용이 큰 직접 대출을 축소하고 임차인에게 유리한 전세임대주택을 지금보다 더 늘려야 하는 것이다.

❺ 장기전세 확대를 위한 장기전세리츠 도입

전세대출에 대한 규제를 강화하고 전세 비중을 서서히 축소시켜나가는 동안 그 공백을 채우고 시장충격을 흡수할 또 다른 수단은 장기전세주택이다. 장기전세주택은 공공임대주택으로서 전세시세의 80%로 공급되는 주택으로 민간임대시장의 전세와 비교해서 주택시장을 자극하거나 가계부채를 유발하는 부작용이 크지 않다.

하지만 장기전세주택을 공급하는 공공기관 입장에서는 월임대료가 없이 운영비용만 소요되고, 투자금이 장기간 묶이는 문제가 있다. 새로운 임대주택을 공급할 재원이 20년 이상 묶이게 된다는 것이다.

이 때문에 서울주택도시공사(SH)의 경우는 리츠를 설립해 장기전세주택을 매각하면서 입주민들은 동일한 조건으로 거주하되 공기업은 투자금을 조기 회수하는 방식을 택했다. 리츠에 투자한 금융기관은 주로 보험사들인데 이들 입장에서는 장기간 투자할 투자처가 부족한 우리나라 현실에서 안정적인 투자대상을 확보할 수 있다는 장점도 있다.

경기주택도시공사는(GH)의 경우에는 아예 처음부터 GH와 주택도시기금이 공동으로 출자해 장기전세를 공급하는 리츠를 설립해 공급하는 방식을 택했다.

이와 같이 공공이 리츠를 통해 장기전세를 직접 건설, 매입함으로써 민간시장에서 축소되는 전세물량을 늘리고 시장을 안정시킬 필요가 있다.

❻ 자산형성 기능의 전세구조 도입

전세의 약점은 주택가격 상승 시 그 이익이 온전히 집주인인 임대인에게만 돌아간다는 것이다. 따라서 많은 사람들이 무리해서라도 대출을 일으켜 집을 사고 이것이 가계부채 증가의 원인이다. 이를 개선하기 위해 임차인이 전세주택에 입주하고 퇴거 시 집주인과 주택가격 상승분을 공유하는 형태의 아이디어들이 나타나기 시작했다.

먼저 문재인 정부에서는 2020년 5월 6일 「수도권 주택공급 기반 강화 방안」을 발표하며, "수익형 전세"를 발표하였다. 임대주택리츠가 공급하는 주택에 입주할 때 납입하는 전세금을 출자금으로 인정해 전세계약 종료 시 전세금 원본에 더해 일정한 수익을 배당한다는 개념이다. 수익형 전세는 발표 이후 제도화되지 않았고 아직 추진된 사례도 없다.

⟨수익형 전세 개념⟩

전세계약체결		전세계약종료
임대리츠 ―주식보유→ 👤 ←전세금―	8년 후	임대리츠 ―(전세금 + @) 반환→ 👤 @ : 주식배당
내 집 마련 시기		내 집 마련 준비 기간

출처: 국토교통부 보도자료

국책연구기관인 KDI에서도 유사한 개념의 도입을 제안[28]한 바 있는데 현재 운영되고 있는 임대주택 리츠에 공모 상장의 개념을 적용한 방안이다. 임대리츠가 주식을 주식시장에 상장(IPO)하고 임차인은 임대주택 청약과 동시에 리츠 주식의 공모에도 청약하는 것이다. 이렇게 되면 임차인은 임대주택의 거주자이면서 주주가 되고 주식을 주식시장에서 자유롭게 거래할 수 있다.

한국은행은 서울대와 함께 연구한 결과를 한국금융학회 공동 정책 심포지엄에서 발표하면서 "한국형 뉴리츠"를 제안하였는데 이것은 전세자금으로 리츠에 투자해 배당 이익을 얻고 동시에 투자한 주택에 거주할 수 있는 권리를 얻는 구조다. 위에서 언급된 두 방식과 크게 다르지 않은데, 차이라고 하면 "한국형 뉴리츠"를 위해 공공택지를 조성원가 수준으로 공급한다는 점이다.

이러한 아이디어들이 가지고 있는 공통점은 다음과 같다.

```
1. 세입자는 전세금이 아닌 출자금을 납부한다.
2. 임차인은 세입자이면서 동시에 투자자이며 이를 가능하게 하는
   수단(Vehicle)으로 주식회사이면서 개인의 출자가 용이한 리츠(부동산투자회사:
   REITs)를 활용한다.
3. 리츠의 주주이기도한 임차인은 리츠로부터 배당을 받는데 이는 임대료와 상계될
   수 있다.
4. 퇴거 시 주택가격이 상승하는 경우 출자 원금에 더해 이익을 상환받거나
   주식거래를 통해 이를 실현시킨다.
```

각각의 방식들은 실현가능성 측면에서 보완할 사항이 있다. 우선 정부가 발표한 "수익형 전세"와 "한국형 뉴리츠"는 사실상 동일한 구조인

---

[28] '청년층에 불리한 주택청약제도, 과감한 혁신 필요하다', 나라경제-K인사이트, 2024.6월호, KDI

데 단일 리츠를 전제로 하다 보니 현실성이 높지 않다.

예를 들어, 이들 리츠는 10년 정도의 사업 기간이 종료되고 주택을 매각한 이후에야 이를 통해 유입되는 현금으로 출자금과 이익을 상환해 줄 수 있다. 만일 사업 기간 도중에 임차인이 퇴거를 원한다면 그동안의 주택가격 상승분을 어떻게 평가해서 상환할 것인지, 그 재원은 어떻게 마련할 것인지가 불확실하다.

게다가 주택가격 상승기에 일부 퇴거가 일어나고 임대기간 종료 시 주택가격이 하락한다면 하락기에 퇴거하는 임차인은 상승기에 퇴거해 이익을 분배받았던 임차인이 얻었던 이익까지 포함해서 더 큰 손실을 감수해야한다.

또한, 입주와 퇴거가 반복되는 임대주택의 특성상 항상 출자금을 반환해야 하며, 이는 이사회, 주주총회 특별결의, 채권자에 대한 통보 등 상당한 시간과 비용이 수반되는 상법상의 감자행위가 상시적으로 발생한다는 것을 의미한다.

KDI 방식은 임대리츠 주식의 상장을 전제로 하는데 임대주택리츠는 상장요건을 갖추기가 쉽지 않다. 상장리츠의 대부분을 이루는 오피스나 상업시설과 달리 임대주택 리츠는 운영기간에는 특별한 이익이 없다가 사업기간 종료 시 매각차익으로 배당하는 구조이므로 상장을 위한 매출액과 이익규모, 자기자본이익률 등의 요건을 갖추기가 어렵다.

이러한 제한사항을 극복할 수 있는 사업모델로 모(母)리츠 방식을 제안한다. 이 방식의 구조는 다음과 같다.

1. LH나 GH와 같은 주택전문 공기업과 주택도시기금이 공동으로 대규모 자금을 조성해서 모(母)리츠를 설립한다.
2. 이와 별도로 개별 리츠는 위에 소개한 바와 같이 임차인으로부터 전세금 대신 출자금을 받아 주택을 건설·공급한다.
3. 임차인은 퇴거 시 개별 리츠 주식을 허브리츠에 매각한다.

이 방식은 앞서 제안된 여러 방식들의 골격을 유지하면서 임차인은 개별 리츠가 아닌 모리츠인 허브리츠에 주식을 매각하여 원금과 이익을 배당받는다. 따라서 개별리츠는 감자 절차나 상환 자금을 따로 마련할 필요가 없다. 통상적인 주택 임대인의 역할만 수행하면 된다. 이 방식에서는 주식시장에 상장하기 위한 요건을 갖출 필요도 없는데 모리츠가 주식시장에서의 거래 형성 기능을 수행하기 때문이다.

3. 지방소멸에 대응하기 위한 주택도시기금의 역할

국민주택기금 시절에도 기금은 지방 주택공급과 주거복지 지원, 지방 중소도시나 농어촌 지역의 임대주택 공급, 지방의 오래된 주택 개·보수지원 등의 방식으로 수도권과 지방의 불균형을 완화하기 위한 역할을 해왔다.

주택도시기금으로 개편된 이후에는 도시계정을 신설하면서 도시재생 및 지역경제 활성화, 지방 소도시의 낙후된 주거지와 상업지역 정비, 생활 SOC 확충 등에서 주택도시기금의 역할이 크게 확대되었다.

먼저 주민 주도의 자율주택정비사업 및 가로주택정비사업에 자금을 지원하여 지역 기반의 도시 정비를 촉진하고 지역 상권과 연계된 도시재생사업을 통해 경제적 활력을 불어넣는 역할도 수행하게 되었다. 또한, 지역 특화사업이나 지방 산업단지 기업과 연계한 주거단지를 조성하여 산업단지 종사자의 정착을 돕고 지방 중소도시에 맞춘 맞춤형 공공주택과 생활 SOC를 공급하는 등 정주 여건 개선에도 투자하고 있다.

뿐만 아니라 도시재생 혁신지구 제도를 도입해 노후화된 도심 지역을 압축적·집중적으로 개발하여 주거·산업·상업·문화 기능이 어우러진 복합 거점으로 조성하는 사업도 지원한다. 하지만, 쇠퇴를 넘어 소멸을 걱정하는 지방의 현실을 넘어서기에는 여전히 부족한 점이 많다.

우선 도시재생은 지방이 주도해 지역 특성에 맞는 개발 전략을 수립하고, 지역주민과 지방자치단체가 주도적으로 사업을 추진하여 지역 활성화를 도모하는 방식이다. 이러한 사업은 장기투자를 수반하고 분양보다는 운영을 통해 투자금이 회수되는 속성을 가지는데 주택도시기금을 제외하면 우리나라에 이런 사업에 투자하는 자본은 거의 없다고 할 수 있다.

지방에서 아무리 좋은 지역 맞춤형 개발 전략 수립하더라도 이를 뒷받침할 투자재원이 없는 경우 계획에 그칠 뿐 실행이 되기는 어렵다. 우리나라의 경제가 고도화되면서 산업과 일자리는 점점 더 수도권으로 몰리고 민간투자도 수도권에 더 집중된다. 따라서 공공기관만이라도 지역에 더 많이 투자해야 하고 이를 위해 설립된 SH·GH와 같은 지방개발공사의 역할은 더욱 더 중요진다. 지방개발공사가 지역발전을 위해 더 투자하도록 지원하고 법률과 제도를 개선할 필요성이 있는 것이다. 아래에서는 지역소멸에 대응하기 위한 주택도시기금의 대응 방안을 지방개발공사의 역할과 관련하여 제시한다.

가. 임대주택 보조금의 출자금 활용 허용

우선 주택도시기금이 임대주택을 공급하기 위해 지방자치단체에 지원하는 보조금을 지자체가 다시 지방공사에 출자금으로 지원할 수 있도록 허용할 필요가 있다. 현재는 주택도시기금이 임대주택 건설 보조금을 지방자치단체에 지급하면 지방자치단체는 이를 그대로 간접 보조금 형태로 지방공사에 다시 보내준다.

이런 방식이 아니라 지자체에 대한 지방공사에 대한 보조금을 출자금 형태로 전환하면, 지방공사의 자본금이 확충되면서 부채비율이 낮아지고 재무 건전성도 향상된다. 지방공사의 자금조달 여력은 자본금에 비례해서 결정[29]되기 때문에 이를 통해 지방공사는 추가적인 자금 조달

능력을 확보하고 공공임대주택 공급 등 주요 사업을 더욱 적극적으로 추진할 수 있는 기반이 되는 것이다.

이 방법은 추가적으로 투입되는 재원 없이도 지방개발공사의 투자여력을 대폭 확충할 수 있는 장점이 있다.

예를 들어, 경기도의 경우 3기 신도시에 건설되는 임대주택에 대해 주택도시기금으로부터 1조 원의 보조금을 받는다. 경기도가 이를 경기주택도시공사(GH)에 보조금이 아닌 출자금으로 지급하면 공사채 발행을 통해 약 3조 원을 추가로 조달할 수 있다. 이를 통해 임대주택 1.9만 호를 더 지을 수 있는 재원이다. 하지만 현재와 같이 출자금이 아닌 보조금으로 지급하면 경기주택도시공사에 대한 1조 원의 보조금 외에 아무런 효과가 없다.

이 방식이 도입되면 지방공사의 재무 구조 개선과 공공임대주택 공급 확대, 지방공사의 지역개발 투자를 위한 재원 확충에 중요한 전환점이 될 것으로 기대되어 관련 법안이 지난 21대 국회에 제출되었으나 아쉽게도 처리되지 못했다.

나. 주택도시기금 지방계정의 신설

현재 주택도시기금은 중앙정부 중심의 일괄 지원 방식이다. 이러한 방식은 주택도시기금의 지원 여부와 규모가 중앙정부의 결정에 달려있고 불확실성이 크다. 기금 지원이 적시에 이루어진다는 보장도 없다. 따라서 지자체가 지역개발을 위한 투자사업을 긴 호흡을 가지고 준비하면서 적시에 투자의사 결정을 하기가 어렵다. 공공투자가 마중물이 되어 민간투자를 유인해야하는데 공공투자 여부가 불확실한 상황에서 지자체는 중앙정부만을 바라볼 수밖에 없다.

---

29 일반적으로 자기자본의 200% 한도 내에서 공사채를 발행할 수 있다.

그러다 보니, 공공투자와 민간투자가 상호 시너지를 내면서 지역에 활력을 불어넣을 수 있는 지속 가능한 개발계획을 수립하거나 관련 시설을 도입하기보다는 공공의 재정에 의존하는 일시적, 시혜성 투자만 이루어진다.

이러한 상황을 극복하기 위해서는 주택도시기금이 개별적이고 구체적인 사업을 일일이 검토해서 선정하고 재원을 배분하는 현재의 방식이 아니라, 기금 내에 지방계정을 신설해 그 운영을 지방자치단체에 맡기고 지역에서 주거복지와 도시개발 사업을 직접 기획·집행할 수 있도록 권한을 부여해야 한다. 중앙정부는 기금의 전체적인 운영을 감독하고, 지방정부는 사업 기획과 실행의 자율성을 가지는 것이다.

지방계정이 신설되고 재원에 대한 자율권이 지자체에 부여되면 지자체는 지방계정의 재원을 마중물 삼아 민간투자를 어떻게 결합할지, 지자체 자체적으로 보유하고 있는 공공토지와는 어떻게 연계할지, 여기에 수반되는 인허가는 어떻게 지원할지 등을 스스로 결정하고 집행하게 될 것이다. 물론 이를 위해서는 지방자치단체의 기금 운용과 관리 역량 강화도 필요하다. 지자체와 중앙정부가 협력하여 기금 운용 가이드라인, 전문가 양성 프로그램, 관리·감독 시스템을 구축할 필요가 있다.

다. 주택도시기금 지방화의 완성은 기금조성의 지방화

주택도시기금의 거버넌스 개편이나 분권화에 관한 논의는 꾸준히 이루어지고 있는데 논의의 초점은 대부분 사용의 분권화에 관한 것에 머물러 있다. 기금의 조성은 중앙정부에 맡기고 조성된 기금 재원을 어떻게 지방에 배분할 것인가에 초점을 맞춰 논의가 이루어지는 것이다. 하지만 기금의 거버넌스와 분권화를 논의하기 위해서는 기금 사용 뿐만 아니라 조성에 관한 사항도 같이 논의하여야 한다.

주택도시기금을 포함해 모든 기금은 조성과 사용이 결합되어 있고 이 둘을 포괄하는 개념이 운용이다. 따라서, 조성을 떠나서는 운용의 지방화를 얘기할 수 없기 때문이다. 지방계정을 신설하고 사용에 관한 권한만 지방에 이양하면 조성은 어떻게 할 것인가?

따라서, 주택도시기금의 지방화가 완성되기 위해서는 기금조성의 지방화를 함께 얘기할 수 밖에 없다. 그러나, 기금 조성을 지방화하는 것은 기금 사용을 지방화하는 것과 비교해 몇 배는 더 어렵다. 기금 사용의 지방화는 매년 편성되는 기금 지출의 일부를 지방에 배정하고 자율권을 부여하는 낮은 수준에서부터 주택도시기금법 개정을 통해 지방계정을 법제화하는 높은 단계까지 생각해 볼 수 있겠지만 의지의 문제에 가깝다. 하지만 기금조성의 지방화는 다르다.

지방자치단체가 지방세의 일부를 기금에 편입시키는 방안이나 지자체별로 산재되어 있는 각종 지역개발기금을 주택도시기금의 지방계정으로 편입시키는 방안도 생각해 볼 수 있겠지만 현실성은 낮다. 지자체가 자체적으로 재원을 발굴하거나 마련하는 것도 불가능하다.

따라서 중장기적인 검토 과제라는 전제하에서 기존의 주택도시기금의 조성재원 중에서 일부를 지방계정으로 전환하는 것이 현실적이다.

주택도시기금의 조성재원은 청약저축과 국민주택채권, 일반회계전입금, 복권기금전입금 등인데 청약저축은 청약제도와 주택공급 체계와 연계되어 있기 때문에 지방으로 이양하기 어렵다. 지방자치단체 임대주택 보조금, LH 등에 대한 출자금으로 활용되는 일반회계전입금과 금액이 크지 않은 복권기금 전입금 역시 지방계정의 재원이 되기는 어렵다.

지방계정으로 전환하기에 가장 용이한 재원은 국민주택채권일 것이다. 국민주택채권은 일정한 요건을 충족하는 부동산 거래나 등록을 하는 경우 의무적으로 매입해야 하는 채권으로서 중앙정부가 발행하는 국채이다. 국민주택채권과 같이 어떤 행위를 할 때 의무적으로 채권을 매입하도록 하는 것을 첨가소화(附加消化債) 방식이라고 하는데 우리나라에서 첨가소화 방식의 채권은 국민주택채권과 도시철도채권이 대표적이다.

도시철도채권은 지방자치단체가 도시철도를 건설하고 운영하기 위한 재원을 마련하기 위해 발행하는 채권으로 1970년대 도입되었다. 그 당시 지하철 건설에는 막대한 비용이 소요되어 이를 조달할 방안이 필요했고 이에 따라 도입되었는데, 자동차 신규 등록 등의 경우 의무적으로 매입해야 한다.

도시철도채권은 지방채로서 지자체가 발행하고 있고 이를 통해 조성된 재원은 주로 도시철도공사(서울교통공사, 부산교통공사 등)가 운용하는데 이 방식을 국민주택채권에 적용하는 것을 생각해 볼 필요가 있다. 국민주택채권과 도시철도채권 모두 첨가 소화 방식이므로 지자체는 국민주택채권을 발행하는 업무에 어려움이 없을 것이다. 운용 역시 기존의 지방개발공사에 맡기거나 별도의 운용기관을 설립할 수도 있다.

도시철도채권 매입 시 국민주택채권 매입이 면제되는 조항이 있어 도시철도채권을 발행하는 지자체의 경우 기금조성이 어려울 수 있다는 의견도 있을 수 있으나 현재 국민주택채권 조성액의 99% 이상은 도시철도채권 발행과 관계 없는 부동산 거래나 근저당 설정에 따라 발생하고 있으므로 특별한 문제는 없을 것이다.

다만, 이렇게 되면 부동산 거래가 활발한 수도권에 비해 지방은 국민주택채권 발행을 통한 기금 조성이 부족할 수 있으므로, 수도권과 지방의 지방재정 격차를 중앙정부가 매년 기금운용계획을 수립할 때 조정해 줄 필요가 있다.

V. 결론

주택도시기금은 대한민국의 주거 문제를 해결하기 위해 지난 수십 년 동안 중요한 역할을 해왔다. 국민주택기금에서 출발하여 주택도시기금으로 개편된 이후, 주거복지 확대, 임대주택 공급 확대, 도시재생 투자와 지방공사 참여 증가, 민간임대리츠(REITs) 도입 등 다양한 정책적 성과를 거두었다. 하지만 주택도시기금이 변화하는 경제·사회적 환경 속에서 지속 가능한 역할을 수행하기 위해서는 몇 가지 핵심적인 개선이 필요하다.

첫째, 주택도시기금의 수요자 대출이 과도하게 확대되는 것을 경계하고 공급자 지원 중심으로 정책 전환(pivot)이 필요하다. 디딤돌 대출, 버팀목 대출, 신생아 특례대출과 같은 수요자 대출상품이 확대되면서 가계부채 증가와 주택 가격 상승을 부추기는 요인으로 작용하고 있다. 특히, 총부채원리금상환비율(DSR) 규제를 적용받지 않는 정책대출이 확대되면 주택구매와 임차 수요를 증가시켜 시장을 왜곡시키는 부작용이 발생할 할 가능성이 크다. 따라서, 수요측면의 정책대출 확대보다는 공급 측면에서의 지원 확대가 바람직하며, 수요자에 대한 금융지원은 저소득 서민 중심으로 제한적으로 운영할 필요가 있다.

둘째, 공기업·건설사 중심의 기금 지원에서 벗어나 주택 공급자의 다변화를 유도할 필요가 있다. 현재의 주택공급 구조는 공공기관(예: LH, SH, GH)과 일부 대형 건설사 중심으로 이루어지고 있는데, 민간이나 제3섹터에서 보다 다양한 주체가 참여할 수 있도록 다양한 주택공급 모델의 도입이 필요하다. 특히, 협동조합형 주택, 사회주택, 공공지원 민간임대 리츠, 주거분야 소셜벤처 등의 새로운 공급 주체를 육성하고, 성과가 있는 사업모델은 일회성에 그치지 않고 지속 가능한 모델로 정착시키는 것이 중요하다.

셋째, 도시재생 사업 투자에 대한 지속성과 일관성이 필요하다. 도시재생 뉴딜사업이 단기적으로 추진되다가 중단되면서 지역 활성화 정책이 흔들리고 있다. 지방소멸 위기와 수도권 집중 현상을 고려할 때, 종합적인 지역활성화 전략으로 도시재생 사업을 전환하면서 이에 대한 지속적인 투자와 정책적 일관성이 유지되어야 한다. 특히, 지방자치단체가 주도적으로 사업을 기획하고 실행할 수 있도록 기금 운용의 자율성을 확대하는 것이 필요하다.

넷째, 전세시장의 순기능을 제고하고 연착륙을 유도해야한다. 전세제도는 대한민국의 독특한 주거 형태로, 세입자가 일정한 보증금을 예치하고 월세 없이 거주할 수 있는 장점이 있으나 전세가격 급등과 전세보증금 반환 문제(전세사기, 역전세 등)가 사회적 이슈로 부각되면서 주택시장 전반의 안정성이 위협받고 있다.

주택시장에서 전세가 차지하는 비중을 서서히 줄여나간다는 목표아래 ❶전세대출에 대한 총부채원리금상환비율(DSR)의 점진적 적용과 분할상환 방식 유도, ❷전세임대주택 공급의 대폭적 확대, ❸월세 전환을 유도하기 위한 금융상품 개발과 세제지원, ❹자산형성 기능의 전세 상품 개발 등을 제안한다.

다섯째, 지방소멸에 대응하기 위한 주택도시기금의 역할이 더욱 중요해지고 있다. 지방공사의 역할 확대를 위해 임대주택 보조금을 출자금으로 전환하여 부채비율을 낮추고, 지방계정을 신설하여 지역이 자체적으로 주택정책을 운영할 수 있도록 하는 방안이 필요하다. 중장기적으로는 국민주택채권을 지방채로 전환하는 조성재원의 개편도 검토해 볼 수 있다.

주택도시기금은 저출생과 지역소멸이라는 현실 앞에서 단순히 주택을 공급하는 것을 넘어 지역균형발전, 사회적 약자의 주거 안정, 도시재생을 통한 지역 활성화 등의 복합적 목표를 달성해야 하는 상황에 직면해 있다. 세계적으로 비슷한 사례를 찾아보기 힘든 주거 분야에 특화된 대규모 공적기금이며, 우리나라의 지속 가능한 주거 정책을 위한 핵심 재원이라고 할 수 있는 주택도시기금이 기존의 성과를 넘어 새로운 주거·도시정책의 중심 수단으로 자리 잡을 수 있기를 기대해 본다.

참고문헌

국토교통부, 2021·2020년도 주택도시기금 운용계획.

김경환·손재영, 「주택 전세-매매가격 비율에 반영된 미래 자본이득 기대형성 메커니즘」, 『부동산학연구』, 제17권 제4호, 2011, 1-20.

국토교통부, 『2004년도~2023년도 주택도시기금 업무편람』, 각 연도별 발간본.

대한주택보증공사, 『주택도시기금 감사보고서』, 연도별 발간본.

박신영, 「주택 전세제도의 기원과 전세시장 전망」, 대한주택공사 주택연구소, 2000.

성진욱, 「지방공기업 투자 활성화를 위한 주택도시기금의 혁신」, 『지방공공기관』 통권 46호, 지방공기업평가원, 2024.

왕현종·방광석·심희찬 편역, 『일제침탈사 자료총서 14』, 서울: 동북아역사재단, 2022.

전세자금대출 보증이 주택시장에 미치는 영향과 정책방향, 『국토정책브리프』 제955호, 국토연구원, 2024.12.23.

안정적 주거정책을 위한
주택도시기금 거버넌스 개편 방안*

장경석 국회입법조사처 선임연구관

Ⅰ. 주택도시기금, 누구를 위한 기금인가?

1981년 마련된 주택도시기금은 국민주거안정을 위한 핵심재원으로 공공분양주택 및 공공임대주택의 건설·매입 자금, 중저소득층의 주택구입 및 전세자금 지원 등에 활용되고 있다. 2023년 결산기준 95.4조 원이 운용되고 있고, 이 중 22.2조 원이 건설사 및 일반 가구를 위한 융자사업에 지원되었다. 이 주택도시기금은 국민들이 주택청약에 가입한 금액, 국민들의 주택거래 등 경제활동 시 준조세 형태로 의무적으로 매입해야 하는 국민주택채권, 그리고 로또복권 수입금이 핵심재원이다. 또한 주택도시기금이 주택구입, 전월세지원, 공공임대 및 분양주택 건설에 사용되고 있으니 우리나라 전체 '국민의, 국민에 의한, 국민을 위한' 재원임이 분명하다.

---

* 이 글은 "장경석, 「주택도시기금 거버넌스 구조 개선방안」, 국회의원 오기형, 국회의원 김남희, 국회입법조사처, 주거공익법제포럼, 재단법인동천 공동주최 '주택도시기금 거버넌스 구조 개선방안: 지역계정 신설 및 민간 지원방안을 중심으로' 세미나 자료집, 2024."의 내용을 수정·보완하여 작성한 것이다.

주택도시기금은 국민연금기금, 공공자금관리기금, 외국환평형기금과 함께 자산 규모로는 4번째로 자산규모가 큰 기금이고,[1] 일반 국민들을 정책대상자로 하는 기금으로는 국민연금기금과 함께 두 번째로 큰 기금이다. 그런데 기금사용에 대한 의사결정구조는 국토교통부가 의사결정을 총괄하여 주택도시보증공사, 기금수탁은행간 업무가 추진되는 수직적인 의사결정구조를 가지고 있다. 특히 주택정책의 주요 이해당사자인 청약저축가입자이며 국민주택채권 매입자로서 주택도시기금의 형성자인 일반 국민, 기금의 지원을 받아 주택을 공급하는 주택건설사업자, 지방자치단체 등의 참여가 제도적으로 보장되어 있지 못한 것이 사실이다.

이러한 국민적 재원인 주택도시기금 거버넌스 개편을 어떻게 달성할 것인가? 이를 위해 공공재정의 효율적 관리를 도모하기 위해 논의되는 '주인-대리인 이론', 공공재정 관리자인 공기업의 효율적 거버넌스를 위해 고안된 'OECD 공기업 거버넌스 가이드라인'에 관한 이론적 논의를 살펴보았다. 또한 국내 국민연금기금과 주택도시기금의 거버넌스 구조를 비교해 보았다. 이를 통해 현행 주택도시기금 운용과 관련한 거버넌스 체계는 다양한 국민적 요구에 맞는 의사결정체계를 갖추고 있지 못하다는 점이 확인되었고, 국민의 기금인 주택도시기금 운용을 위한 새로운 거버넌스는 '공정성'과 '유능성' 측면에서 다시 설계될 필요가 있다는 점을 강조하고자 한다.

---

1 2023년 결산 기준 자산규모는 국민연금기금 1,036.3조원, 공적자금관리기금 1,005.7조 원, 외국환평형기금 274.0조원, 주택도시기금 224.9조 원이다(기획재정부, 『2023회계연도 기금 재무제표(종합)』, 2024.)

Ⅱ. 공공재정의 효율적 관리를 위한 접근 방법

1. 공공재정과 주인-대리인 이론

공공재정의 효율적 운용에 관한 고전적인 이론으로 주인-대리인 이론(Principal-Agent Theory)이 있다.[2] 이 이론은 정부와 공공재정의 운영에서 나타나는 의사결정 구조와 이해관계 충돌을 설명하는 것으로서, "주인(principal)"과 "대리인(agent)" 간의 관계를 중심으로 하며, 이들이 가지는 정보 비대칭성과 목표 불일치에서 비롯되는 문제를 다루고 있다.

주인(Principal)은 공공재정의 주인으로 간주되는 사람들로, 일반적으로 국민이나 납세자들을 말한다. 대리인(Agent)은 주인의 이익을 대변하기 위해 권한을 위임받은 사람들로, 공공기관 및 공적재정의 실제 운영자들을 말한다. 또한 중간대리인(정치권 대리인)으로서 주인과 대리인 간 영향을 주는 주체로 정치권 및 정부 등을 상정할 수도 있다.

공공재정에서 주인과 대리인은 서로 다른 목표와 이해관계를 가질 수 있다. 국민은 공공재정이 효율적이고 공정하게 사용되길 원하지만, 정치인이나 공무원은 개인적 이익을 극대화하거나 정치적 목표를 우선시할 가능성이 있다. 대리인은 공공재정 운용과 관련된 정보를 주인보다 더 많이 알고 있는 경우가 많으며, 이로 인해 감시와 통제가 어려워지는 정보 비대칭의 문제가 있을 수 있다. 특히 공공재정의 주인-대리인 이론에서 문제로 다음과 같은 사항이 지적될 수 있다.

첫째, 도덕적 해이(Moral Hazard) 현상으로 대리인이 주인의 이익을 충분히 고려하지 않고 자신에게 유리한 방식으로 행동하는 경우 발생하

---

2 이주경, 「공공기관의 관리제도와 대리인비용에 관한 연구」, 서울대 대학원 박사학위논문, 2022. 등

게 된다. 예를 들어 공무원·정치인들이 국민이 납부한 세금으로 짜여지는 예산을 낭비하거나 인기 영합 정책에 집중할 가능성이 있다. 둘째, 역선택(Adverse Selection)의 문제로, 대리인을 선택하는 과정에서 주인이 잘못된 대리인을 선택함으로써 주인의 의도가 잘 실현되지 못하는 문제가 발생할 수 있다. 예를 들어 부적절한 정책을 고수하는 대리인인 공공기관, 중간대리인인 정부 공직자, 정치인이 선출되는 경우 역선택의 문제에 직면할 수 있게 된다.

대리인의 도덕적 해이와 역선택의 문제에 대응하기 위한 다음과 같은 대책들이 보완된 효과적인 거버넌스 구조가 수립될 필요가 있다. 첫째, 정보 비대칭 해소를 위해 대리인의 행동을 모니터링하기 위한 투명한 재정 운영 및 감사 제도를 도입하는 것이다. 둘째 대리인이 주인에게 책임을 지도록 선거, 예산 심의, 감사 기관 등을 통해 견제장치를 마련하는 것이다. 셋째, 대리인이 주인의 목표와 일치하는 방향으로 행동하도록 성과에 대한 보상을 하거나 정책평가제도를 통해 성과 평가를 통한 상벌 등 유인체계를 도입하는 것이다.

2. 공공재정 관리자의 거버넌스

경제협력개발기구 즉 OECD는 공공부문 대리인인 공기업의 도덕적 해이와 역선택 문제 등에 대응하기 위해 1999년과 2005년에 '기업 거버넌스 원칙(G20/OECD Principles of Corporate Governance)'을 통해 OECD 회원국들이 금융시장에서의 안정성과 투자 및 경제의 지속가능한 성장을 달성하고자 하였다. 기업 거버넌스란 주주들의 장기적인 이익을 극대화하기 위해 조직목표에 맞게 조직을 통제하기 위한 메커니즘이나 절차를 의미한다. 기업의 운영방향을 설정하고 경영행위를 감독하고 통제하기 위한 필요조건으로 경영행위의 책임성과 투명성을 개선하고자 하는 경영진의 의지와 관련되는데, 좋은 기업 거버넌스를 갖춘 조직은 주주 뿐 아니라 고객, 공급자, 근로자, 그리고 정부에게 역량을 갖추고 있음을 보여줄 수 있다(Jinarat, V., and Truong Q., 2003).

OECD는 공기업이 효율적이고, 투명하며, 책임감 있게 운영될 수 있도록 하기 위해 'OECD 공기업 거버넌스 가이드라인(OECD Guidelines on Corporate Governance of State-Owned Enterprises)'(이하 "가이드라인"이라 함)을 회원국 정부에 제시하고 있다. 가이드라인은 2005년 처음 제정되었고, 10년간의 시행 경험을 반영하고 공기업과 관련하여 국내 및 국제적 차원에서 새롭게 등장하고 있는 문제들을 해결하자는 취지에서 2015년에 가이드라인에 대한 개정이 있었고, 2024년 5월에 개정판이 발간되었다.

〈OECD 공기업 거버넌스 연혁〉

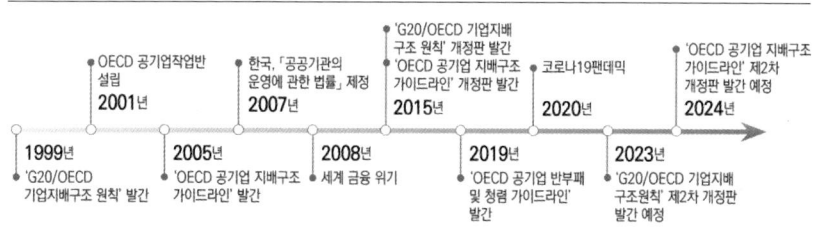

주: OECD 공기업 지배구조 가이드라인 제2차 개정판은 2024.5.3.에 발간되었고, G20 OECD기업지배구조 원칙 개정판은 2023.9.11.발간됨
자료: 강석훈(2023), 「'2024 OECD 공기업 지배구조 가이드라인' 개정 동향: 공기업 가이드라인의 의의와 영향」, 공공경제, Vol. 16, 한국조세재정연구원.

가이드라인의 목표는 다음과 같은데, ① 소유주로서의 국가의 전문성을 강화시키는 것 ② 공기업을 모범적인 민간기업처럼 효율적이고 투명하며, 책임감 있게 운영되도록 하는 것 그리고 ③ 공기업과 민간기업이 경쟁하는 시장에서 공평한 경쟁의 장을 조성해주는 것이다. 또한

OECD는 공기업은 지나친 실무 간섭과 정치적 동기가 부여된 소유권 간섭에 시달릴 수 있고, 이는 기업 운영에 있어 불분명한 임무의 경계, 책임감의 소홀 및 능률 저하로 이어질 수 있다고 판단하고 있다. 또한 OECD는 기업지배구조의 더 근본적인 문제는 쉽게 식별하기 힘든, 동떨어진 원칙이 적용되고 있다는 것뿐만 아니라, 공기업의 성과에 대한 책임이 복잡한 일련의 기관들(경영진, 이사회, 소유권 주체, 부처, 정부와 입법부)과 연계되어 있다고 인식하고 있다.

가이드라인의 세부내용을 살펴보면 다음과 같다. 첫째, 국가소유권에 대한 근거를 마련하라는 것이다. 국가는 일반 국민들의 이익을 위해 공기업에 대한 소유권을 행사하고 국가의 공기업 소유권을 정당화하는 목적들을 면밀하게 심사한 후 공개해야 하며 반복적으로 검토해야 한다. 국가가 공기업을 소유하는 궁극적인 목적은 효율적인 자원 배분을 통한 사회 가치의 극대화하는 것이다. 이에 정부는 공기업 소유권 정책을 개발해야 한다. 특히 소유권 정책을 통해 무엇보다도 국가 소유권에 대한 전반적인 근거, 공기업 지배구조 내 국가의 역할, 국가의 소유권 정책 이행방식, 정책집행과정에 참여하는 정부 기관들 각각의 역할 및 책임을 규정하도록 하고 있다.

둘째, 소유주로서 국가의 역할이 무엇인지 고려하라는 것이다. 국가는 공기업 전반에 대해 정통하고 능동적인 소유주로서, 고도의 전문성과 효율성을 바탕으로 공기업 지배구조가 투명하고 책임감 있게 실현될 수 있도록 해야 한다. 국가는 공기업 이사회가 본연의 임무를 수행할 수 있도록 하고 이사회의 독립성을 존중해야 해야 한다. 소유권 주체는 대의기관에 대해 공기업의 성과에 대해 책임을 져야 하며 국가 최고 감사기관을 비롯한 관련 공공 기관과의 관계가 명확히 정의되어야 한다.

셋째, 시장에서의 공기업 역할에 대해 명확히 설정해야 한다. 공기업에 관한 법률 및 규제 체계는 국가의 공기업 소유권 근거와 일관되면서 공기업이 경제 활동을 수행할 때 공평한 경쟁 환경 및 공정 경쟁을 보장해야 한다. 공기업이 공공정책 사업을 추진할 때에는 비용 및 수익 구조에 관한 높은 수준의 투명성 및 공시가 유지되도록 하고 해당 사업이 주요사업영역에 귀속될 수 있도록 해야 한다.

넷째, 주주와 기타 투자자에 대해 공평히 대우하도록 해야 한다. 공기업이 주식시장에 상장되어 있거나 공기업 소유주 중 국가 이외의 투자자가 있는 경우, 국가와 공기업은 모든 주주의 권리를 인정해야 하고 모든 주주에게 공평한 대우 및 기업 정보에 대한 동등한 접근권을 보장해야 한다.

다섯째, 객관적으로 투명한 보고 등을 통해 이해관계자와 건전한 관계를 설정하고 책임감 있는 경영을 할 필요가 있다. 즉 이해관계자에 대한 공기업의 책임과 이해관계자와에 대한 보고 의무는 국가 소유권 정책에 충분히 반영되어야 한다. 소유권 정책은 공기업의 책임 경영에 대한 국가의 요구 사항들을 모두 명시해야 한다.

여섯째, 공기업 활동의 공시 및 투명성 확보에 최선을 다해야 한다. 공기업은 고도의 투명성 기준을 준수해야 하며 상장기업과 동일한 수준의 회계, 공시, 준법 감시 및 감사 기준의 적용을 받아야 한다.

일곱째, 공기업 이사회의 책임이 강조되어야 한다. 공기업 이사회는 전략적 경영 자문 및 경영 감독 기능을 수행하는데 필요한 권한, 능력 및 객관성을 갖추어야 하고, 이사회는 청렴하게 행동해야 하며, 자신의 행동에 책임을 져야 한다.

Ⅲ. 주택도시기금 연혁 및 운영현황

1. 연혁

정부는 산업화에 따른 도시화로 발생한 주택부족문제를 해소하기 위해 1972년 12월 30일 제정된 「주택건설촉진법」(현 「주택법」)에 따라 주택건설사업자에 대한 주택사업자금지원을 시작하였다. 주택사업지원자금 재원인 국민주택자금 계정을 한국주택은행에 설치하여 주택건설사업자들에게 주택건설자금을 대출하였다. 다만 정부로서는 주택건설자금을 지원할 경제적 여유가 부족하였으므로 1973년 당시 국책은행이었던 한국주택은행의 부담을 해소하고자 국민들에게 특정 경제활동을 할 때마다 한국주택은행이 발행한 국민주택채권을 매입하도록 하여 이를 주택건설자금재원으로 활용하였다.

1981년 「주택건설촉진법」 개정을 통해 무주택서민의 주거안정을 지원하고 주택공급의 확대와 안정적인 건설 자금조달을 위하여 국민주택기금이 설치되었는데, 이를 한국주택은행이 관리하도록 업무를 위탁하였다. 1997년 국책은행이었던 한국주택은행이 국민은행으로 통합되어 민영화되었다. 이에 2002년 국민주택기금의 신규 위탁기관으로 시중은행인 우리은행, 농협중앙회가 선정되었다.

국민주택기금은 2015년 1월 6일 제정되어, 같은 해 7월 1일부터 시행된 「주택도시기금법」에 따라 주택도시기금으로 이름이 바뀌어 운영되고 있다. 「주택도시기금법」 제정 당시 국토교통부는 주택도시기금에 도시계정(도시재생사업 재원)을 추가하고, 주택도시보증공사를 기금운용의 수행 주체로 설정하였다. 이에 「주택도시기금법」에 주택도시보증공사의 설립 근거를 명시하였다. 즉 「주택도시기금법」은 국토교통부 장관이 주택도시기금의 운용·관리에 관한 사무의 전부 또는 일부를 금융기관 등 자신이 지정하는 자(기금수탁자)에게 위탁할 수 있도록 규정하고 있다(「주택도시기금법」 제10조제2항).

〈주택도시기금법 분리 방안〉

주택법	〈이동〉	주택법	
주택건설. 공급/주거복지/주택관리 등		기존내용 동일	
	〈분리〉	주택도시기금법 (제정)	
국민주택기금 (주택)		주택도시기금	주택계정＋도시계정
대한주택보증(주) (보증)	〈강화〉	주택도시보증공사	기금 운용＋공적보증

자료: 국토교통위원회 수석전문위원 허태수, 「주택도시기금법안【정우택의원 대표발의】 검토보고」, 2014.7.

주택도시기금법에 따라 현행 주택도시기금은 관리주체, 기금전담 운용기관, 재수탁기관으로 구분되어 운용되고 있다. 기금의 관리주체는 국토교통부 장관인데, 매년 주택도시기금운용계획을 수립하고 전담기관을 관리·감독할 수 있다. 기금 전담기관은 주택도시보증공사(HUG)인데, HUG는 기금운용 및 관리, 대출업무 그리고 청약저축업무를 총괄하도록 하고 있다. 국토교통부는 2023년 2월 17일 5년간 운영되는 주택도시기금 재수탁기관(수탁은행) 9개 은행을 선정하여 발표하였다. 즉 간사 수탁은행으로는 우리은행이 선정되었고, 전국 일반수탁은행에는 국민은행, 농협은행, 신한은행, 하나은행(이상 4개 은행)이 지역 일반수탁은행에는 대구은행, 부산은행(이상 2개 은행)이 선정되었으며, 청약저축 수탁은행은 경남은행, 기업은행(이상 2개 은행)이 선정되었다. 9개 시중은행들은 주택도시기금업무를 HUG로부터 재수탁하여 국민주택채권 발행, 청약저축 취급, 기금 대출심사 및 운용 등의 업무를 수행하고 있다.

2. 예산규모

가. 조성

일반회계예산이든 기금예산이든 국민의 납세 등을 통해 형성되는 것은 당연한 것이지만, 주택도시기금만큼 일반 국민들의 돈을 모아 형성된 기금도 많지 않다. 2023년 결산기준 주택도시기금의 주요 조성내역을 보면 총 95.4조 원으로 청약저축 14조 9,607억 원(15.7%), 국민주택채권 13조 3,717억 원(14.0%), 복권기금전입금 4,500억 원(0.5%)이 30%가 넘는다. 그런데 다른 수입금 항목들은 기존 여유자금회수 31조 9,177억 원(33.4%), 융자금 회수 11조 9,398억 원(12.5%) 등은 과거로부터 청약저축, 국민주택채권 등을 통해 마련된 자금이다. 일반회계 전입금의 경우, 일반회계에서 기금을 거쳐 임대주택건설을 위한 한국토지주택공사(LH)에 대한 출자, 지자체에 대한 국고보조로 지출된다는 점에서 '대출-회수' 구조와 같이 기금을 유지·운영하는데 소요되는 자금은 아니다. 정부 회계상 공공주택사업자에 대한 출자 및 국고보조의 흐름을 파악하기 위해 주택도시기금에 이를 정리하고 있는 것이다.

주택도시기금은 국민들이 주택청약에 가입한 금액, 주택거래 시 준조세 형태로 의무적으로 매입해야 하는 국민주택채권, 그리고 로또복권 수입금으로 구성됨으로써, 사실상 국민들의 지갑에서 나와 운영되는 자금이라는 점이 분명하다. 즉 주택도시기금예산은 일반 국민들이 모은 자금을 기초로 활용되는 이른바 "국민의, 국민에 의한, 국민을 위한" 재원인 "국민예산"이라고 할 수 있다.

| 2023년도 주택도시기금 조성내역

(단위: 억 원, %)

구 분	'23계획(A)	'23실적(B)		증감(B-A)	달성률(B/A)
		금액	비율		
청약저축	215,053	149,607	15.7	△65,446	69.6
융자금회수	176,733	119,398	12.5	△57,336	67.6
국민주택채권	160,000	133,717	14.0	△26,283	83.6
이자수입	33,655	30,493	3.2	△3,162	90.6
복권기금 전입금	4,500	4,500	0.5	-	100.0
일반회계 전입금	45,589	30,392	3.2	△15,196	66.7
여유자금회수	253,020	319,177	33.4	66,157	126.1
기 타*	166,804	167,092	17.5	288	100.2
합 계	1,055,355	954,377	100.0	△100,978	90.4

* 기타 : 정부출자수입, 법정부담금, 기타경상이전수입, 기금예탁원금회수, 기금예탁이자 수입 등.
자료: 국토교통위원회, 「2023회계연도 국토교통위원회 소관 결산 예비심사보고」, 2024. 9. p.23.

나. 운용

2023년도 기금 운용내역은 총 운용규모 95조 4,377억 원 중 융자사업비가 22조 2,339억 원, 차입금 상환 등이 52조 2,942억 원, 여유자금 운용이 20조 9,095억 원이다. 세부적으로는 주택구입·전세자금 사업에 11조 3,124억 원을 집행하고, 다가구매입임대에 1조 4,617억 원, 전세임대에 4조 8,670억 원 등이 쓰이고 있다. 또한 국민임대·영구임대 등 출자사업비로 4조 1,855억 원, 국민주택채권·청약저축 원리금상환에 31조 4,689억 원, 이차보전지원에는 9,307억 원, 기금운영비에는 2,254억 원이 각각 사용되었다.

2023년도 주택도시기금 운용내역

(단위: 억 원, %)

구 분	'23계획(A)	'23실적(B)	증감(B-A)	계획대비 실적(B/A)
○ 융자사업비(①)	233,082	222,339	△10,743	95.4
- 국민임대	1,574	1,483	△91	94.2
- 공공임대	2,515	2,466	△49	98.0
- 민간임대	17,088	16,606	△483	97.2
- 다가구매입임대	15,331	14,617	△714	95.3
- 집주인임대	700	502	△198	71.7
- 위험건축물이주	60	60	△0	99.9
- 분양주택	11,164	5,760	△5,404	51.6
- 층간소음성능보강	150	1	△149	0.7
- 층간소음개선리모델링	40	-	△40	-
- 주택구입·전세자금	113,605	113,124	△482	99.6
- 행복주택	6,201	5,363	△837	86.5
- 전세임대	50,877	48,670	△2,207	95.7
- 통합공공임대	5,224	5,164	△60	98.9
- 도시재생지원	2,301	2,301	-	100.0
- 수요자중심형재생	411	392	△19	95.4
- 소규모주택정비	4,887	4,878	△9	99.8
- 노후산단재생지원	952	952	-	100.0
○ 차입금상환 등(②)	545,428	522,942	△22,486	95.9
- 출자사업비	46,249	41,855	△4,394	90.5
- 주택도시보증공사출자	3,839	3,839	△0	100.0
- 주택신용보증기금출연	1,278	1,268	△10	99.2
- 이차보전지원	10,105	9,307	△799	92.1
- 재건축초과이익자본이전	1	1	△0	77.4
- 도시재생사업지원	154	135	△18	88.0
- 기금운영비	2,461	2,254	△206	91.6
- 정부내부지출	149,594	149,594	△0	100.0

구 분	'23계획(A)	'23실적(B)	증감(B-A)	계획대비 실적(B/A)
- 차입금원리금상환	331,747	314,689	△17,058	94.9
· 국민주택채권	165,508	151,573	△13,935	91.6
· 청약저축	166,239	163,116	△3,123	98.1
소 계(①+②)	778,510	745,281	△33,228	95.7
○ 여유자금운용*	276,845	209,095	△67,750	75.5
합 계	1,055,355	954,377	△100,978	90.4

주: 주택도시기금 운용내역 상 "여유자금운용"은 연중 자금흐름(flow)을 표시한 것으로 연도말 잔액 기준(stock)인 "여유자금 규모"와 차이가 있으며, 기금이 연중 운용자산을 매입하기 위해 투입한 현금의 합계를 의미함.
자료: 국토교통위원회, 「2023 회계연도 국토교통위원회 소관 결산 예비심사보고」, 2024.9. p.25.

다. 여유자금 규모 및 운용

2023년도 주택도시기금 여유자금 규모는 전년도보다 9조 4,712억 원 감액된 19조 2,513억 원이며, 연간 여유자금 운용 평균잔액(평잔)은 20조 2,280억 원으로 전년도보다 22조 8,368억 원 감소하였다.

| 주택도시기금 여유자금 운용 현황

(단위: 백만 원)

구 분	여유자금 규모*	여유자금 운용현황(평잔)			
		소계 (수익률)	직접운용 (수익률)	위탁운용	
				연기금투자풀 (수익률)	전담운용기관 (수익률)
2020	41,295,940	37,977,159 (5.05%)	510,405 (1.53%)	2,055,806 (2.29%)	35,410,949 (5.18%)
2021	48,982,497	45,041,034 (3.29%)	189,885 (0.45%)	2,003,254 (1.37%)	42,847,895 (3.37%)
2022	28,722,459	43,064,716 (-3.58%)	256,414 (0.60%)	1,710,956 (0.33%)	41,097,346 (-3.78%)
2023	19,251,290	20,227,954 (8.26%)	383,601 (0.62%)	2,659,643 (5.74%)	17,184,710 (8.90%)

주: 여유자금은 '22년말 잔액기준 여유자금
자료: 국토교통위원회, 「2022 회계연도 국토교통위원회 소관 결산 예비심사보고」, 2023.9., p.25.

국회 국토교통위원회에 따르면 2023년도에는 여유자금(평균잔액 기준)의 84.96%에 해당하는 17조 1,847억 원을 전담운용기관에, 2조 6,596억 원을 연기금 투자풀에 각각 위탁 운용하고, 3,836억 원은 국토교통부에서 직접 운용하였다.³ 2023년 여유자금(평균잔액 기준)의 운용수익률을 보면 전체 평균 수익률은 8.26%로 2022년도 대비 11.84%p 상승하였고, 직접운용 수익률은 0.62%, 위탁운용 수익률은 연기금투자풀이 5.74%, 전담운용기관이 8.90%로 각각 나타났다. 다만, 운용수익률은 연도별로 변동성이 큰 편이다. 수익률 기준으로 2020년 5.05%, 2021년 3.29%, 2022년 ‐3.58%, 2023년 8.26%로 등락을 보였다.

Ⅳ. 현행 주택도시기금 거버넌스 구조

1. 개요

주택도시기금 거버넌스의 핵심내용을 살펴볼 수 있는 것은 「주택도시기금법」, 「주택도시기금 운용 및 관리규정」(국토교통부훈령 제1464호, 2021. 12. 20., 일부개정], 「주택도시기금 위원회 운영규정」(국토교통부훈령 제1747호, 2024. 5. 14., 일부개정)이다. 「주택도시기금법」에 따른 주택도시기금의 운영 및 관리는 국토교통부장관이 담당하고 있다. 국토교통부장관은 기금의 운용·관리에 관한 사무의 전부 또는 일부를 주택도시보증공사(HUG)에 위탁할 수 있다. 기금 운용업무를 위탁받은 HUG는 국토교통부장관의 승인을 받아 시중은행 등 금융기관에 업무를

---

3 국토교통위원회, 「2023 회계연도 국토교통위원회 소관 결산 예비심사보고」, 2024. 9., p.26.

재위탁할 수 있다. HUG는 기금의 조성 및 운용 상황을 국토교통부장관에게 보고하고, 국토교통부장관이 기금의 운용에 관한 계획을 수립하려는 경우에는 미리 기획재정부장관과 협의하도록 하고 있다.[4]

〈현행 주택도시기금 관리체계〉

[관리주체]	[기금전담 운용기관]	[재수탁기관]
국토부 장관 ⇒	주택도시보증공사 (HUG)	우리은행(간사수탁은행) 국민은행, 기업은행, 경남은행, 대구은행, 부산은행, 하나은행
◦ 매년도 주택도시기금 운용계획 수립 ◦ 관련법령 제·개정 및 주택종합계획 수립 ◦ 정부부문의 자금조달 ◦ 전담기관 관리감독	◦ 운용 및 관리 총괄 ◦ 국민주택채권, 청약저축 업무 총괄 ◦ 주택도시기금 대출업무 총괄 ◦ 대출금 관리 총괄	◦ 국민주택채권 발행 ◦ 청약저출 취급 ◦ 기금 대출심사 및 운용 ◦ 대출금 관리업무

자료: 국토교통부, 『주택도시기금 업무편람』, 2023

---

4 「주택도시기금법」제10조(기금의 운용·관리 등) ① 기금은 국토교통부장관이 운용·관리한다.
② 국토교통부장관은 기금의 운용·관리에 관한 사무의 전부 또는 일부를 공사에 위탁할 수 있다.
③ 공사는 제2항에 따라 위탁받은 사무의 일부를 국토교통부장관의 승인을 받아 금융기관 등에 재위탁할 수 있다. 다만, 국토교통부장관은 필요하다고 인정하는 경우 금융기관 등에 직접 위탁할 수 있다.
④ 공사는 대통령령으로 정하는 바에 따라 기금의 조성 및 운용 상황을 국토교통부장관에게 보고하여야 한다.
⑤ 공사 및 기금재수탁자 등(제3항에 따라 기금 사무의 일부를 재위탁 또는 위탁받은 금융기관 등을 말한다. 이하 같다)은 선량한 관리자의 주의로 위탁받은 사무를 처리하여야 한다.
⑥ 국토교통부장관은 기금의 운용에 관한 계획을 수립하려는 경우에는 미리 기획재정부장관과 협의하여야 한다.

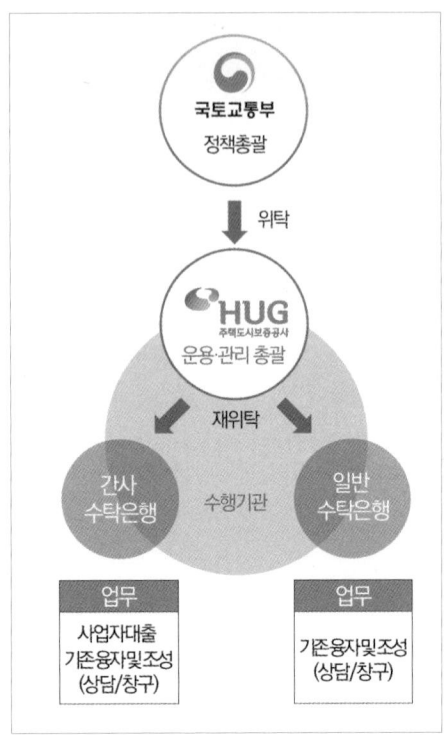

자료: 주택도시기금 홈페이지(https://nhuf.molit.go.kr)

2. 주택도시기금 위원회

국토교통부장관은 주택도시기금의 운용을 위해 「주택도시기금 위원회 운영규정」에 따라 「국가재정법」 제74조에 따른 기금운용심의회, 「국가재정법」 제76조에 따른 자산운용위원회, 위험관리위원회, 성과평가위원회, 대체투자위원회 등 5개 위원회를 설치·운영하고 있다. 이 중 위험관리위원회와 성과평가위원회를 HUG에 위탁운영하고 있다. 각 위원회의 구성과 업무를 살펴보면 다음과 같다.

가. 기금운용심의회

기금운용심의회는 기금운용계획의 수립·변경, 결산보고서 작성, 기금수탁자 지정, 여유자금운용 선정기준 수립 및 변경, 기금의 주요 조달 및 대출상품 금리결정, 변경 등 기금운영과 관련한 핵심 업무를 담당하고 있다. 심의회는 위원장 1명, 당연직 위원 2명, 국토교통부장관이 위촉하는 위원(이하 "위촉직 위원"이라 함) 7명 등 10명의 위원으로 구성된다. 위원장은 국토교통부 주택업무를 담당하는 고위공무원(현 주택정책관)이고, 당연직위원으로는 국토교통부 주택기금과장 및 주택도시보증공사 기금사업본부장이 위원이 된다.

「주택도시기금 위원회 운영규정」
제3조(기금운용심의회의 기능) 기금운용심의회(이하 "심의회"라 한다)는 기금의 운용에 관한 다음 각 호의 사항을 심의·의결한다.
1. 기금운용계획의 수립 및 변경
2. 기금결산보고서의 작성
3. 기금 대출채권의 상각
4. 기금수탁자의 지정 및 변경
5. 위탁수수료 지급기준의 수립 및 변경
6. 「주택도시기금 자산운용지침」의 제정 및 개정
7. 여유자금운용 전담기관(이하 "위탁운용기관"이라 한다) 선정기준의 수립 및 변경
8. 「주택도시기금 위원회 운영규정」의 제정 및 개정
9. 기금의 주요 조달 및 대출상품 금리 결정, 변경
10. 「주택도시기금 위험관리지침」 제정 및 개정
11. 그 밖에 기금의 운용과 관련하여 중요한 사항으로서 위원장이 회의에 부치는 사항

나. 자산운용위원회

자산운용위원회는 기금의 여유자금 운용에 관한 사항을 전담하여 운용하고 있다. 위원회는 위원장 1명, 당연직 위원 1명, 위촉직 위원 7

명 등 9명의 위원으로 구성되는데, 위원장은 국토교통부 주택기금과장이다.

「주택도시기금 위원회 운영규정」
제15조(자산운용위원회의 기능) 자산운용위원회는 기금의 운용에 관한 다음 각 호의 사항을 심의·의결한다.
1. 기금 여유자금 자산운용지침의 제정 및 개정
2. 위탁운용기관의 지정 및 해지
3. 위탁운용기관의 여유자금운용기준 제정 및 개정
4. 위탁운용기관의 하위운용사 풀 선정
5. 여유자금 운용 보조기관(집합투자기구평가회사·일반사무관리회사·신탁업자) 선정기준의 수립 및 변경
6. 여유자금 운용 보조기관의 지정 및 해지
7. 자산운용계획의(연간, 분기별) 작성
8. 그 밖에 기금 여유자금의 운용과 관련하여 중요한 사항으로서 위원장이 회의에 부치는 사항
9. 삭제

다. 위험관리위원회

위험관리위원회는 기금운용과 관련한 리스크(위험)관리에 관한 사항을 담당한다. 위험관리위원회는 당연직 위원 1명, 위촉직 위원 6명으로 구성되는데, 위촉직 위원은 「국가재정법」 제76조제4항제2호 및 같은 법 시행령 제35조제2항에 따른 자 중에서 국토교통부장관이 위촉하는 자가 할 수 있다. 위원장은 위원 중 호선(互選)되는데, 현재는 국내 대학교수가 위원장을 맡고 있고, 당연직 위원은 주택도시보증공사 리스크관리단장이 맡고 있다.

> 「주택도시기금 위원회 운영규정」
> 제19조(위험관리위원회의 기능) 위험관리위원회는 기금의 운용에 관한 다음 각 호의 사항을 심의·의결한다.
> 1. 기금 위험관리 현황 및 관련 규정의 제정, 개정
> 2. 위험관리 한도설정 및 조정
> 3. 위험관리 측정기준
> 4. 위기상황분석 기준
> 5. 위기관리계획 수립
> 6. 그 밖에 기금 위험관리에 관하여 중요한 사항으로서 위원장이 회의에 부치는 사항

라. 성과평가위원회

성과평가위원회는 기금 성과평가 현황 및 관련 규정의 제정, 개정, 위탁운용기관 성과보수 지급 규정의 제정 및 개정, 이에 따른 집행 등을 담당하고 있다. 성과평가위원회는 당연직 위원 1명, 위촉직 위원 5명으로 구성되는데, 위원장은 위원 중에서 호선하고(현재 국내 대학교수가 위원장), 위촉직 위원은 「국가재정법」 제76조제4항제2호 및 같은 법 시행령 제35조제2항에 따른 자 중에서 국토교통부장관이 위촉하는 자가 맡게 된다. 당연직 위원으로 주택도시보증공사 리스크관리단장이 포함되어 있다.

> 「주택도시기금 위원회 운영규정」
> 제22조(성과평가위원회의 기능) 성과평가위원회는 기금의 운용에 관한 다음 각 호의 사항을 심의·의결한다.
> 1. 기금 성과평가 현황 및 관련 규정의 제정, 개정
> 2. 위탁운용기관 성과보수 지급 규정의 제정 및 개정, 이에 따른 집행
> 3. 위탁운용기관 연간 이행현황 점검
> 4. 그 밖에 기금 여유자금의 운용에 관하여 중요한 사항으로서 위원장이 회의에 부치는 사항
> 5. 삭제

마. 대체투자위원회

대체투자위원회는 기금의 대체투자 계획수립 및 변경, 성과평가, 위험관리 등을 담당하는데 세부적으로 다음의 업무를 담당한다. 즉 「주택도시기금 대체투자지침」의 제정 및 개정, 대체투자 계획 수립 및 변경, 대체투자 위험관리, 사후관리 등이 주 업무이다. 대체투자위원회는 당연직 위원 1명, 위촉직 위원 8명 등 9명의 위원으로 구성되는데, 위원장은 위촉직 위원 중에서 호선하는데 현재는 주택기금과장이 위원장이다. 당연직 위원은 국토교통부 주택기금과장이고, 위촉직 위원은 「국가재정법」제76조제4항제2호 및 같은 법 시행령 제35조제2항에 따른 자 중에서 국토교통부장관이 위촉하는 자가 선임된다.

「주택도시기금 위원회 운영규정」
제25조(대체투자위원회의 기능) 대체투자위원회는 기금의 운용에 관한 다음 각 호의 사항을 심의·의결한다.
1. 「주택도시기금 대체투자지침」의 제정 및 개정
2. 대체투자 계획 수립 및 변경
3. 대체투자 연간 공정가치 평가 등 성과평가
4. 대체투자 위험관리
5. 대체투자 사후관리
6. 그 밖에 대체투자에 관하여 중요한 사항으로서 위원장이 회의에 부치는 사항

---

3. 법정위원회 운영 성과

이상과 같이 주택도시기금 5개 위원회는 국토교통부장관, 주택정책관, 주택기금과장, 주택도시보증공사 임원 등이 하나의 수직적인 계열로 연결되어 기금 운용을 담당하고 있다. 5개 위원회가 수직적 계열로 조직화됨으로써, 정부 및 국토교통부장관의 의지에 맞게 효율적으로 운

영된다는 장점이 있을 수 있으나, 문제 해결 중심으로 기금 운용을 위해 독립적인 지위를 가지고 자체의 노력을 설계하거나 운용하는 데는 한계가 있을 수밖에 없다. 이를 각 위원회들의 운영 성과 통계를 통해 확인할 수 있다.

국토교통부 소관 3개 위원회, 즉 기금운용위원회, 자산운용위원회, 대체투자위원회는 최근 3년간(2021~2023) 연간 7~13회의 회의를 통해 안건을 심의·의결하였다. 그런데 기금운용계획을 심의하는 기금운용위원회는 기금운용계획안, 변경계획안, 조달금리, 기금수탁은행선정, 대출채권 상각 승인 등을 의결하는데, 모두 원안대로 의결하였다. 여유자금 등 기금자산을 운용하는 자산운용위원회는 연간 3~6회가 개최되고 정부안대로 원안의결하거나, 보고만 받기도 하였다. 대체투자위원회는 상대적으로 활발한 심의 의결 활동을 벌이고 있으나 대체투자 사후관리에 대한 보고 등과 같은 단순 보고만 받고, 해당 보고안건에 대한 토의 결과가 어떻게 처리되고 어떤 성과가 있었는지 등에 대한 피드백 정보는 확인하기 어렵다.

| 국토교통부 소관 위원회 활동내역

(단위: 건)

위원회	활동내역	2021	2022	2023
기금운용위원회	회의횟수	7	11	13
	원안의결	11	15	18
	원안접수	1	-	-
자산운용위원회	회의횟수	3	6	5
	원안의결	1	5	3
	수정의결	2	-	-
	원안접수	1	2	2
대체투자위원회	회의횟수	8	7	8
	원안의결	8	9	3

위원회	활동내역	2021	2022	2023
대체투자위원회	보류	-	2	-
	수정의결	-	1	-
	원안접수	5	8	7

주: 1회 회의시 안건이 다수 있는 경우도 있어 회의건수와 의결, 접수건수 등의 합이 일치하지 않음
자료: 국토교통부

그리고 각 위원회의 활동을 정리한 회의록은 공개되지 않고 있는데, 국토교통부는 "주택도시기금은 국내 주요 기관투자자로서, 주택도시기금 위원회의 의사결정과정이 공개되는 경우에는 기금의 투자전략 및 공동투자자들의 투자정보 또한 노출될 수 있으며, 이로 인하여 민간투자자 등 금융시장 전반에 큰 영향을 미칠 수 있으므로 비공개"된다고 밝히고 있다. 각 위원회 활동과 관련하여 기금의 자산운용지침과 재무상태(결산보고서)는 연간으로, 운용성과에 대한 투자현황, 운용수익률은 분기별로 국토교통부 홈페이지에 공시하고 있다.

한편 주택도시보증공사가 국토교통부로부터 업무를 수탁하여 운영하는 위험관리위원회, 성과평가위원회의 경우, 민간 전문가들이 위원장을 맡아 업무를 수행하고 있다. 기금의 통합적인 위험관리, 여유자금 위험관리에 대한 사항을 관장하는 위험관리위원회는 연간 4~5회의 개최 실적이 있었고, 2022년 1건의 수정의결 이외에 원안대로 의결한 경우가 많았다. 기금의 자산운용 실적현황, 위탁운용기관의 성과 평가를 논의하는 성과평가위원회의 경우 연간 4~6회 회의를 개최하였으며, HUG가 작성한 원안대로 의결하였다. 위험관리위원회와 성과평가위원회 회의록의 경우 앞서 제시한 사유와 동일한 사유로 인해 공개하지 않고 있는 실정이다.

| 주택도시보증공사 운영 수탁 위원회 활동내역

(단위: 건)

위원회	활동내역	2021	2022	2023
위험관리위원회	회의횟수	4	4	5
	원안의결	4	6	5
	수정의결	-	1	-
	원안접수	9	10	10
성과평가위원회	회의횟수	4	6	4
	원안의결	7	7	5
	원안접수	-	3	1

자료: 주택도시보증공사

V. 국민연금기금 거버넌스 사례

1. 거버넌스 구조

주택도시기금과 같은 사업성 자금으로 구성된 것은 아니지만 전 국민의 노후를 책임지고 있는 국민연금(National Pension Service, NPS)의 사례를 살펴보자. 국민연금은 「국민연금법」에 따라 국민의 노후 소득을 보장하기 위해 설립된 공적 연금 제도로, 그 지배구조는 보건복지부, 국민연금기금운용위원회, 국민연금공단(국민연금기금운용본부)로 구성된다.[5]

국민연금기금운용위원회는 기금운용의 최고 의사결정기구로 기금운용지침, 연도별 운용계획, 운용결과 평가 및 기금 동향 등에 관한 중요

---

5 국민연금기금운용발전전문위원회, 『2023 국민연금 재정계산 국민연금기금운용 개선 방향』, 2023.11.

사항을 심의·의결하고 있다(설치 및 운영근거: 국민연금법 제103조 및 국민연금법 시행령 제77조 내지 제79조). 기금운용위원회는 보건복지부장관을 위원장으로 기금운용의 민주성과 투명성을 제고하기 위해, 가입자 대표 및 학식과 경험이 풍부한 관계전문가를 위원으로 위촉하여 기금운용의 전문성을 확보하고자 노력하고 있다.

　기금운용위원회는 기금운용의 전문성을 확보하기 위해, 산하에 실무평가위원회와 3개 전문위원회를 두고 있다. 첫째, 기금운용실무평가위원회는 기금의 관리와 운용에 관하여 기술적이고 전문적인 의견을 제공함으로써 기금운용위원회가 안건을 심도 있게 심의, 의결할 수 있도록 보좌하는 기구로 다음의 3개 전문위원회의 지원을 받는다. 첫째, 수탁자책임 전문위원회로, 이는 국민연금기금이 보유한 상장주식에 대한 주주권 및 의결권 행사와 책임투자 관련 주요 사안을 검토·결정하기 위하여 설치된 위원회이다. 둘째, 투자정책전문위원회로 국민연금 기금운용위원회의 결정사항 중 기금의 투자정책에 대하여 검토·심의함으로써 전문성을 확보하기 위해 설치한 위원회이다. 셋째, 위험관리·성과보상 전문위원회로 국민연금기금의 운용에 대한 성과평가와 보상체계를 일원화하여 경쟁적 산업 환경변화에 탄력적 보상정책으로 대응하고 우수 인력을 유치함으로써 기금운용의 성과를 제고하기 위하여 설치된 위원회이다.

　기금운용위원회 위원은 위원장(1인, 보건복지부장관), 당연직위원(5인), 위촉위원(사용자(3인), 근로자(3인), 지역가입자(농어업인, 자영자, 소비자·시민단체 각 3인), 관계전문가(2인)의 총 14인으로 구성되어 있다.

| 기금운용위원회 위원 구성(20인)

위원장 (1인)	보건복지부 장관
당연직위원 (5인)	기획재정부 차관, 농림축산식품부 차관, 산업통상자원부 차관, 고용노동부 차관 국민연금공단 이사장
위촉위원 (14인)	사용자를 대표하는 위원으로서 사용자 단체가 추천하는 자 3명 근로자를 대표하는 위원으로서 노동조합을 대표하는 연합단체가 추천하는 자 3명 지역가입자를 대표하는 위원으로서 농어업인 단체가 추천하는 자 2명 지역가입자를 대표하는 위원으로서 농어업인 단체 외의 자영자 관련 단체가 추천하는 자 2명 지역가입자를 대표하는 위원으로서 소비자 단체 및 시민단체가 추천하는 자 2명 관계 전문가로서 국민연금에 관한 학식과 경험이 풍부한 자 2명

한편 실질적인 기금운용은 국민연금공단 소속 기금운용본부가 담당하고 있다. 기금운용본부는 기금의 효율적이고 전문적인 관리를 위해 기금이사인 기금운용본부장, 3 부문장, 13실 1단, 3개 해외 사무소로 구성되어 있다.

자료: 보건복지부

　보건복지부가 밝히고 있는 국민연금기금운용 절차는 다음과 같다. 첫째, 기금운용계획 측면에서, 기금운용위원회(보건복지부)는 기금운용 전반을 규율하는 기금운용지침을 수립하고, 이에 따라 자산배분 등 주요 운용계획을 수립한다. 이를 위해 5년 단위의 중기자산배분(SAA: Strategic Asset Allocation)을 매년 실시하고, 이를 바탕으로 연간 기금운용계획을 수립한다. 이때 위탁운용, 환율 위험관리, 의결권 행사지침 등 투자행위의 주요 내용도 같이 결정된다. 둘째, 실행측면에서 국민연금공단 기금운용본부가 기금운용계획 등에 따라 투자를 집행하는 단계로, 주식·채권·대체투자 등 다양한 자산에 투자하여 수익 창출을 도모한다. 기금운용계획의 허용범위 내에서 기금운용본부에서 단기 투자여건을 고려하여 전술적 자산배분(TAA: Tactical Asset Allocation)을 실시하는데, 투자자산에 대한 위험 모니터링 및 관리, 의결권 행사 등이 그것이다. 셋째, 기금 운용평가 측면에서 기금운용위원회(보건복지부)는 매년 기금운용의 성과를 평가·분석하고, 이를 바탕으로 성과급 등 보상 및 운용상 피드백을 실시하게 된다.

〈국민연금기금 운용 프로세스〉

기금운용위원회 (보건복지부)	기금운용지침	〈기금투자정책서〉 (성과평가보상지침, 의결권행사지침)
	중기자산 배분계획	〈중기 정책방향〉 ❶ 중기자산배분 ❷ 위탁운용방향, 환헤지 정책
	연간 기금 운용계획	〈월간 정책목표〉 ❶ 연간 자산배분 ❷ 연간 위탁운용계획, 환헤지 목표비율 ❸ 연간 초과수익률 목표(기금전체)
기금운용 본부	연간 자금 운용계획	〈연간 운용계획〉 ❶ 연간 전술적 자산배분 및 자산별 투자전략 ❷ 연간 자산별 초과수익률 목표 ❸ 연간 자산별 위험한도 배정
	월간 자금 운용계획	〈월간 운용계획〉 자산별 자금배분
	기금운용 실행	〈기금 운용〉 자산별 자금집행, 위탁운용 관리, 의결권 행사. 결제/계리, 리스크 관리 등

자료: 보건복지부

국민연금의 기금운용에 관한 사항은 「국민연금법」 제104조, 「국민연금기금운용지침」 제25조(정보공개 및 대외협력), 「국민연금기금운용규정」 제39조(공시)에 따라 월간, 분기, 연간 및 수시 공시를 의무화하여 기금운용의 투명성 확보를 도모하고 있다. 국민연금공단은 연금가입자 및 수급자 등의 편의를 위해 「국민연금기금운용지침」 별표 5에 따라 공시하도록 규정한 항목을 공시하고 있고, 운용위 회의록도 요약하여 공개하고 있다. 운용위원장은 회의의 일시·장소·토의내용·의결사항 및 각 참석자의 발언내용이 전부 기록된 회의록을 작성하여 보관하고, 회의록의 주요 내용을 요약하여 공개하고 1년 이후에는 전부 공개하는 것이 원칙이다.

| 공시주기별 공시대상 항목(「국민연금기금운용지침」 별표 5)

구분	공시 대상
월간 공시	■ 조성·지출·적립 현황 ■ 자산군별 포트폴리오 운용 현황 및 수익률
분기 공시	■ 주식 대량보유 내역 ■ 채권 종류별 운용 현황 ■ 위탁운용사 및 거래증권사 현황

연간 공시	■ 재정상태표 및 재정운영표
	■ 자산군별 포트폴리오 운용 세부 내역
	  - 주식 섹터별 운용 현황
	  - 대체투자 세부유형별 운용 현황
	  - 해외투자 지역별 운용 현황
	  - 증권위탁 펀드별 운용 현황
	■ 자산군별 투자종목 세부 내역
	  - 국내·해외주식 종목별 투자 현황
	  - 국내채권 발행기관별 투자 현황
	  - 해외채권 종목별 투자 현황
	  - 대체투자 투자 종목(펀드)별 투자 현황(유형, 위탁 펀드명, 금액 등) 및 대체투자 관련 통계치
	■ 책임투자 관련 현황
	  - 책임투자를 위한 정책, 계획, 조직 및 활동내역
	  - 책임투자를 위해 고려하는 환경·사회·지배구조의 기준
	  - 책임투자를 고려하는 자산군의 범위(위탁·직접 구분) 및 운용규모
	  - 책임투자를 고려하는 자산군의 투자 현황(공시대상 '자산군별 투자종목 세부 내역' 중 책임투자를 고려하는 종목별 현황)
	  - 책임투자 관련 위탁운용사 선정 기준 및 현황, 성과평가 기준

구분	공시 대상
수시 공시	■ 기금운용위원회 회의 결과 ■ 기금운용지침과 기금운용계획 ■ 기금운용규정과 위탁운용사 및 거래증권사 선정 기준 ■ 상장주식 의결권 행사 내역 및 세부 반대 사유. 다만, 위탁운용사가 의결권 행사 방향을 결정한 경우 세부 반대사유 공시 제외 ■ 그 밖에 기금운용의 주요 결정사항과 관하여 공시가 필요하다고 인정되는 사항 등

다만 국민연금기금은 주택도시기금과 비교할 수 없이 각계 각층이 참여하는 거버넌스 구조를 가지고 있음에도 기금운용의 독립성 제고에 문제가 많다는 지적을 지속적으로 받아 왔다.[6] 즉 기금운용의 최고의사 결정기구인 기금운용위원회는 보건복지부장관이 맡아 정치적 중립성이 떨어지고, 기금운용위원회는 20인 위원 중 노동자단체, 시민단체, 지역 가입자 대표 등 전문성이 떨어지는 비전문가로 구성되어 있다는 점이 지적되고 있는 것이다. 이에 기금운용본부를 국민연금공단과 완전히 분리하고, 자산운용을 전담하는 '국민연금기금운용공사 (등)'을 신설하며, 기금운용위원회의 위원은 민간 금융투자 전문가를 중심으로 구성함으로써 기금운용위원회가 자산증식에 전념할 수 있도록 할 필요가 있다는 지적도 있었다. 이러한 지적에도 현재 기금운용본부는 국민연금공단 내 존속하고 있다.

2. 주택도시기금과 비교

국민연금기금과 주택도시기금은 2023년 말 기준 총(적립)규모가 각

---

[6] 김용하, 「국민연금 기금 거대화에 대응한 국민경제적 관점에서의 기금운용방안에 대한 고찰」, 『보건사회연구』, 34(2), 한국보건사회연구원, 2014. pp.5-36. 등

각 1,035조 원과 95.4조 원 수준이다. 국민연금에서 국민들에게 지급되는 연간 연금액은 190.6조 원이고, 주택도시기금에서 융자사업비로 주택건설사업자 및 주택자금(구입 및 전세자금) 수요자에 대한 융자사업비는 22.2조 원에 달하여 적립액과 운용액에서 국민연금기금이 주택도시기금에 비해 규모가 크다. 다만 두 기금 모두 기금의 재원이 국민들의 주머니에서 나온다는 점에서는 유사하다.

그런데 국민연금기금 운용의 최고 의사결정기구로 국민연금은 사회 각계가 참여하는 '국민연금기금운용위원회'를 두고 있는 반면, 주택도시기금의 경우 국토교통부장관이 이를 전담하고 있다. 법정위원회로 국민연금의 경우 최고의사결정기구인 국민연금기금운용위원회를 지원하기 위한 기금운용실무평가위원회(위원장 보건복지부 1차관)와 이를 지원하기 위한 3개 전문위원회가 구성되어 있다. 반면 주택도시기금의 경우, 주택정책관, 주택기금과장 등이 위원장인 2개 위원회와 민간위원들이 위원장인 3개 위원회를 두고 있으나, 앞서 살펴본 바와 같이 일부위원회의 경우, 활동이 미진한 것으로 파악되고 있다.

| 국민연금과 주택도시기금 운영구조 비교(2023 결산기준)

구분	국민연금	주택도시기금
자산	1,036.3조 원	224.9 조원
부채	5,417억 원	189.2조원
순자산	1,035.7조 원	35.7조 원
연간운용 규모	190.6조 원 (연금지급액: 39.0조원)	95.4조 원 (융자사업비: 22.2조 원)
최고의사결정기구	국민연금기금운용위원회 (위원장: 보건복지부 장관, 당연직 5인 위촉위원 14인)	국토교통부
법정위원회	・기금운용실무평가위원회 (위원장: 보건복지부 1차관) - 수탁자책임 전문위원회	・「국가재정법」 제74조에 따른 기금운용심의회(위원장: 주택정책관) ・「국가재정법」 제76조에 따른 자

구분	국민연금	주택도시기금
	- 투자정책전문위원회 - 위험관리·성과보상전문위원회	산운용위원회(위원장: 주택기금과장) • 위험관리위원회(위원장: 위원 중 호선, 민간) • 성과평가위원회(위원장: 위원 중 호선, 민간) • 대체투자위원회(위원장: 위원 중 호선, 주택기금과장)
공시의무	월간, 분기, 연간, 수시공시 대상 정보를 의무적으로 공개하도록 함	별도의 규정은 없음
실제 기금운용	국민연금공단(기금운용본부) - 투자위원회 - 대체투자(소)위원회 - 투자관리위원회	주택도시보증공사 - 위험관리위원회와 성과평가위원회 수탁운영)

VI. 주택도시기금 거버넌스 평가 및 개편방안

1. 평가

　주택도시기금은 국민들이 청약저축가입, 국민주택채권 매입을 통해 조성되는 국민주거안정을 위한 핵심 공적재원임에도 불구하고 이에 대한 의사결정을 위한 별도의 장치 없이 국토교통부의 결정에 의존하고 있다. 특히 기금운용에 관한 기본방침을 결정하는 기금운용심의회의 위원장은 국토교통부 장관이 아닌, 실무 책임자인 주택정책관이 맡고 있는데, 이는 기금운용심의회가 주택도시기금에 대해 독립적이고 전문적인 의사결정을 수행하는 기구가 아니라 국토교통부장관의 업무를 보조하는 역할에 그치고 있음을 알 수 있다. 비교사례로 살펴본 국민연금기금운용위원회의 경우, 보건복지부장관이 위원장이고, 당연직 위원 외

위촉 위원들은 사회적으로 국민연금에 주요한 이해당사자인 사용자, 노동자, 직능별 지역가입자 대표, 전문가들로 구성되어 있다는 차이가 있다.

앞서 설명한 주인-대리인이론을 볼 때, 주인과 대리인의 정보격차를 해소할 수 있는 방법으로 대리인의 행동을 모니터링하기 위해 주택도시기금 정책결정 및 운영과 관련한 각종 자료 및 지표의 공개가 필요하나 공개되는 정보가 매우 제한적이다. 주택도시기금의 장기운용계획이 수립되어 공개되어 있지 못하고, 장··중·단기 재정운용계획, 재정전망 등에 관한 정보가 산출되어 공개되어 있지 않은 것이 현실이다.

2024년 출시된 신생아 출산가구에 대한 저리의 구입자금대출인 '신생아특례대출프로그램' 등과 같이 막대한 기금소요가 예상되는 프로그램을 장기적인 재정전망 없이 현안 대응차원에서 추진한 측면이 있다. 정부의 공공임대주택 건설물량을 채우기 위해 임대주택 물량을 신규로 확보하는 건설형 임대주택보다는 기존주택을 이용한 전세형임대주택 공급 등이 이루어지고 있는데 이에 대한 평가가 부재하다. 또한 기금운용심의회 및 법정위원회의 구성 및 회의내용이 공개되지 않는 등 실제 기금 운영과 관련한 정보가 주택도시기금의 조성 재원 제공자인 국민이 주택도시기금 운영의 적정성을 가늠할 수 있는 정보가 제공되지 않아 주인-대리인 간 정보격차가 큰 상황이다.

특히 주택도시기금의 실무적 운영자인 HUG의 역할에 있어 존재감이 부재한 상황이다. OECD 공기업 거버넌스 지침에 비추어볼 때, HUG는 주택도시기금 관리를 위한 책임성 있는 거버넌스를 갖추고 있다고 보기 어렵다. HUG는 「주택법」 상 공급되는 주택의 분양보증, 하자보수보증 등을 주 업무로 수행하던 구 대한주택보증(주)를 전신으로 하고 있는데, 「주택도시기금법」에 따른 주택도시기금 운용 계획, 실행, 평가와 관련한 분석보고서를 작성하여 이를 알리거나 하는 노력이 없기 때문이다. 이는 「주택도시기금법」에 관련 사항을 공시하도록 의무화하지 않은 것에 직접적으로 기인한 것이라고 볼 수도 있지만, 「주택도시기금법」 제26조에 규정한 주택도시보증공사 업무 제1순위가 주택도시기금의 운용·관리에 관한 사무이고, 주택도시기금 운용·관리에 대해 전폭적인 업무위탁이 있다는 점을 고려할 때 주택도시기금 운용에 대한 보다 적극적인 업무수행이 이루어지지 않는 아쉬움이 있다.

현재 주택도시기금 운영과 관련하여 국민들이 알 수 있는 정보는 국회에 제출하는 예산안과 이에 대한 위원회 검토보고서, 결산서와 이에 대한 상임위원회 검토보고서, 연간기금운용계획, 투자현황, 운용수익률, 국토교통부가 자체적으로 발간하는 '주택도시기금 업무편람' 자료 정도에 그치고 있다. 연간 운용규모가 100조 원에 달하는 주택정책 핵심 재원인 주택도시기금의 장·단기 운영에 대한 분석 및 평가가 사실상 거의 없어 대리인으로서의 역할을 충실히 수행하고 있다고 보기 어렵지 않은가?

HUG는 주택도시기금운영과 관련한 업무를 수행하면서 이와 관련 사규를 비공개하는 등 기금운용과 관련한 이해관계자인 국민과 기업에 대한 기본적인 정보제공을 다하고 있지 않다. 주택도시보증공사의 「사규관리규정」 사규분류표의 제15편에 해당하는 규정의 대부분이 비공개인데, 임대리츠기금출자업무취급규정, 추정분양가 검증규정시행세칙 등은 「주택도시기금법」에 따른 민간의 임대리츠를 운영하려는 사업자, 주택분양사업자에게 매우 중요한 기준으로 해당 사규가 미공개됨으로써 사업을 영위하는데 한계가 있을 수 있다.

| HUG 사규 분류표 제15편 사규의 공개여부

분류	사규 번호	사 규 명	공개 여부	제개정 사전예고 여부	소관부서
제15편 수탁 사업	15-1	융자수탁업무취급규정	비공개	비예고	금융기획실
	15-2	융자수탁업무취급규정시행세칙			〃
	15-3	주택개량자금융자수탁업무취급규정			〃
	15-4	주택개량자금융자수탁업무취급규정 시행세칙			〃
	15-5	공유형모기지수탁업무취급규정			기금관리실
	15-6	임대리츠기금출자업무취급규정			기금사업처
	15-7	임대리츠기금출자업무취급규정 시행세칙			〃
	15-8	도시계정금융지원업무취급규정			〃
	15-9	도시계정금융지원업무취급규정 시행세칙			〃
	15-10	사회임대주택자금 융자업무 취급규정			기금지원처
	15-11	사회임대주택자금 융자업무 취급규정 시행세칙			〃
	15-14	추정분양가 검증규정시행세칙			금융심사처
	15-12	자산관리수탁업무취급규정	공개	예고	기금사업처
	15-13	추정분양가 검증규정			금융심사처

자료: HUG 「사규관리규정」 사규분류표(국회입법조사처, 『2024 국정감사 이슈분석 7』, 2024, pp.22~23.에서 재인용)

2. 주택도시기금 거버넌스 개편방안

현행 「주택도시기금법」에 따른 주택도시기금 운영체계를 개편하여 다음과 같이 의사결정기구, 전문위원회 설치, 기금운용기관에 관한 사항을 재구조화하고 이를 향후 「주택도시기금법」 개정에 반영하도록 할 필요가 있다. 이때 가장 관심을 가져야할 요소는 주택도시기금 운영의 책임성을 보유하면서 사회의 각계가 참여하는 최고 의사결정구조를 갖추도록 하는 데 있다.

일반적으로 참여적 최고 의사결정구조를 설계하는 데 있어 '공정성(fairness)'과 '유능성(competence)'을 고려할 필요가 있다.[7] 이는 다양한 주장과 목소리가 정책결정에 공정하게 반영되고 논의되어야 하며 이러한 과정 속에서 논의되고 심의된 사안이 실제 문제해결에도 유능해야 함을 의미한다. 공정성은 정책결정에 '의미있는 행동을 할 수 있는 참여의 기회가 균등한가와 관련'되는 것으로, 참여에 대한 제약이 없을수록 공정하다고 할 수 있다. 유능성은 '주어진 현재의 정보와 지식을 가지고 내린 결정이 합리적이라고 기대할 수 있'게 하는 것과 관련되는 것인데, 어떤 의사결정에 참가한 참여자들이 완벽한 능력을 가졌다고 기대할 수 없다. 다만 주어진 정보를 통해 참여자들이 최선의 결정을 내리고, 최선의 합의에 도달하는데 필요한 정보와 수단이 참여자들에게 잘 제공되도록 제도가 설계될 필요가 있다.

주택도시기금의 공정성과 유능성을 확보하도록 최고 의사결정기구에는 사회 각계를 대표하는 구성원들이 공정하게 참여토록 하고, 의사결정의 합리성과 문제해결능력을 보장하기 위한 전문위원회 구조를 설계하도록 해야 할 것이다. 이를 위해 다음과 같은 개편방안을 제안해보고자 한다.

가. 최고의사결정기구의 마련

주택도시기금이 주택, 도시문제 해소를 위한 '국민의·국민에 의한·

---

[7] Renn, Ortwin Thomas Webler and Peter wiedemann, eds., 1995, Fairness and Competence in Citizen Participation: Evaluating Models for Environmental Discourse, Dordrecht : Kluwer Academic Publisher와 참여연대시민과학센터, 『과학기술·환경·시민참여』, 한울아카데미, 2001(제4장 시민배심원 편).

국민을 위한 기금'이라는 점을 고려할 때, 국민주거안정을 위한 주택도시기금에 대한 주요사항을 결정하는 최고의사결정기구를 마련할 필요가 있다. 국민연금기금 및 국내 주요기금의 운용방식을 볼 때, 주택정책에 관한 주요 행위자가 위원으로 참여하는 위원회 형식의 '(가칭) 주택도시기금운용위원회'(이하 '운용위'라 함)를 구성할 것을 제안한다. 운용위는 기금운용에 관한 장단기계획의 수립 및 의결, 기금 수입 및 지출 예산안, 결산, 여유자금의 운용, 국가적 주거부문 이슈에 대한 대응방안 결정 등을 담당하도록 한다. 운용위 위원장은 책임성과 독자성을 확보하기 위해 주택 및 도시정책을 총괄하는 국토교통부장관과 민간부문의 전문가가 공동위원장을 맡도록 한다.

국토교통부장관과 민간 공동위원장 이하 당연직 위원을 선정하는데 있어서는 다음과 같은 고려가 필요하다. 첫째, 주거정책의 복합적 성격을 고려하여 부처 간 협력과 정책조정이 필요하다. 이를 위해 기획재정부 차관(재정예산), 금융위원회 부위원장(금융), 행정안전부 차관(지역), 농림축산식품부 차관(농어촌), 보건복지부 차관(노인) 등 주택 및 도시·농촌 이슈에 관련 있는 정부 고위정책담당자를 참여시킬 수 있다. 둘째, 주택문제의 지역별 다양성과 지역 특성을 반영하고 지방정부의 주거정책 자율성 확대를 통한 주거정책 추진을 위한 중앙-지방 협력체계를 구축하기 위해 지역별 특성을 반영하여 광역 지자체 부단체장급 대표인사로 구성하는 것도 고려해 볼 수 있다. 셋째, 주거정책 의사결정 과정에서 전문가 참여와 민간부문의 목소리를 종합적으로 청취하는 것이 중요하다는 점을 고려할 때, 민간의 위촉직 위원은 「주거기본법」에 명시된 주거지원이 필요한 계층(장애인·고령자·저소득층·신혼부부·청년층·지원대상아동)의 이해를 대변할 수 있는 주거복지·도시분야 관련 단체 및 전문가, 민간 건설부문 대표(시공사, 리츠), 주택금융기관 등으로 구성할 수 있다. 이 최고의사결정기구의 책임성 있는 운영을 위해 운용위의 활동 결과를 연간 국회에 보고토록 하는 것도 필요해 보인다. 이때 기금 운용의 세부 성과와 역점을 두고 시행한 운용 결과에 대한 분석을 포함하도록 하는 것이 필요하다.

나. 기금운용실무평가위원회 설치

주택도시기금의 운용성과를 집계하고, 운용위가 제시한 장단기계획에 따른 각종 성과를 점검하고 평가하며 운용위가 심의·의결할 의제를 구체화하는 실무를 준비하는 기금운용실무평가위원회(이하 '평가위'라 함)를 구성할 것을 제안한다. 특히 평가위는 기금의 구성, 성과 측정, 개선사항, 운용위의 요청에 대한 검토 등의 업무를 수행할 수 있다. 평가위는 국토교통부 제1차관을 위원장으로 하여 관계부처(기획재정부, 금융위, 행정안전부, 농림축산식품부, 보건복지부) 차관이 지명하는 실·국장급 위원, 광역 지자체 대표 실국장급 위원, 민간 위촉위원이 추천하는 일정 규모(예: 10인 이하)의 위원으로 구성하도록 하는 방안도 고려할 수 있다.

다. 전문위원회 설치

주택도시기금의 의사결정기구인 운용위와 평가위를 전문적인 인력과 자료로써 지원하기 위해 주택도시기금의 장기재정전망, 기금 수입 및 지출에 관한 분석, 주택도시기금의 사업성과 모니터링, 지역별 주거정책 주요정책 점검을 담당하는 전문위원회를 설치·운영할 것을 제안한다. 전문지식을 생산하는 전문위원회로 재정운영 및 분석 위원회, 여유자금의 운용 및 리스크관리 위원회, 주택도시기금 사업성과 모니터링 위원회, 그리고 지역별 주거상황을 상세히 모니터링하는 지역 전문위원회 등을 고려할 수 있다.

기존의 기금운용의 회계적 정리뿐만 아니라, 기금운용을 통해 주거정책의 주요 목표를 실질적으로 달성하고 있는지에 대한 구체적 성과를 모니터링하고 이를 개선하기 위한 정책과제를 개발하기 위한 사업성과 모니터링 전문위원회의 역할이 중요하다. 이 전문위원회는 기금사용의 성과와 관련한 지표를 개발·측정하고 평가하는 업무를 수행해야 할 필요가 있다. 즉, 기금 지원을 받는 주택의 품질확보여부(예: 기금대출 받은 주택과 그렇지 않은 주택간 하자발생의 차이 등, 주택도시기금 받은 사업자의 연간 하자발생빈도 점검 및 향후 대출 시 불이익 부여 기준 마련 등), 기금지원시점과 실제 주거지원이 이루어지는 시점에 대한 점검(주택사업지연 등으로 주택건설사업승인 시 지급받는 주택도시기금이 실제 주택공급까지 이루어지는 시간을 연구하여 시간 효율성 달성도 측정 등), 공공임대주택 지원 시 주택유형별 기금지원단가(예: 공공임대주택 호당 대출기준액[8]의 적정성 검토 등) 기금대출을 통한 주거안정 성과지표(공공임대주택 입주가구 및 전월세 지원 수혜가구의 주택면적 변화, 출퇴근 시간변화, 주거비부담 변화 등), 주택도시기금 이용고객의 만족도(대출기관 이용시 불편사항, 만족도, 수탁기관 간 만족도 비교), 지역별 주거수준의 변화지표(지역별 공공임대주택의 비중, 기금사용에 따른 지역 주택 시장 안정화 효과 등) 등 주거정책에 필요한 지표들 개발하고 이를 실제로 활용하기 위한 노력이 필요하다. 이 지표들은 정책수혜자의 대출신청 시 개인정보 활용동의를 받아 이를 통계적으로 처리하여 활용하고, SNS등을 통해 조사하여 자료를 수집한다면 보다 비용

---

8 2025년 주택도시기금운용계획에 따르면, 국민임대주택융자는 전용면적 45m^2 초과~ 60m^2 이하가 9,184만 원, 행복주택자금은 호당 6,201만 원, 통합공공임대주택 전용면적 60m^2 초과~70m^2 이하가 8,856만 원 등인데 이러한 지원단가의 적정성에 대해 지속적으로 점검하는 것을 말한다(국토교통부, 「2025년도 주택도시기금 운용계획」, 2025 참조).

효율적으로 자료를 습득할 수 있을 것으로 보인다.

지역 전문위원회는 각 지자체의 주거상황을 진단하고 주택도시기금이 필요한 분야와 정책적 우선순위에 대해 조언할 수 있다. 이때 지역별 주거이슈들이 최고의사결정구조에서 적절히 논의될 수 있도록 정책의제를 개발하고 사후성과를 점검하는 역할을 할 수 있다. 또한 기금사용의 성과와 관련하여 사업성과 모니터링 위원회와 함께 지역별 주거수준 변화를 모니터링하는 역할을 수행한다면 지역 단위 주거정책의 수립, 집행, 평가에 기여할 수 있을 것이다.

라. 기금운용기관의 설립

「주택도시기금법」에 따라 주택도시보증공사(HUG)는 주택 관련 보증업무와 주택도시기금의 운용·관리를 담당하고 있다. 이를 위해 공사 전체의 경영과 관련한 경영전략본부, 보증업무를 담당하는 금융사업본부, 주택도시기금 업무를 담당하는 기금사업본부와 지역본부 및 지사로 구성되어 있다. 보증업무를 담당하는 금융사업본부는 민간 주택시장에서 발생할 수 있는 위험을 보증을 통해 관리하는 금융적 성격의 업무를 수행하고 있다. 반면 주택도시기금 업무를 담당하는 기금사업본부는 정부 정책의 일환으로 주택 및 도시재생 관련 자금을 지원하는 정책적 성격의 업무를 담당하고 있다. 보증업무는 보증료 수입을 재원으로 하는 사업이고, 주택도시기금 업무는 국가 예산 및 국민주택채권 등을 재원으로 하는 주택도시기금 운용이 주요 업무이다. 주택도시보증공사가 두 업무를 동시에 수행함으로써 주택도시기금에서 제공하는 정책자금이 원활하게 공급될 수 있도록 보증업무가 신용보강 역할을 하는 장점이 있을 수 있다. 예를 들어 기금사업본부가 취급하는 도시재생 뉴딜사업에 필요한 정책자금 지원에 대해 금융사업본부가 도시재생 사업자에 대한 보증 제공으로 민간 참여를 활성화하는 등의 역할을 기대할 수 있는 것은 사실이다.

그러나 주택도시보증공사가 보증업무와 주택도시기금을 동시에 운용하는 것 만으로는 앞서 설명한 바와 같이 국민주거안정을 위해 공정성과 유능성에 기반한 새로운 거버넌스를 창출하는 것을 자동으로 보장해 줄 수는 없다. 현재와 같은 거버넌스 구조 하에서 주택도시보증공사 이사회가 기금운용을 통해 주거정책의 주요 목표를 실질적으로 달성하고 있는지에 대한 구체적 성과를 모니터링하고 이를 개선하기 위한 자체적으로 정책과제를 개발하기 위해 역량을 발휘하기에는 한계가 있다. 주택도시보증공사는 국토교통부의 지시와 감독을 중심으로 주택도시기금 업무를 수행하고 있어, 주택도시기금이 OECD가 제시한 공기업 거버넌스 원칙에 부합하는 독립적 의사결정구조를 갖추고 있다고 보기는 어려운 실정이다.

이에 현행 주택도시기금 운용체계를 탈피하여 주택도시기금의 운용만을 전문적으로 책임지는 기금관리형 준정부기관을 설립하는 방안을 고려할 수 있다. 「공공기관의 운영에 관한 법률」에 따라 정부기금을 위탁받아 관리하는 준정부기관으로서 (가칭) 주택도시기금공단을 설립하여 운영하되 OECD 공기업 지배구조 원리에 맡게 기관을 설계하도록 한다. 앞서 제시한 OECD 공기업 지배구조 원리 중 "이해관계자와의 관계 및 책임, 공시 및 투명성, 공기업 이사회의 책임"에 관한 사항을 충실히 이행하도록 할 필요가 있다. 이때, HUG의 주택도시기금 관리 기능을 분리하여 기관을 조직하는 방안도 검토할 수 있겠으나, 기존 거버넌스와 결별을 통한 주택도시기금의 재정립에 방해가 되지 않도록 할 필요가 있다. 기금운용기관의 이사회는 운용위에서 결정한 기금을 '가장 효율적으로 이용(highest and best use)'할 수 있도록 조직을 설계하는 것이 필요하다. 즉 기금운용의 효율성, 효과성, 형평성을 실현하기 위한 전략보고서를 작성하도록 하고, 기금대출, 국민주택채권발행 등을 담당하는 시중은행을 창구업무 수행자로 계속 유지하여 국민들의 기금 활용의 편의성을 보장하도록 할 필요가 있다.

참고로 현행 「공공기관의 운영에 관한 법률」에 따라 공공기관은 공기업과 준정부기관으로 구분되고, 공기업은 시장형 공기업과 준시장형 공기업으로 나뉘며, 준정부기관은 기금관리형 준정부기관과 위탁집행형 준정부기관으로 나뉘는데 각 기관의 유형구분에 따른 지정요건은 아래표와 같다.

| 공공기관 유형 구분 기준

유형구분		공통요건	지정요건(원칙)
공기업	시장형 공기업	직원정원 300인 이상 총수입액 200억원 이상 자산 30억원 이상 자체수입비율 50% 이하	자체수입비율이 85%인 기관 (또한 자산 2조 원 이상)
	준시장형 공기업		자체수입비율 50% ~ 85%
준정부기관	기금관리형 준정부기관	직원정원 300인 이상 총수입액 200억원 이상 자산 30억원 이상 자체수입비율 50% 이하	중앙정부 기금을 관리하는 기관
	위탁집행형 준정부기관		기금관리형 아닌 준정부기관
기타공공기관		공기업·준 정부기관을 제외한 공공기관	

자료: 「공공기관의 운영에 관한 법률」 제5조, 같은 법 시행령 제7조에 따름

2024년 기준 준정부기관 중 기금관리형 준정부기관은 공무원연금공단, 국민연금공단, 근로복지공단 등 12개이다. 이중 자산규모로 주택도시기금(224.9조 원, 2023결산 기준)을 능가하는 기금은 국민연금뿐인데, 주택도시기금 자산보다 자산규모가 훨씬 작은 기금도 해당 기금만을 전문적으로 운영하기 위해 별도의 거버넌스를 담당하는 기관을 운영하고 있다는 점을 고려할 때, 주택도시기금의 관리를 전담하는 기관이 필요해 보인다. 향후 주택도시기금을 관리하기 위해 (가칭)주택도시기금공단을 설립하여 운영하는 방안을 적극 검토해볼 필요가 있다.

| 기금관리형 준정부기관(2023년 결산)

번호	기관명	관리기금	자산규모 (단위: 억원)	주무부처
1	공무원연금공단	공무원연금	213,933	인사혁신처
2	국민연금공단	국민연금	10,363,363	보건복지부
3	근로복지공단	근로복지진흥기금	6,650	고용노동부
4	기술보증기금	기술보증기금	49,441	중소벤처기업부
5	서울올림픽기념 국민체육 진흥공단	국민체육진흥기금	56,003	문화체육관광부
6	소상공인시장 진흥공단	소상공인시장진흥기금	147,033	중소벤처기업부
7	신용보증기금	신용보증기금	152,751	금융위원회
8	예금보험공사	예금보험기금채권 상환기금	36,997	금융위원회
9	중소벤처기업 진흥공단	중소벤처기업창업 및 진흥기금	292,057	중소벤처기업부
10	한국무역 보험공사	무역보험기금	67,196	산업통상자원부
11	한국자산 관리공사	국유재산관리기금	45,146	금융위원회
12	한국주택 금융공사	주택금융신용보증기금	121,612	금융위원회

자료: 기획재정부

마. 공시를 통한 투명한 기금운용 보장

주택도시기금 거버넌스의 새로운 구축 과정에서 중요하게 부각되어야 할 것으로 기금현황 및 업무에 대한 공시(公示)를 통해 투명한 운영이 보장되도록 할 필요가 있다. 현행 주택도시기금에서 보장되고 있지 않은 공시를 국민연금 수준으로 보장할 수 있도록「주택도시기금법」을 개정하는 방안을 적극적으로 검토해 볼 필요가 있다. 이때 앞의 〈표 8〉에 제시된 국민연금기금의 주기별 공시대상 업무를 참조하여 기금의 수입, 지출 등에 관한 현황뿐만 아니라, 대출자금의 회수, 여유자금의 투자대상 및 수익률에 대한 정보를 자세히 공시할 필요가 있다. 또한 운용위 회의록을 체계적으로 공개함으로써 주택도시기금의 주인인 국민에 대한 정보제공에 충실해야 할 것으로 보인다.

바. 국회의 주택도시기금 운용성과 감독 강화

주택도시기금이 국민주거안정을 위해 적정히 쓰이고 있는지에 대해 예산의 심의, 의결권한이 있는 국회의 감독을 강화할 필요가 있다. 특히 기금 운용의 효율성, 효과성, 안정성 및 공공성을 종합적으로 평가하기 위해 다음의 사항을 고려할 필요가 있다.

첫째, 주택도시기금 운용성과에 대해 국회 보고를 의무화하는 것이다. 제안된 '주택도시기금운용위원회'는 기금 운용 결과와 성과를 정리한 연간보고서를 국회에 의무적으로 보고하도록 할 필요가 있다. 이 보고서에는 기금운용의 세부 성과, 역점 시행 사업의 결과 분석, 국민 주거안정 기여도, 재무적 운용의 적절성, 기금운용의 지속가능성 등이 포함되어야 한다. 보고 일정은 회계연도 종료 후 6개월 이내에 국회 국토교통위원회에 보고하도록 규정해야 한다.

둘째, 주택도시기금의 효과적인 운용을 위해 구체적인 정책 성과지표를 개발하고 측정하는 체계가 필요하다. 이러한 성과지표에는 앞서 제시한 바와 같이, 기금대출을 통한 주거안정 성과지표(입주가구의 주택면적 변화, 출퇴근 시간변화, 주거비부담 변화 등), 지역별 주거수준의 변화지표(지역별 공공임대주택 비중, 기금사용에 따른 지역 주택시장 안정화 효과 등), 기금 지원 주택의 품질 확보 여부(하자발생 빈도 등), 공공임대주택 유형별 기금지원 단가의 적정성, 기금 운용 관련 이해관계자(국민, 주택건설사업자, 지자체 등) 의견 수렴 및 반영 결과 등이 포함되어야 한다. 이러한 성과평가 결과는 국회 국토교통위원회에서 심의하고, 필요시 개선 권고를 제시하도록 할 필요가 있다.

셋째, 주택도시기금의 운용 투명성을 강화하기 위해 「주택도시기금법」을 개정하여 국민연금 수준의 공시 의무 규정을 신설해야 한다. 이를 통해 월간, 분기, 연간 및 수시 공시를 의무화하고, 기금운용위원회 회의록을 공개해야 한다(예: 요약본은 즉시 공개하고, 전체 회의록은 1년 후 공개). 또한 자산운용 내역, 투자 수익률, 대출 현황 등 상세 정보를 공개해야 한다. 국회의원이 기금 운용 관련 자료에 쉽게 접근할 수 있도록 정보제공 체계를 구축하여 정보 접근성을 강화해야 한다.

넷째, 중장기 재정전망 및 운용계획의 국회 심의를 강화할 필요가 있다. 주택도시기금의 장기(5~10년) 재정전망 및 운용계획을 수립하여 국회에 제출하는 것을 의무화해야 한다. 2024년 출시된 '신생아특례대출 프로그램' 등과 같이 막대한 기금 소요가 예상되는 프로그램 도입 시에는 장기적 재정영향 분석 결과를 국회에 제출해야 한다.

이상과 같이 주택도시기금의 국회 감독 강화를 위해 「주택도시기금법」을 개정하여 국회에 대한 정기 보고 의무, 성과평가 체계 및 지표, 정보 공개 및 투명성 확보 방안, 국회 심의 절차 및 권한, 장기 재정전망 수립 및 제출 의무, 전문위원회 구성 및 활동 보고 체계 등을 명시할 필요가 있다.

이상의 주택도시기금 거버넌스 개편방안을 정리하면 다음의 그림과 같다.

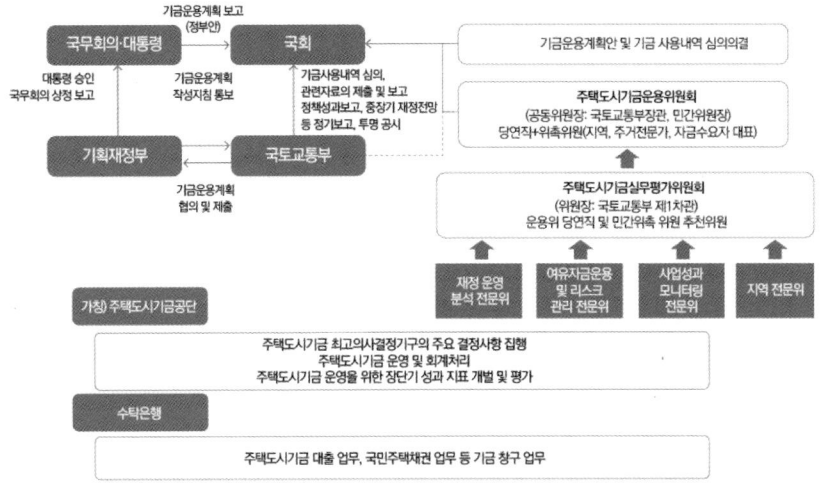

〈주택도시기금 거버넌스 개편방안〉

Ⅶ. 국민을 위한 주택도시기금 거버넌스 개편을 향하여

주택도시기금은 국민의 안정적인 주거생활 핵심 재원으로 40년 넘게 중요한 역할을 수행해 왔으나, 기금 운용에 관한 장기계획이 부재하고, 의사결정과정이 불투명하며, 기금의 조성과 활용에 있어 이해관계자인 지방자치단체, 중저소득층 국민, 주택건설사업자 등의 참여가 제한되어 있다. 연간 운용 규모가 100조 원에 달하고 있음에도「주택도시기금법」에 관련 규정이 부재함으로써 주인-대리인의 문제가 생기고, 기금운용을 담당하는 주택도시보증공사는 기금운용에 관한 계획을 수립하지 못하고, 독립적 의사결정을 수행하지 못하는 등의 문제가 발생하고 있는 것 또한 사실이다.

이 글에서는 주택도시기금은 전 국민들이 조성하고, 국민과 기업이 이를 활용하고 있으므로 국민적 기금이라는 성격에 맞게 기존 기금 거버넌스 구조를 개혁하는 방안을 제안하였다. 특히 거버넌스 구조의 공정성과 유능성을 확보할 수 있도록 설계해야 함을 강조하였다. 향후 주택도시기금 거버넌스를 개선하고자 할 때 현재 국토교통부 중심의 거버넌스 구조를 혁파하기 위해, 기금의 운용에 관한 최고 의사결정구조를 만들고, 이 의사결정구조에 다양한 사회적 주체들이 참여할 수 있도록 할 필요가 있다.

주택도시기금이 국민 주거안정과 쾌적한 도시환경을 마련하는데 기여할 수 있도록 장기비전과 계획을 가질 수 있도록 하고, 이에 맞게 그 역할과 기능을 재정립하도록 하며 이를 최고 의사결정구조가 심의 의결하고 이를 국회에 보고토록 할 필요가 있다. 또한 기금운용에 관한 전문성과 문제해결 능력을 확보할 수 있도록 기금의 실무평가를 위한 평가위를 구성하고 전문위원회의 지원을 받아 운용위를 보좌하도록 함으로써, 복수의 전문위원회가 이를 지원하도록 할 필요가 있다. 주택도시기금 거버넌스 실무조직으로 오로지 국민을 위한 '주택도시기금 운용에 전력'을 다할 수 있는 주택도시기금공단(안)을 설치하여 기금운용 실무와 여유자금 운용에 관한 사무를 전담하도록 할 필요가 있다.

한편 주택도시기금의 심의·의결 권한을 가지고 있는 국회의 감독권한을 강화할 필요가 있다. 이를 위해 이글에서 제안된 '주택도시기금운용위원회'와 국토교통부는 기금 운용 결과와 성과를 정리한 연간보고서를 국회에 의무적으로 보고하도록 할 필요가 있다. 이때 연간보고서에는 정책 성과지표를 개발하고 측정하여 포함하는 것이 중요하다. 주택도시기금 운용의 투명성을 높이기 위해 「주택도시기금법」을 개정하여 국민연금 수준의 공시 의무 규정을 신설하고, 회의록 공개도 시행할 필요가 있다. 또한 중장기 재정 전망 및 운용계획의 국회 심의를 강화하고 막대한 기금소요가 예상되는 프로그램 도입 시에는 장기적 재정영향 분석 결과를 국회에 제출하도록 제도화하는 것도 고려해야 할 것이다.

이 글에서는 직접적으로 다루지 못하였지만 도시재생 및 지역활력에 기여할 수 있도록 기금의 규모를 확충하는 방안도 고려할 필요가 있다. 이를 위해 현행 경기변동에 영향을 받는 주택청약저축, 국민주택채권 중심의 기금 수입 구조를 보완할 수 있는 방안도 고려해 볼 수 있다. 노동자주거안정을 위한 기업의 참여방안, 대학생 주거안정을 위한 대학의 참여, 농어촌주거개선을 위한 한국농어촌공사 등의 참여, 역모기지론을 공급하는 한국주택금융공사의 참여 등도 검토해 볼 수 있을 것이다. 앞으로 주택·도시분야 핵심 재원인 주택도시기금 운용의 성과를 극대화하고, 사회적 요구에 부응하기 위해 주택도시기금 거버넌스 개편을 위한 「주택도시기금법」 개정 논의가 국회 내에서 활발하게 진행될 수 있길 기대한다.

참고문헌

강석훈(2023), 「2024 OECD 공기업 지배구조 가이드라인' 개정 동향: 공기업 가이드라인의 의의와 영향」, 공공경제, Vol. 16, 한국조세재정연구원.
국민연금기금운용발전전문위원회, 『2023 국민연금 재정계산 국민연금기금 운용 개선 방향』, 2023.11.
국토교통부, 「2025년도 주택도시기금 운용계획」, 2025.
국토교통부, 『주택도시기금 업무편람』, 2023
국토교통위원회, 「2023 회계연도 국토교통위원회 소관 결산 예비심사보고」, 2024.9.
국토교통위원회 수석전문위원 허태수, 「주택도시기금법안【정우택의원 대표발의】검토보고」, 2014.7.
국회입법조사처, 『2024 국정감사 이슈분석 7』, 2024.
기획재정부, 『2023회계연도 기금 재무제표(종합)』, 2024.
김용하(2014), 「국민연금 기금 거대화에 대응한 국민경제적 관점에서의 기금운용방안에 대한 고찰」, 『보건사회연구』, 34(2), 5-36.
이주경(2022), 「공공기관의 관리제도와 대리인비용에 관한 연구」, 서울대 대학원 박사학위논문.
장경석, 「주택도시기금 거버넌스 구조 개선방안」, 국회의원 오기형, 국회의원 김남희, 국회입법조사처, 주거공익법제포럼, 재단법인동천 공동주최 '주택도시기금 거버넌스 구조 개선방안: 지역계정 신설 및 민간 지원방안을 중심으로' 세미나 자료집, 2024.
참여연대시민과학센터, 『과학기술·환경·시민참여』, 한울아카데미, 2001.

Renn, Ortwin Thomas Webler and Peter wiedemann, eds., Fairness and Competence in Citizen Participation: Evaluating Models for

Environmental Discourse, Dordrecht : Kluwer Academic Publishers. 1995.

국토교통부 주택도시기금 홈페이지(https://nhuf.molit.go.kr)

주택도시기금과 지방자치

김경목 법무법인(유한) 태평양 변호사

I. 들어가며

주거는 인간이 생존하기 위한 보금자리이고, 건강하고 문화적인 생활을 영위하기 위한 필수적인 요소이다. 주거권은 아직 헌법에 의해 명문으로 보장되고 있지는 않지만, 헌법 제34조 제1항의 인간다운 생활을 할 권리와 헌법 제35조 제1항의 "국가는 주택개발정책 등을 통하여 모든 국민이 쾌적한 주거생활을 할 수 있도록 노력하여야 한다."라고 규정한 국가의 의무에 상응하여 국민은 쾌적한 주거생활을 누릴 권리를 가진다고 할 수 있다. 특히 열악한 주거환경에 노출되어 있는 주거취약계층의 주거 문제는 생존권적 차원에서 우선적으로 주거권을 보장해야 한다. 그렇다면 이러한 주거권의 실현 주체는 중앙정부와 지방정부 중 누가 되어야 할 것인가.

1991년 지방자치제도가 도입된 이래 35년 가까운 시간이 지나갔다. 헌법 제117조 제1항은 "지방자치단체는 주민의 복리에 관한 사무를 처리하고 재산을 관리하며, 법령의 범위 안에서 자치에 관한 규정을 제정할 수 있다."라고 규정하여 지방자치제도를 보장하고 있는데, 지방자치단체의 소관인 '주민의 복리에 관한 사무'의 범위가 어디까지인지 명확하지 않다.

이 글에서는 주거권의 실현주체로서 지방자치단체의 적극적 역할에 대해서 살펴보고자 한다. 지방마다 그 지역의 특성에 따라 주거문제의 내용이 다르기 때문에 주거정책의 지방화가 필요하다. 주거문제의 내용이 달라지면 이에 대한 주거정책도 그에 맞춰서 세워져야 한다. 특정지역만을 관리하는 지방자치단체가 중앙정부보다 그 지역의 특성과 주거문제를 더 잘 파악할 수 있다는 것은 당연한 일이다.[1]

날로 심각해지고 있는 주거문제를 해결하기 위해 주택도시기금이 광범위하게 활용되고 있는데, 현재는 중앙정부에 의해서만 주택도시기금이 사용되고 있다. 지방의 주거문제 해결은 지역의 사정을 잘 알고 있는 지방자치단체가 주도적으로 하는 것이 바람직하며, 이를 위해 지방자치단체가 주택도시기금을 사용할 수 있도록 하는 것이 필요하다.

이러한 문제에 접근하기 위해 먼저 지방자치단체의 자치권의 범위를 고찰해본다. 특히 현행 법제 하에서 주거복지와 관련하여 지방자치단체의 권한과 역할에 대해 살펴본 다음 중앙집권적 주택정책으로 인한 문제와 그 해결방안으로 지방자치단체의 역할, 지방자치단체가 주택도시기금을 활용할 필요성에 대해 논하기로 한다.

---

1 박미선 외, "주거권 실현을 위한 중앙과 지방의 역할 분담 방안", 기본 19-22, 국토연구원, 41

Ⅱ. 지방자치단체의 자치권

1. 지방자치제도의 보장

가. 자치사무의 의미

국가의 3요소가 영토, 국민, 주권이라면, 지방자치의 3요소는 영역, 주민, 자치권이라고 할 수 있다. 지방자치의 보장은 지방자치단체가 관할하는 지역에 대한 자치권을 보장하는 것이다. 지방자치의 출발점은 지역 주민들이 스스로 자치를 통하여 지역사무를 처리할 수 있어야 한다는 자치의 이념이고, 지방의 자율성과 책임성은 보장되어야 한다.[2] 헌법상 지방자치는 중앙으로부터의 일정한 독자성을 바탕으로 헌법상 지방의회의 구성이 제도적으로 보장되어 있고, 이를 바탕으로 하여 자치입법권 및 자치재정권, 고유사무에 대한 포괄적 권한 등이 인정되고 있다. 이와 더불어 국가질서 내에서의 통일성을 존중하기 위하여 국가사무와 지역사무를 구분하고 법령의 범위 내에서 자치권을 인정하고 있다.[3]

헌법 제117조 제1항에서 지방자치단체의 사무로 규정하고 있는 "주민의 복리에 관한 사무"에 대한 해석과 관련하여 헌법 제37조 제2항이 모든 국가작용을 국가안전보장·질서유지·공공복리로 3분하고 있으므로 헌법 제117조 제1항에서 말하는 복리의 의미를 헌법 제37조 제2항과 관련하여 새겨볼 수 있다는 견해가 있다.[4] 이 견해는 국가작용을 소극적 작용으로서 국가안전보장과 질서유지를, 적극적 작용으로서 공공복리

---

[2] 홍종현, "지방자치단체의 복지사무에 대한 국가의 관여", 지방자치법연구 제13권 제3호, 통권 제39호, 42
[3] 홍종현, 위의 논문, 43
[4] 홍정선, "자치사무의 규정방식에 대한 입법상 개선에 관하여", 지방자치법연구 제11권 제4호, 184 참조

를 규정하고 있는 것이므로 헌법 제117조 제1항의 복리는 헌법 제37조 제2항의 공공복리와 동일한 개념 또는 유사한 개념이라고 할 수 있다고 한다.[5]

지방자치법 제8조 제1항은 "지방자치단체는 관할 구역의 자치사무와 법령에 따라 지방자치단체에 속하는 사무를 처리한다."라고 규정한다. 따라서 지방자치단체의 사무는 '자치사무'와 '법령에 따라 지방자치단체에 속하는 사무'로 구분될 수 있다. 일반적 견해는 '자치사무'는 지방자치단체의 고유한 사무를 뜻하고, '법령에 따라 지방자치단체에 속하는 사무'는 단체위임사무로 이해한다.[6] 자치사무와 위임사무의 구분은 자치사무에 필요한 경비는 지방자치단체가 전액을 부담한다는 점에서 중요하다.

국가와 지방자치단체 간의 사무배분 기본원칙은 1) 국가는 지방자치단체가 사무를 종합적·자율적으로 수행할 수 있도록 국가와 지방자치단체 간 또는 지방자치단체 상호 간의 사무를 주민의 편익증진, 집행의 효과 등을 고려하여 서로 중복되지 아니하도록 배분하여야 하고(중복금지의 원칙), 2) 국가는 사무를 배분하는 경우 지역주민생활과 밀접한 관련이 있는 사무는 원칙적으로 시·군 및 자치구의 사무로, 시·군 및 자치구가 처리하기 어려운 사무는 시·도의 사무로, 시·도가 처리하기 어려운 사무는 국가의 사무로 각각 배분하여야 하며(보충성의 원칙), 3) 국가가 지방자치단체에 사무를 배분할 때에는 사무를 배분받는 지방자치단체가 그 사무를 자기의 책임하에 종합적으로 처리할 수 있도록 관련 사무를 포괄적으로 배분하여야 한다(지방자치법 제11조).

자치사무의 수행에 필요한 경비는 지방자치단체가 전액을 부담하는

---

5 홍정선, 위의 논문, 185 참조
6 홍종선, 위의 논문, 186 참조

것이 원칙이므로(지방자치법 제141조, 지방재정법 제17조 및 제20조), 지방자치단체가 충분한 재정력을 확보하고 있어야만 복지사무의 수행에 필요한 경비를 충당할 수 있다. 그러나 기관위임사무는 위임자인 국가가 사무처리비용을 부담하여야 한다(지방자치법 제141조 단서).

이처럼 지방자치단체의 사무구분체계는 사무수행에 있어서 지방자치단체의 자율성, 사무수행에 소요되는 비용의 부담, 국가의 감독권 행사의 내용, 지방의회에 의한 통제, 조례의 대상 등 지방자치제 전반에 관련되며, 헌법에 의해 보장되는 지방자치제의 실질적 구현에 관한 것이다.[7]

나. 사회복지 사무의 분배

주거권의 실현은 사회적 기본권에 관한 것인바, 사회보장 및 사회복지 관련하여 국가와 지방자치단체 간의 사무배분이 어떻게 이루어지고 있는지를 살펴본다.

헌법 제34조 제2항에서 국가는 사회보장·사회복지의 증진에 노력할 의무를 진다라고 규정한다. 그리고 헌법 제34조 제4항에서 국가는 노인과 청소년의 복지향상을 위한 정책을 실시할 의무를 지고, 같은 조 제5항에서 신체장애자 및 질병·노령 기타의 사유로 생활능력이 없는 국민은 법률이 정하는 바에 의하여 국가의 보호를 받는다고 규정한다. 위 헌법조항을 실현하기 위해 제정된 사회보장기본법은 사회보장에 관한 국민의 권리와 국가 및 지방자치단체의 책임을 정하고 사회보장정책의 수립·추진과 관련 제도에 관한 기본적인 사항을 규정함으로써 국민의 복지증진에 이바지하는 것을 목적으로 한다(제1조). 사회보장기본법에

---

[7] 하명호·임현, "지방자치단체의 사무구분체계에 관한 공법적 고찰", 지방자치법연구 통권 제80호 제23권 제4호(2023. 12), 117

서는 "사회보장"이란 출산, 양육, 실업, 노령, 장애, 질병, 빈곤 및 사망 등의 사회적 위험으로부터 모든 국민을 보호하고 국민 삶의 질을 향상시키는 데 필요한 소득·서비스를 보장하는 사회보험, 공공부조, 사회서비스로 정의하고(제2호 제1호), "사회서비스"란 국가·지방자치단체 및 민간부문의 도움이 필요한 모든 국민에게 복지, 보건의료, 교육, 고용, 주거, 문화, 환경 등의 분야에서 인간다운 생활을 보장하고 상담, 재활, 돌봄, 정보의 제공, 관련 시설의 이용, 역량 개발, 사회참여 지원 등을 통하여 국민의 삶의 질이 향상되도록 지원하는 제도라고 정의한다(제2조 제4호). 그리고 모든 국민은 사회보장 관계 법령에서 정하는 바에 따라 사회보장급여를 받을 권리(사회보장수급권)을 가진다(제8조).

국가와 지방자치단체는 모든 국민의 인간다운 생활을 유지·증진하는 책임을 가지며(사회보장기본법 제5조 제1항), 사회보장에 관한 책임과 역할을 합리적으로 분담하여야 한다(같은 조 제2항). 그러나 이러한 규정만으로는 국가와 지방자치단체의 책임과 역할을 명확하게 나눌 수 없다. 지방자치법은 주민의 복지증진을 지방자치단체 사무로 규정하면서, 주민복지에 관한 사업, 사회복지시설의 설치·운영 및 관리, 생활이 어려운 사람의 보호 및 지원, 노인·아동·장애인·청소년 및 여성의 보호와 복지증진에 관한 사무 등이라고 정하고 있다(지방자치법 제13조 제2항 제2호). 하지만 현실에서는 지방자치법에서 주민의 복지증진에 관한 사무를 지방자치단체 사무범위로 제시하고 있음에도 실제 복지사무의 상당 부분은 국가가 담당하고 있는 실정이다.[8]

중앙행정기관의 장과 지방자치단체의 장은 사회보장제도를 신설하거나 변경할 경우 신설 또는 변경의 타당성, 기존 제도와의 관계, 사회

---

8 김우림, "사회복지 분야 지방자치단체 국고보조사업 분석", 국회예산정책처(2021), 47

보장 전달체계에 미치는 영향, 지역복지 활성화에 미치는 영향 및 운영방안 등에 대하여 보건복지부장관과 협의하여야 한다(사회보장기본법 제26조 제2항). 사회보장제도의 신설과 변경은 자치단체가 그 여건에 맞게 자율적으로 결정할 수 있는 것이 아니라 보건복지부장관과 협의를 거쳐야 한다. 사회보장제도의 실현과 관련하여 지방자치단체의 자율성은 미흡하다고 할 수 있다.

다. 지방분권 강화를 위한 움직임

헌법은 민주주의와 국민주권주의를 기본원리로 하고 있다(헌법 제1조). 지방자치는 국민주권주의와 민주주의를 실현하기 위한 하나의 수단이다.[9] 1990년대 이후 OECD 선진국을 중심으로 국가의 권한을 지방자치단체로 이양하는 지방분권이 강조되어 왔다. 이는 국가에 집중된 사무, 인력, 재원을 지방자치단체에 이양하여 지방자치단체의 재량과 자율성을 제고하고, 그를 통해 국민의 체감성과 서비스 만족도를 높일 수 있기 때문이다.[10]

지방분권을 강화하기 위한 노력으로 2004년 구 지방분권특별법이 제정되면서 사무배분의 원칙을 규정하였고, 사무배분의 원칙에 따라 국가권한 및 사무를 적극적으로 지방자치단체에 이양하여야 하며 기관위임사무 등 사무구분체계를 조정하여야 한다는 권한 및 사무의 이양에 관한 근거를 마련하였다.[11] 2008년 지방분권촉진에 관한 특별법은 국가권한 및 사무의 지방이양 과정에서 기관위임사무는 원칙적으로 폐지하고 자치사무와 국가사무로 이분화하여야 함을 규정하였다. 이러한 내용

---

9 강재규, "지방자치단체 자치고권 보장과 국정참여", 지방자치법연구 통권 제83호 제24권 제3호(2024. 9.), 9
10 강재규, 위의 논문, 4 참조
11 하명호·임현, 앞의 논문, 115

은 2014년 지방분권 및 지방행정체제 개편에 관한 특별법, 2018년 지방자치분권 및 지방행정체계 개편에 관한 특별법, 2023년 지방자치분권 및 지역균형발전에 관한 특별법으로 이어져 오고 있다. 이에 따르면 국가는 지방자치법 제11조에 따른 사무배분의 기본원칙에 따라 그 권한 및 사무를 적극적으로 지방자치단체에 이양하여야 한다(지방분권균형발전법 제33조 제1항).

1991년에 설치된 '지방이양합동심의회'는 이후 그 명칭을 조금씩 달리하여 유지되어 오다가 2017년 자치분권위원회로 바뀌었고, 2023년 자치분권위원회와 국가균형발전위원회를 통합하여 지방시대위원회가 출범하였다. 지방시대위원회는 2023. 7. 10. 제정된 「지방자치분권 및 지역균형발전에 관한특별법」에 따라 2023. 11. '제1차 지방시대 종합계획(2023-2027)'(이하 '1차 종합계획'이라 한다)을 발표하였다. 중앙정부가 주도하는 획일적 정책으로는 지방의 생활여건·발전역량을 고려한 맞춤형 대응에 어려움이 있고, 재정자립도가 낮고 국고보조금 지방비 분담도 중앙정부가 일률적으로 결정하는 구조로 지방 발전을 위한 자체 재원확충 한계를 인정하고 있다. 그리고 의료·문화시설 지원 등 주민이 필요로 하는 생활밀착형 정책의 적시 추진을 위해서는 지역·주민을 잘 아는 지방정부의 자율권 확대가 필요하다는 점을 적시하고 있다.[12]

이처럼 2000년대 들어서면서 지방분권을 강화하기 위한 노력은 지

---

[12] 제1차 지방시대 종합계획(2023-2027), 3면. 1차 종합계획에는 지방시대 5대전략으로 지방분권, 교육개혁, 혁신성장, 특화발전, 생활복지를 내세우고, 22대 핵심과제 및 68대 실천과제를 구성하였다. 5대전략 중 'I. 자율성 키우는 과감한 지방분권'을 위해 자율적 자치기반을 마련하고, 지방의 자치역량과 지방재정력을 강화하는 한편, 지역맞춤형 자치모델 구축과 지방의 책임성 확보를 추진한다. 'V. 삶의 질 높이는 맞춤형 생활복지'를 위해 지방소멸 위기 대응을 지원하고, 정주여건 등 지역의 생활여건을 개선하는 한편, 지역 의료·보건·복지 확충과 환경·생태자원 보전에 집중한다(지방시대위원회, 2023. 11. 1.자 보도자료).

속적으로 이루어지고 있고 정권이 바뀌어도 그 기조는 유지되고 있지만, 아직까지 국가사무를 지방자치단체에 적극적으로 이양하여야 한다는 의무는 선언적인 의미에 그치고 있을 뿐 실효성 있는 정책수단이 제시되고 있지는 못하다. 실제로 국가사무와 자치사무의 비중에 관한 현황을 보면, 2020년 현재 법령상 국가의 총 사무 61,075개 중 원(原)처리권자를 기준으로 구분하면 국가사무가 50,564개(82.8%), 자치사무가 10,511개(17.2%)로 국가사무의 비중이 매우 높게 나타나고 있다.[13] 이는 2009년의 경우 총 사무 42,316개 중 자치사무가 8,452개(20%)[14]였던 것과 비교해 보더라도 국가사무의 지방이양이 제자리걸음에 있다는 것을 알 수 있다.

III. 주거복지와 지방자치단체

1. 현행법상 주거정책에 관한 지방자치단체의 역할

주거기본법 제2조는 "국민은 관계 법령 및 조례로 정하는 바에 따라 물리적·사회적 위험으로부터 벗어나 쾌적하고 안정적인 주거환경에서 인간다운 주거생활을 할 권리를 갖는다."라고 규정하여 주거권을 보장하고 있다. 여기서 안정적인 주거환경을 위한 정책수단으로는 공공임대주택 공급, 전세자금 및 주택구입자금에 대한 주택금융지원을, 인간다운 주거생활을 위한 정책수단으로는 최저주거기준 설정, 주거급여를 포함한 취약계층을 위한 주거지원을 생각할 수 있다.

---

13 김이배, 「복지분권의 이해」, 박영스토리(2024), 166.
14 대한시도지사협의회 홈페이지(gaok.or.kr)에서 2025. 2. 24. 최종 검색

실제로 공공임대주택의 건설과 공급은 국토교통부 소관의 LH 및 지자체 산하 지방공사가 대부분을 수행하고 민간에서 일부를 수행한다. 주택금융 지원은 국토교통부 소관 하에 HUG에서, 주거급여를 위한 주택상태조사 및 현물급여는 LH가 전담하고, 수급자 자격조사 및 현금급여는 지자체가 전담한다.[15]

그런데 공공임대주택의 경우를 보면, ① 영구임대주택은 국가나 지방자치단체의 재정을 지원받아 **최저소득 계층의 주거안정을 위하여** 50년 이상 또는 영구적인 임대를 목적으로 공급, ② 국민임대주택은 국가나 지방자치단체의 재정이나 주택도시기금의 자금을 지원받아 **저소득 서민의 주거안정을 위하여** 30년 이상 장기간 임대를 목적으로 공급, ③ 행복주택은 국가나 지방자치단체의 재정이나 주택도시기금의 자금을 지원받아 대학생, 사회초년생, 신혼부부 등 젊은 층의 주거안정을 목적으로 공급, ④ 통합공공임대주택은 국가나 지방자치단체의 재정이나 주택도시기금의 자금을 지원받아 **최저소득 계층, 저소득 서민, 젊은 층 및 장애인·국가유공자 등 사회 취약계층 등의 주거안정을 목적으로** 공급, ⑤ 기존주택등매입임대주택은 국가나 지방자치단체의 재정이나 주택도시기금의 자금을 지원받아 기존주택등을 매입하여 「**국민기초생활 보장법」에 따른 수급자 등 저소득층**과 청년 및 신혼부부 등에게 공급, ⑥ 기존주택전세임대주택은 국가나 지방자치단체의 재정이나 주택도시기금의 자금을 지원받아 기존주택을 임차하여 「**국민기초생활 보장법」에 따른 수급자 등 저소득층**과 청년 및 신혼부부 등에게 전대(轉貸)하는 공공임대주택이다. 이처럼 공공임대주택은 행복주택을 제외하고는 최저소득 계층이나 저소득층의 주거안정을 위한 것으로 되어 있다.

---

[15] 이종권·김경미, "주거복지 공적 전달체계 개편방안 연구 - 통합적 지역거점 구축방안을 중심으로-", 한국주거학회논문집 제27권 제4호(2016. 8.), 36

지방자치법상 주민의 복지증진이 지방자치단체 사무로 규정되어 있고, 그 세부내용으로 주민복지에 관한 사업, 생활이 어려운 사람의 보호 및 지원, 노인·아동·장애인·청소년 및 여성의 보호와 복지증진에 관한 사무가 포함되어 있다는 점에서, 최저소득 계층이나 저소득층 등의 주거안정을 위한 공공임대주택은 지방자치단체의 사무로 볼 수 있다. 그렇다면 지방자치법에 따르면 공공임대주택의 공급이 지방자치단체의 자치사무로 해석될 수 있는데, 주거복지 관련 법령에서 지방자치단체가 자치사무로서 주거복지와 관련하여 실질적으로 역할을 수행할 수 있도록 규정하고 있는지 살펴볼 필요가 있다.

가. 주거기본법

주거기본법 제3조는 국가 및 지방자치단체는 주거권을 보장하기 위하여 주거정책의 기본원칙에 따라 주거정책을 수립·시행하도록 규정하고 있다. 그리고 국토교통부장관은 국민의 주거안정과 주거수준의 향상을 도모하기 위하여 주거종합계획을 수립하여야 하는데, 주거종합계획에는 주거정책의 기본목표 및 기본방향, 주택·택지의 수요 및 공급에 관한 사항, 공공임대주택 등 공공주택의 공급에 관한 사항, 주거정책 자금의 조달 및 운용에 관한 사항, 주거환경 정비 및 노후주택 개량 등에 관한 사항, 주거지원필요계층에 대한 임대주택 우선공급 및 주거비 지원에 관한 사항 등이 포함된다(제5조 제1항). 주거종합계획은 10년 단위의 계획과 연도별 계획으로 구분된다(제5조 제2항). 시·도지사는 국가의 주거종합계획에 따라 시·도주거종합계획을 수립하여야 한다(제6조).[16] 시·도지사는 주택의 건설·공급 및 관리, 이를 위한 자금의 조달·

---

16 주거기본법이 2015. 6. 22. 제정되기 전에는 주택법에서 국토교통부장관으로 하여금 주택종합계획을 수립하고, 시·도지사는 그에 따라 시·도 주택종합계획을

운용에 관련되는 사항에 관하여 필요한 조치를 하려면 미리 국토교통부장관과 협의하여야 한다(제7조). 국가는 주거정책을 효율적으로 실시하기 위하여 필요한 자금을 설치, 운용할 수 있으며 주거정책을 실시할 때 필요한 재원을 지방자치단체에 지원할 수 있다(제13조).

주거종합계획에 포함되는 내용 중 주택·택지의 수요 및 공급에 관한 사항, 공공임대주택 등 공공주택의 공급에 관한 사항, 주거환경 정비 및 노후주택 개량 등에 관한 사항 등은 지역의 사정에 맞추어 수립되어야 함에도 국가가 일방적으로 정하고, 지방자치단체는 그에 따르도록 하고 있다. 그러나 이러한 국가 주도의 주거종합계획 수립은 바뀔 필요가 있으며, 일본의 사례가 참고가 된다.

일본의 경우 2005년 자치단체의 자율성과 독립성을 존중하는 「지역의 다양한 수요에 부응하는 공적임대주택 정비 등에 관한 특별조치법」(이하 "지역주택특별법")이 제정되었다. 이 법에서는 국토교통부장관이 지역의 다양한 주택수요에 따른 공공임대주택 등의 정비에 관한 기본방침을 정하고(제4조), 지방자치단체는 기본방침에 따라 지역 내 주택에 대한 다양한 수요에 따른 공공임대주택 등의 정비 등에 관한 계획("지역주택계획")을 작성하도록 하고 있다. 즉 국가는 기본방침만을 정하고, 지자체가 지역별 요구를 반영하여 주택·도시개발 추진이 가능하도록 지방자치단체 중심의 주택계획을 세우도록 하고 있는 것이다. 또한 일본은 2006년 40여 년간 주택정책의 근간이 된 '주택건설계획법'을 폐지하고 '주생활기본법'을 제정하였다(2006. 6. 시행). 주택건설계획법에 의해 주택건설5개년계획이 수립되어 왔으나, 주생활기본법에 의하여 주

수립하도록 하였다(제7조). 그러나 2003. 5. 29. 주택법으로 전부개정되기 전의 주택건설촉진법에서는 건설교통부장관으로 하여금 주택건설종합계획을 세우도록 할 뿐 지방자치단체의 주택건설종합계획의 수립에 대해서는 전혀 규정하지 않아 지방자치단체가 주택정책에 관여할 수 있는 일말의 기회도 없었다.

생활기본계획이 수립되며, 주생활기본계획은 국가가 수립하는 '전국계획'과 광역지자체인 도도부현에서 수립하는 '도도부현계획'으로 구분된다. 전국계획은 국가적 차원에서 주택정책과제를 정하는 것이며, 도도부현계획은 해당 도도부현의 지역 특성에 부응하는 과제를 설정하여 시책과 사업 등을 정한다.[17] 주생활기본계획의 특징 중 하나는 '공영주택의 공급 목표량 설정의 사고방식'이라는 과거와는 다른 형식의 항목을 추가하였다는 데에 있다. 과거 주택건설계획법에서는 국토교통성 장관이 통지하는 바에 따라 도도부현 지역별 공영주택의 정비사업량이 결정되는 '할당형'적인 하향식(top-down)체계였으며, 도도부현마다 5년간 공영주택의 신규건설, 재건축, 증·개축 등 정비사업의 물량으로서 건설 호수가 결정·통지되었다. 그러나 주생활기본법에서는 과거와 같이 공영주택 몇 만호와 같은 양적 목표는 더 이상 찾아볼 수 없게 되었고, 공적자금에 의한 주택건설 목표량의 권한은 지자체에 위임되었다. 따라서 광역지자체는 스스로 공급 목표량을 결정하여 장관과 협의하고 동의를 구하는 체제로 전환되었다.[18]

나. 공공주택 특별법

(1) 계획

국토교통부장관은 10년 단위 주거종합계획과 연계하여 5년마다 공공주택 공급·관리계획을 수립해야 한다(법 제3조 제2항).[19] 위 계획에는

---

17 최정민, "일본의 주택건설계획법의 역할 및 주생활기본법 제정의 함의", 주택연구 제15권 제3호, 148~149 참조
18 최정민, 위의 논문, 150~152 참조
19 공공주택은 공공주택사업자가 국가 또는 지방자치단체의 재정이나 주택도시기금을 지원받아 건설, 매입 또는 임차하여 공급하는 공공임대주택, 공공분양주택을 말한다(공공주택 특별법 제2조 제1호).

공공주택의 지역별·계층별 공급사항, 재고의 운영 및 관리 사항, 비용과 재원 확보 사항 등이 포함되어야 한다. 국토교통부장관이 공공주택 공급·관리계획을 수립할 때 **공공주택의 유형 및 지역별 입주 수요량을 조사**하여야 한다(법 제3조 제1항, 제3항). 「공공주택 업무처리지침」(국토교통부훈령 제1724호)에 의하면 국토교통부장관은 해당 지역의 공공주택의 소요, 인구증가율, 가구증가율, 주택보급률, 용지확보 가능성, 교통접근성 등 관련 사회·경제지표를 종합적으로 고려하여 공공주택 건설과 운영을 위한 5년 단위의 공공주택 공급·관리계획을 수립한다(제3조).

국토교통부장관은 계획서를 기초로 공공주택 공급·관리계획을 마련하여 **관할 지방자치단체장과 협의**하여야 한다(법 제3조 제5항). 지방자치단체장은 국토교통부장관이 수립한 공공주택 공급·관리계획에 따라 관할 지역의 공공주택 공급·관리계획을 수립할 수 있다(법 제3조 제6항). 그리고 국토교통부장관은 공공주택지구, 특별관리지역을 지정·변경·해제할 수 있으며(법 제6조 제1항, 제6조의2 제1항), 30만㎡ 미만 지구조성사업의 경우 공공주택지구 지정·변경·해제의 권한을 시·도지사에게 위임한다(시행령 제61조 제1항).

(2) 건설

공공주택의 구조·기능 및 설비에 관한 기준과 부대·복리시설의 범위, 설치기준 등에 필요한 사항은 국토교통부장관이 정한다(법 제37조, 시행령 제31조). 공공주택 특별법령은 공공주택의 건설 비율을 정하고 있다. '공공주택지구'는 공공주택의 공급을 위하여 공공주택이 전체주택 중 100분의 50 이상이 되고, 국토교통부장관이 공공주택지구조성사업을 추진하기 위하여 지정·고시하는 지구를 말하는데(법 제2조 제2호), 시행령 제3조 제1항은 공공주택지구의 공공주택 비율은 공공임대주택[20]이 전체 주택 호수의 100분의 35 이상, 공공분양주택[21]이 전체 주택 호수의 100분의 30 이하로 규정하고 있다. 공공주택 업무처리지침에서는 이를 구체화하여 공공주택의 건설 비율(제5조 제1항)을 다음과 같이 정한다.

> 1. 공공임대주택
>   가. **전용면적 60제곱미터 이하 주택은 공공임대주택 건설호수의 80퍼센트 이상**
>   나. 전용면적 60제곱미터 초과 85제곱미터 이하 주택은 공공임대주택 건설호수의 20퍼센트 미만으로 한다.
> 2. 공공분양주택 : 분양을 목적으로 하는 주택의 면적은 다음 각 목을 따른다. (단서 생략)
>   가. **전용면적 60제곱미터 이하 주택은 공공분양주택 건설호수의 70퍼센트 이상**
>   나. 전용면적 60제곱미터 초과 85제곱미터 이하 주택은 공공분양주택 건설호수의 30퍼센트 이하

공공주택사업자는 국민임대주택을 건설하는 경우, 국민임대주택 건설호수의 30퍼센트 이상을 원룸형(욕실 및 보일러실을 제외한 부분을 하나의 공간으로 구성한 주택)으로 계획하여야 하며, 행복주택을 건설하는 경우 신혼부부에게 공급하는 주택은 전용면적 36㎡ 이상으로 계획하여야 한다(공공주택 업무처리지침 제28조 제3항, 제4항). 이처럼 공공임대주택의 면적과 공급량을 중앙정부가 전적으로 통제하고 있다.

---

20 공공주택 특별법 제2조 1호 가목: 임대 또는 임대한 후 분양전환을 할 목적으로 공급하는 주택으로, 영구임대주택, 국민임대주택, 행복주택, 통합공공임대주택, 장기전세주택, 분양전환공공임대주택, 기존주택등매입임대주택, 기존주택전세임대주택(공공주택 특별법 시행령 제2조 제1항)
21 공공주택 특별법 제2조 제1호 나목: 분양을 목적으로 공급하는 주택으로 국민주택규모 이하의 주택

(3) 재원

국가 및 지방자치단체는 매년 공공주택 건설, 매입 또는 임차에 사용되는 자금을 세출예산에 반영하도록 노력하여야 한다(공공주택 특별법 제3조의2 제1항). 국토교통부장관은 공공주택의 건설, 매입 또는 임차에 주택도시기금을 우선적으로 배정하여야 한다(공공주택 특별법 제3조의2 제3항). 주택도시기금의 자금 지원이 이루어지는 것은 국민임대주택, 행복주택, 통합공공임대주택, 장기전세주택, 기존주택등매입임대주택, 기존주택전세임대주택(공공주택 특별법 시행령 제2조 제1항) 등이다.

기존주택 매입, 건설 중에 있는 주택 매입, 기존주택 임차에서 공공주택사업자가 재정 지원을 받으려면 매입계획 또는 사업계획을 작성해서 국토교통부장관의 승인을 받아야 하는데(시행령 제37조 제2항, 제38조 제3항, 제40조 제1항), 재정 지원의 승인권자를 국토교통부장관으로 규정하고 있으므로 지방자치단체가 자체 재원으로 공공주택사업자의 매입에 재정지원을 하는 경우에도 국토교통부장관의 승인을 얻어야만 한다.[22]

이처럼 공공주택 공급계획, 건설, 재원이 모두 국가가 결정하도록 되어 있고, 지방자치단체가 관여할 수 있는 부분은 거의 없는 것이 현실이다.

다. 주택도시기금법

주택도시기금은 국민주택채권 발행과 청약저축 가입 등 차입금과 기금 융자사업의 원리금 회수액 등 자체재원, 일반회계·복권기금 전입금 등이 재원이다. 주택도시기금은 국토교통부장관이 운용·관리하며, 국토교통부장관은 기금의 운용·관리에 관한 사무의 전부 또는 일부를 주택

---

22 박미선 외, 앞의 논문, 63

도시보증공사에 위탁할 수 있다(주택도시기금법 제10조 제1항, 제2항). 국토교통부장관은 기금의 운용에 관한 계획을 수립하려는 경우에는 미리 기획재정부장관과 협의하여야 한다(주택도시기금법 제10조 제6항). 국민주택채권 구입과 청약저축 가입 모두 지역에서 발생하여 기금의 조성이 지역별로 이루어지지만, 기금의 지출은 지역에 대한 배분이 없고, 기금 사용에 지방자치단체가 관여할 수 있는 부분은 없다.

2. 중앙정부 주도 주거정책의 한계

현재 주거정책은 중앙정부에서 정책의 규모, 내용의 대부분을 결정하고 지방정부는 중앙정부의 요구에 따라 정책 및 사업계획서를 제출하거나(공공임대), 이를 단순히 집행하는 역할(주거급여)에 머무르는 실정이다.[23] 관할 지방자치단체장은 자신의 지역에서 사업이 진행됨에도 불구하고 주택건설사업계획에 관여할 수 있는 행정적 절차가 없다. 중앙정부가 주택건설사업계획을 승인할 때 지방정부와의 협의가 의무화되어 있지 않다. 공공주택사업자로 사업계획을 작성하거나 주변지역 정비계획을 수립해서 제안하는 경우를 제외하면 지방이 주택건설사업계획에 관여할 수 있는 행정적 절차가 부재하다.[24]

중앙정부 주도의 주거정책은 공공임대주택 재고에 있어서 지역별 불균형을 초래하였다. 1987년부터 공급되기 시작한 우리나라 공공임대주택은 1989년 영구임대주택 도입으로 공급량이 증가하였다. 하지만 1993년 이후 영구임대주택 정책의 중단으로 1990년대 말까지 공공임대주택의 공급은 미미하게 유지되었다. 국민임대주택 정책으로 1990년대 후반

---

23 박미선 외, 앞의 논문, 71
24 박미선 외, 앞의 논문, 72

부터 공공임대주택의 공급량은 크게 증가하였다. 영구임대주택의 경우 1989년부터 1992년까지 서울시의 적극적인 공급으로 전체 공급량의 30% 이상을 지방자치단체가 공급한 것으로 나타나고 있지만 그 이후 지방자치단체의 공급비율은 매우 미미하며, 1998년의 경우 지방자치단체의 공급비율은 1.1%에 지나지 않는 등 대부분이 중앙정부에 의해 공급되고 있다.[25]

2019년 기준으로 시·도별 공공임대주택 재고 분포를 살펴보면, 전국에 총 1,660,128호가 있으며, 경기 464,458호(28.0%), 서울 307,606호(18.5%), 전남 86,786호(5.2%), 인천 82,868호(5.0%), 부산 82.617호(5.0%) 순이고, 수도권(서울, 경기, 인천)에 소재하는 공공임대주택이 전체 공공임대주택의 절반 이상(51.5%)으로 나타나고 있다. 그리고 각 지역별로 주택수 대비 공공임대주택수 비율에도 편차가 있는데, 전국적으로 주택수 대비 공공임대주택수 비율은 9.2% 수준이며, 세종이 13.8%로 가장 높고, 울산 5.0%, 경북 5.2%로 가장 낮다.[26]

| 지역별 주택수 대비 공공임대주택수(2019년 기준)

(단위: 호, %)

지역	주택수(A)	공공임대주택수 (B)	B/A	지역	주택수(A)	공공임대주택수 (B)	B/A
전국	18,126,954	1,660,128	9.2	경기	4,354,776	464,458	10.7
서울	2,953,964	307,606	10.4	강원	627,376	54,998	8.8
부산	1,249,757	82,617	6.6	충북	625,957	63,091	10.1
대구	800,340	80,334	10.0	충남	850,525	54,065	6.4

25 봉인식, "공공임대주택 정책에 대한 중앙과 지방정부의 역할 재편 가능성에 대한 연구", SHURI 제3권 제2호, 통권 제6호(2013. 12.) 24 참조
26 장경석·송민경, "공공임대주택 공급동향 분석과 정책과제", 입법·정책보고서 제65호(2020. 12.), 38 참조

지역	주택수(A)	공공임대 주택수 (B)	B/A	지역	주택수(A)	공공임대 주택수 (B)	B/A
인천	1,019,365	82,868	8.1	전북	724,524	68,258	9.4
광주	526,161	70,050	13.3	전남	787,816	86,786	11.0
대전	492,797	54,867	11.1	경북	1,081,216	55,817	5.2
울산	391,596	19,753	5.0	경남	1,266,739	78,153	6.2
세종	132,257	18,309	13.8	제주	241,788	18,098	7.5

자료: 통계청, 『주택총조사』, 2020.: 국토교통부, 『임대주택 통계』, 2020.
출처: 장경석·송민경, "공공임대주택 공급동향 분석과 정책과제", 40

　　한편 공공임대주택을 사업주체별로 구분하여 살펴보면, LH 소유 주택수가 120만 1,904호(72.5%)로 가장 많고, 지방자치단체 28만 7,126호(17.3%)이다.[27] 지방자치단체에서 임대하는 공공임대주택의 비율이 서울 66.9%,[28] 부산 19.8%, 대구 12.5%, 인천 10.5%인 것을 제외하고 나머지 지역은 모두 10% 미만이며, 경북은 0.8%로 제일 낮은 수치를 보이고 있다.

---

[27] 장경석·송민경, 위의 논문, 43 참조
[28] 서울의 경우 지자체(SH포함) 보유 공공임대주택의 비율이 다른 지방과는 달리 매우 높게 나타나고 있다. 2023년 12월 기준 SH에서 관리하는 공공임대주택은 총 282,187호이고, 그 중 건설형은 총 112,403호(장기전세 33,586호, 국민임대 28,802호, 영구임대 22,672호 등)이며, 매입 및 임차형은 총 169,784호(재개발임대 70,268호, 다가구 21,574호, 전세임대 28,022호 등)이다(박준·김정섭, 서울형 공공임대주택 유형통합에 관한 연구, 2024. 8., 21). 특히 재개발임대의 비중이 높은 것이 특징인데, 재개발임대는 도시 및 주거환경정비법령에서 수도권 내 과밀억제권역에서 재개발사업 시 임대주택 건설의무를 부과함에 따라 공급된 것이다. 한국신용평가에 의하면, SH는 공공임대사업에서 발생한 손실을 분양사업을 통해 보안하고 있으며, 서울시의 지속적인 지원(현금·현물출자 2019년 4,891억원, 2020년 4,575억원, 2021년 3,324억원, 2022년 1,787억원, 2023년 ,025억원)으로 재무안정성을 유지할 수 있어 사업기반이 안정적이다(KIS Credit Opinion, 2024. 6. 4.).

| 사업주체별 공공임대주택 재고 현황(시도별, 2019년 기준)

(단위: 호, %)

지역	계	LH	지자체	민간건설사	지역	계	LH	지자체	민간건설사
총계	1,660,128 (100)	1,201,904 (72.4)	287,126 (17.3)	171,098 (10.3)	경기	464,458 (100)	418,983 (90.2)	19,567 (4.2)	25,908 (5.6)
서울	307,606 (100)	101,728 (33.1)	205,878 (66.9)	- (0.0)	강원	54,998 (100)	36,879 (67.1)	2,424 (4.4)	15,695 (28.5)
부산	82,617 (100)	60,643 (73.4)	16,369 (19.8)	5,605 (6.8)	충북	63,091 (100)	46,807 (74.2)	3,314 (5.3)	12,970 (20.6)
대구	80,334 (100)	66,946 (83.3)	10,007 (12.5)	3,381 (4.2)	충남	54,065 (100)	46,318 (85.7)	547 (1.0)	7,200 (13.3)
인천	82,868 (100)	73,083 (88.2)	8,717 (10.5)	1,068 (1.3)	전북	68,258 (100)	54,949 (80.5)	2,519 (3.7)	10,790 (15.8)
광주	70,050 (100)	56,003 (79.9)	6,634 (9.5)	7,413 (10.6)	전남	86,786 (100)	33,987 (39.2)	509 (0.6)	52,290 (60.3)
대전	54,867 (100)	50,078 (91.3)	4,455 (8.1)	334 (0.6)	경북	55,817 (100)	48,063 (86.1)	448 (0.8)	7,306 (13.1)
울산	19,753 (100)	18,511 (93.7)	764 (3.9)	478 (2.4)	경남	78,153 (100)	67,317 (86.1)	3,381 (4.3)	7,455 (9.5)
세종	18,309 (100)	9,371 (51.2)	995 (5.4)	7,943 (43.4)	제주	18,098 (100)	12,238 (67.6)	598 (3.3)	5,262 (29.1)

자료: 국토교통부, 『임대주택 통계』, 2020.
출처: 장경석·송민경, "공공임대주택 공급동향 분석과 정책과제", 44

    공공임대주택 재고량만이 아니라 해마다 공급되는 양에서도 지역별 편차가 심하게 나타나고 있다. 예를 들어 2022년의 경우 서울에 공급된 양이 27.4%, 경기도 25.6%로 수도권이 타지역에 비하여 월등히 많다. 영구임대는 521호 중 353호가 서울에서만 이루어졌고, 국민임대는 4곳의 지방자치단체에서만, 장기전세주택은 경기도에서만 이루어졌다. 한편 공공임대주택 매입 68,080호(82.48%), 건설 14,464호(17.52%)로 매입이 훨씬 많이 이루어지고 있는 것을 볼 수 있다.

| 공공임대주택 공급 현황(2022년)

(단위: 호, ▨은 건설, ▨은 매입)

	계	영구임대	국민임대	행복	통합공공	장기전세	매입임대	전세임대
계	82,544	521	658	4,561	8,112	965	22,921	44,806
서울	22,643	353		2,547	296		6,822	12,625
부산	5,469			200	1,134		1,458	2,677
대구	2.535				94		715	1,726
인천	7,963			159	714		2,973	4,117
광주	2,485				460		379	1,646
대전	3,596			444	98		571	2,483
울산	1,347		370		445		108	424
세종	1,277			159	916		83	119
경기	21,124			194	2,525	965	5,993	11,447
강원	1,364		30	120			612	602
충북	1,213			2	80		327	804
충남	1,783	16	58	98	142		299	1,170
전북	2,033						646	1,387
전남	1,167	2		100	383		218	464
경북	3,289	90	200	188	718		778	1,315
경남	2,785	60			350		700	1,675
제주	471				107		239	125
		건설: LH 166, 지자체 2 매입: 지자체	LH 288, 지자체 370	LH 1,812 지자체 2,749	LH 5,254 지자체 2,858	지자체	LH 16,621, 지자체 6,300	LH 38,096 지자체 6,710

출처 : 국토교통통계연보, 국토교통통계누리

    현재와 같이 중앙정부가 공공임대주택 공급물량을 먼저 산정한 다음 이를 지역에 할당하는 방식으로 계획이 수립되어 과대공급 또는 과소공급이 발생한다는 지적이 있다.[29] 앞서 본 바와 같이 국토교통부장관이 공공주택의 유형 및 지역별 입주 수요량 조사를 하여 공공주택 공급·관리계획을 수립하며, 이 과정에서 지방자치단체장과는 협의를 거칠 뿐이

---

29 박미선 외 5, 앞의 논문, 71

다. 아울러 공공건설임대주택에 비해 공공매입임대주택의 공급과정에서 지방의 재량권이 상당히 약하다는 점은 공공매입임대주택의 공가율을 더욱 증가시키는 요인이라고 한다. 아래 표에서 보듯이 LH가 보유하고 있는 공공임대주택의 공가율이 낮지 않다.[30] 공공매입임대주택의 경우 시행규칙으로 입주자 자격을 상대적으로 간단하게 규정한 다음 오직 국토교통부장관에게 입주자 자격의 예외 규정과 구체적인 입주자 선정 절차에 대한 권한을 부여하고 있어, 이런 상황에서는 지방이 지역 실정을 면밀하게 파악한 다음 입주자 선정방식을 별도로 변경해서 공공매입임대주택 공가를 자체적으로 해소하는 것이 상당히 어렵다.[31]

| LH 공공임대주택 유형별 공가 현황[32]

(단위: 호수)

구분	관리호수	3~6개월 미만 공가	6개월 이상 장기 공가		
			계(공가율)	6~12개월	12개월 초과
영구임대	150,743	728	2,079(1.4%)	1,099	980
국민임대	502,784	2,503	3,643(0.7%)	2.121	1,511
50년임대	26,254	41	77(0.3%)	40	37
행복주택	28,716	420	1,272(4.4%)	871	401
다가구 매임임대	92,695	1,824	1,920(2.1%)	719	1,201
계	801,192	5,516	8,991(1.1%)	4,850	4,130

자료: LH 행정자료(공공임대주택 DB, 2018년 12월 기준)를 활용하여 분석한 결과
출처: 이길제 외, "지역 및 계층별 수요를 고려한 공공주택 공급·관리정책 추진방향", 35

지방의 주거정책 실무 담당자에 대한 심층 인터뷰 결과, 중앙정부 주도 주거정책의 주된 목표가 공급물량 달성에 있기 때문에 대상가구에게

---

30 이길제 외 4, "지역 및 계층별 수요를 고려한 공공주택 공급·관리정책 추진방향", 국토연구원, 35
31 박미선 외 5, 앞의 논문, 74
32 이길제 외 4, 앞의 논문, 35

크게 도움이 되지 않는 공공임대주택이 공급될 가능성이 커진다는 점을 지적하고 있다. 신속한 공급에 중점을 두는 탓에 전국 평균의 가구를 상정하고, 지역 가구의 특화된 주거소요에 부응하지 않는 경우가 많다는 것이다.[33] 그리고 희망하는 주거면적이 지역별로 차이가 존재하는데, 수도권은 작은 주택도 입주하려는 가구가 많지만 비수도권은 그렇지 않기 때문에 비수도권 임대주택은 공실을 면하기 위해서는 보다 넓게 공급할 필요가 있고, 지방정부가 면적 확장에 따른 추가비용을 부담하겠다고 해도 중앙정부가 이를 허용하지 않는다고 한다.[34]

이처럼 중앙정부 주도의 공공주택정책이 가져오는 지역에서의 과대공급 또는 과소공급 문제를 해소하는 방안으로 공공임대주택에 대한 수요는 국민들이 생활하는 거주지역 단위로 발생한다는 점에서 공공임대주택의 공급과 운영에 있어 지방자치단체의 역할 강화가 필요하다. 지방자치단체가 지역 주민의 공공임대주택 수요를 파악하고, 지역별 주택공급계획 하에 공공임대주택 공급을 보다 책임감 있게 시행하는 것이 중요하다.[35]

IV. 주택도시기금 지역배정을 통한 지방자치단체의 주거복지 역량 강화

취약계층에 대한 주거지원 정책수단 중 주택도시기금이 사용되고 있는 것은 수요 측면에서는 주거안정 월세 대출, 버팀목 대출을, 공급 측

---

[33] 양희진 외 3, 주거정책의 지방화 전략: 공공임대주택을 중심으로, 주택연구 제30권 제3호(2022), 17
[34] 위의 글, 18
[35] 장경석·송민경, 앞의 논문, 54 참조

면에서는 공공임대주택 공급을 들 수 있다. 이 부분과 관련하여 주택도시기금이 현재 사용되는 현황을 살펴보고, 지방자치단체의 주거복지 역량을 강화하기 위한 개선방안에 대하여 알아본다.

1. 주택도시기금의 사용 현황

2024년도 국토교통위원회 소관 기금운용계획안 예비심사보고서에 의하면, 2024년 주택도시기금 조성계획은 1,053,952억원이며, 그 중 국민주택채권, 청약저축으로 인한 차입금이 377,500억원으로 제일 큰 비중을 차지한다.

| 2024년도 주택도시기금 조성계획안

(단위: 호수)

구분	2022결산	2023계획(당초)(A)	2024년 계획안(B)	증감(B-A)	%
합 계	1,080,022	1,055,355	1,053,952	△1,403	△0.1
- 자체재원	145,495	215,608	229,239	13,631	6.3
- 정부내부수입	144,608	202,460	183,340	△16,120	△8.0
- 차입금(국민주택채권, 청약저축)	327,593	375,053	377,500	2,447	0.7
- 여유자금 회수(전년 이월금)	446,689	251,498	245,332	△6,166	△2.5
- 도시계정	15,637	10,736	15,541	4,805	44.8

출처: 국회 국토교통위원회, 2024년도 국토교통위원회 소관 기금운용계획안 예비심사보고서, 6

2024년도 주택도시기금 운용계획을 살펴보면, 구입·전세자금(융자)가 123,645억원, 임대주택지원(융자)가 129,329억원, 임대주택지원(출자)가 50,411억원이다. 여기서 한 가지 짚고 넘어갈 것은 공공임대주택 건설·공급을 위한 공공의 보조금(재정예산, 주택도시기금)은 공공주택사업자가 누구인지에 따라 지원되는 방식이 다르다는 점이다. 우선 LH

에 대한 지원은 주택도시기금법에 따라 '출자' 방식과 '융자' 방식으로 이루어진다. 출자는 정부의 일반회계예산으로 편성된 자금이 주택도시기금에 전입되어 지출되는 것으로 '공공임대주택 재정지원단가'에 따라 주택도시기금을 통해 LH에 대해 출자되면 해당 자금은 LH의 자본금이 된다. 출자금이 LH의 자본금으로 전입되면 LH 재무구조를 건전하게 하는데 도움을 줄 수 있다.[36] 그리고 융자는 연간 주택도시기금 운용계획에 따라 공공임대주택 사업자에게 시중금리보다 낮은 이자율로 대출되고, 이 자금을 활용하여 공공임대주택사업자가 주택을 건설한 후 주택도시기금에 원리금을 상환해야 한다. 한편 지방자치단체의 지방공사들에 대해서는 재정예산은 출자방식이 아니라 국고보조금으로 지급된다. LH처럼 회계상 자본금으로 계상되지는 않고 특정 공공임대주택건설자금으로 활용된다. LH에 대한 출자는 주택도시기금법에 근거한 반면, 지방자치단체에 대한 국고보조금은 보조금법에 따라 이루어진다.[37] 따라서 현재 주택도시기금에서 임대주택지원과 관련한 출자 및 융자는 대부분 LH에 대해서만 이루어진다고 할 수 있다.

주택도시기금 중 임대주택지원(융자) 프로그램은 국민임대, 공공임대, 행복주택, 전세임대 등을 위한 융자지원 사업으로 구성되는데, 다가구매입임대융자가 54,403억원으로 제일 크고, 그 다음이 전세임대융자가 46,612억원으로 되어 있다. 정부는 공공임대주택 건설보다 매입을 지향하는 기조를 유지하고 있다.[38]

---

[36] 장경석·송민경, 앞의 논문, 57 참조
[37] 장경석·송민경, 앞의 논문, 58 참조
[38] 국회 국토교통위원회, 2024년도 국토교통위원회 소관 기금운용계획안 예비심사 보고서, 14

| 2024년도 주택도시기금 운용계획안

(단위: 호수)

구분	2022결산	2023계획 (당초)(A)	2024년 계획안(B)	증감 (B-A)	%
합 계	1,080,022	1,055,355	1,053,952	△1,403	△0.1
- 주택시장안정 및 주거복지향상	33,708	31,444	42,360	10,916	34.7
- 분양주택 등 지원	2,092	14,205	20,626	6,421	45.2
- 구입·전세자금	85,217	103,800	123,645	19,845	19.1
- 임대주택지원(융자)	140,988	118,030	129,329	11,300	9.6
- 임대주택지원(출자)	49,652	57,436	50,411	△7,024	△12.2
- 회계기금간 거래 등	157,581	149,594	103,044	△46,549	△31.1
- 여유자금 운용(주택)	260,322	293,873	278,692	△15,182	△5.2
- 차입금원금상환	334,825	276,237	290,303	14,066	5.1
- 도시재생활성화(도시)	6,456	7,980	6,441	△1,538	△19.3
- 여유자금 운용(도시)	9,180	2,756	9,100	6,343	230.2

출처: 국회 국토교통위원회, 2024년도 국토교통위원회 소관 기금운용계획안 예비심사보고서, 11)

2. 주택도시기금 지역계정 신설 방안

공공임대주택 공급과 관련하여 국가의 의무를 규정하고 있는 법은 주거기본법과 장애인·고령자 등 주거약자 지원에 관한 법률(이하 "주거약자법")이 있다. 주거기본법에서는 국가 및 지방자치단체가 장애인·고령자·저소득층·신혼부부·청년층·지원대상아동 등 주거지원이 필요한 계층(이하 "주거지원필요계층")을 위한 공공임대주택을 공급하여야 한다라고 규정한다(주거기본법 제11조 제1항).

한편 주거약자법에서는 "주거약자"를 65세 이상인 사람, 장애인복지법 제2조 제2항에 해당하는 장애인, 그 밖에 대통령령으로 정하는 사람으로 규정하면서(법 제2조 제1호),[39] 국가 및 지방자치단체는 주거약자용 주택이 원활하게 공급되고 효율적으로 관리될 수 있도록 하기 위하여 노력하여야 하고(법 제3조 제2호), 국토교통부장관은 주거약자에 대한 주거지원계획을 수립하여 주거종합계획에 포함되도록 하여야 한다고 규정한다(주거약자법 제5조). 주거지원계획에는 주거약자용 주택의 건설 및 공급에 관한 사항, 주거약자용 주택개조비용의 지원에 관한 사항이 포함되어야 한다. 그리고 주거약자법 시행령에서는 국가, 지방자치단체, LH 또는 지방주택공사가 공공임대주택(영구임대주택, 국민임대주택, 행복주택, 통합공공임대주택)을 건설하는 경우 그 공공임대주택은 전체 주택 호수의 35/100 이상, 공공분양주택은 전체 주택 호수의 30/100 이하)을 주거약자용 주택으로 건설하도록 하고 있다(주거약자법 제10조, 시행령 제3조 제1항). 국토교통부장관은 임대사업자가 주거약자용 주택을 건설하는 경우 제9조에 따른 안전기준 및 편의시설 설치기준을 충족하는 시설의 설치비용을 주택도시기금으로 융자 지원할 수 있다(주거약자법 제12조).

---

39 주거약자법 시행령 제2조(주거약자의 범위) 「장애인·고령자 등 주거약자 지원에 관한 법률」(이하 "법"이라 한다) 제2조제1호다목에서 "대통령령으로 정하는 사람"이란 다음 각 호의 사람을 말한다.
  1. 「국가유공자 등 예우 및 지원에 관한 법률」에 따른 국가유공자로서 상이등급 1급부터 7급까지의 판정을 받은 사람
  2. 「보훈보상대상자 지원에 관한 법률」에 따른 보훈보상대상자로서 상이등급 1급부터 7급까지의 판정을 받은 사람
  3. 「5·18민주유공자예우 및 단체설립에 관한 법률」에 따라 등록된 5·18민주화운동부상자로서 신체장해등급 1급부터 14급까지의 판정을 받은 사람
  4. 「고엽제후유의증 등 환자지원 및 단체설립에 관한 법률」에 따른 고엽제후유의증환자로서 경도(輕度) 장애 이상의 장애등급의 판정을 받은 사람
  5. 종전의 「국가유공자 등 예우 및 지원에 관한 법률」(법률 제11041호로 개정되기 전의 것을 말한다) 제73조의2에 따라 국가유공자에 준하는 군경 등으로 등록된 사람(법률 제11041호 국가유공자 등 예우 및 지원에 관한 법률 일부개정법률 부칙 제12조제2항에 따라 등록된 사람을 포함한다)으로서 상이등급 1급부터 7급까지의 판정을 받은 사람

주거지원필요계층에 대한 공공임대주택 공급과 주거약자에 대한 공공임대주택 공급이 국가와 지방자치단체의 의무로 규정되어 있지만, 공공임대주택 공급은 주민의 복리에 관한 사무에 해당하므로 원칙적으로 지방자치단체의 자치사무에 속한다고 할 수 있다. 그런데 지금까지 공공임대주택 공급이 지방자치단체의 건설비용 부담을 가져오고, 재정에 부정적 영향을 미친다는 이유에서 지방자치단체가 공공임대주택 공급을 추진하지 못하는 원인이 되어 왔다. 즉 공공임대주택 공급은 지방자치단체의 자치사무에 해당하지만, 재정적인 뒷받침이 없어 지방자치단체가 수행할 수 없었다. 앞에서 본 것처럼 주택도시기금은 LH가 수행하는 사업에 대해서만 주로 지원되어 온 것이 이러한 지방자치단체의 재정적 문제에 가장 큰 원인이라고 할 수 있을 것이다.

지역과 지역민의 실정은 그 지역을 관할하는 지방자치단체가 제일 잘 알 수밖에 없다. 주택보급률, 주거비 과부담 가구비율, 노후주택 비율 등 주택 수급 및 주거복지 관련 지표가 지역별로 차이가 크다는 사실은 실증적으로 뒷받침되고 있다.[40] 그렇다면 지역의 문제에 맞게 주택정책이 수립되어야 한다. 예를 들어, 지역별 주택보급률과 장기공공임대주택 비율이 모두 상대적으로 낮은 지역의 경우 전반적인 주택 재고 확대 측면에서 매입형보다는 건설형 공공임대주택 공급 확대가 필요할 수 있다.[41] 이러한 지역별 사정을 고려하지 않고 중앙정부가 공공임대주택정책을 주도해온 결과, 지역과 수요자의 필요가 반영되지 않은 획일적 공급이 이루어져 왔으며, 이는 LH 보유 공공임대주택의 공가율에서도 엿볼 수 있다.

그렇다면 앞으로는 지방자치단체가 지역 실정에 맞게 공공임대주택

---

40 김인제·김지은, "지방분권형 주거복지정책에 관한 소속기관별, 지역별 인식 차이", 주택연구 28권 3호(2020), 113-140.
41 이길제 외 4, 앞의 논문, 59 참조

의 계획, 건설, 공급 및 관리 전반을 책임지고, 중앙정부는 재정지원 및 제도를 마련하도록 하는 것이 바람직하다. 특히 주택도시기금에 지역계정을 신설하여 지방자치단체가 자주적으로 이를 활용할 수 있도록 할 필요가 있다. 주택도시기금 재원의 큰 부분을 차지하는 국민주택채권 매입과 청약저축 가입은 지역별로 발생하므로 지역에서 조성된 재원을 지역에서 사용할 수 있도록 하는 것이 오히려 기금의 조성 목적에 부합하는 것일 수 있다.

지금처럼 중앙정부가 기획과 집행업무를 모두 수행하고, 지방자치단체는 일부 집행업무만 분담하는 실정으로는 지역의 주택정책에 대한 책임성이 확보되지 않는다. 중앙정부는 가이드라인을 수립하고 지방자치단체가 지역실정에 맞게 변형하여 집행하는 것이 필요하다.

V. 나가며

위에서 살펴본 바와 같이 지방자치법상 주민의 복지증진은 지방자치단체 사무로 되어 있고, 주민복지에 관한 사업, 생활이 어려운 사람의 보호 및 지원, 노인·아동·장애인·청소년 및 여성의 보호와 복지증진에 관한 사무가 이에 해당하므로, 최저소득 계층이나 저소득층 등의 주거안정을 위한 공공임대주택 공급을 포함한 주거지원은 지방자치단체의 사무로 볼 수 있다. 그러나 주거기본법, 공공주택 특별법, 주택도시기금법 등 관련 법령에서는 국가가 주거종합계획의 수립에서부터 공공임대주택의 면적, 공급비율 등까지 정하도록 하고 있어 지방자치단체의 권한과 역할이 미약하다.

일본은 1993년 국회에서 지방분권추진에 대한 결의를 한 때부터 지방분권에 대한 논의를 본격화하여 2000년 제1차 지방분권일괄법의 제정을 시작으로 현재까지 총 14차에 걸쳐서 지방분권일괄법을 제정하여 지방분권을 추진해 왔다.[42] 그리고 일본이 이러한 지방분권 강화 기조 속에서 2005년에는 지역주택특별법을 제정하여 국가는 공공임대주택의 기본방침을 정하고, 지방자치단체가 지역별 요구를 반영하여 지역주택계획을 세우도록 한 것과 여기서 더 나아가 2006년 40여 년간 주택정책의 근간이 된 주택건설계획법을 폐지하고 주생활기본법을 제정하여 국가가 지역별 공영주택의 정비사업량을 결정하는 하향식 체계를 벗어나 지방자치단체가 주택건설 목표량을 정할 수 있도록 패러다임을 바꾼 것은 우리에게 시사점을 던져 준다.

주거정책은 국가가 국민의 주거권 보장을 위해 실시하는 것인바, 국민의 주거권 실현이 제대로 이루어지려면 지역의 특성을 반영하고 주민의 의견을 수렴할 수 있도록 정책이 수립되어야 한다. 특히 최저소득층 또는 저소득층을 위한 공공임대주택의 공급을 포함한 주거지원에 관한 정책은 중앙집권적인 방식에서 탈피하여 지방자치단체에게 역할과 권한이 주어져야 한다. 즉 지방자치단체가 지역 실정에 맞게 공공임대주택의 계획, 건설, 공급 및 관리 전반을 책임지고, 중앙정부는 재정지원 및 제도를 마련하도록 하는 거버넌스의 재정립이 필요한 시점이다. 그리고 지방자치단체가 이러한 정책을 수행할 수 있도록 재정적 뒷받침을 하기 위해 주택도시기금에 지역계정을 신설하는 방안을 제안하고자 한다. 주택도시기금 지역계정 신설에 관한 세부적인 방안은 이 글에서 다루지 않고 다음의 과제로 남겨둔다.

---

42 일본 내각부 홈페이지(https://www.cao.go.jp/bunken-suishin) 참조

참고문헌

국회 국토교통위원회, 2024년도 국토교통위원회 소관 기금운용계획안 예비심사보고서.

김이배(2024), 「복지분권의 이해」, 박영스토리.

김우림(2021), "사회복지 분야 지방자치단체 국고보조사업 분석", 국회예산정책처.

박미선 외(2020), 『"주거권 실현을 위한 중앙과 지방의 역할 분담 방안』, 국토연구원.

이길제 외(2019), 『지역 및 계층별 수요를 고려한 공공주택 공급·관리정책 추진방향』, 국토연구원.

장경석·송민경(2020), "공공임대주택 공급동향 분석과 정책과제", 입법·정책보고서 제65호.

강재규(2024), "지방자치단체 자치고권 보장과 국정참여", 지방자치법연구, 24(3), 3-31.

김인제·김지은(2020), "지방분권형 주거복지정책에 관한 소속기관별, 지역별 인식 차이", 주택연구, 28(3), 113-140.

봉인식, "공공임대주택 정책에 대한 중앙과 지방정부의 역할 재편 가능성에 대한 연구", SHURI, 3(2).

양희진·김준형·박동하·김나현(2022), "주거정책의 지방화 전략: 공공임대주택을 중심으로", 주택연구, 30(3), 5-41.

이종권·김경미(2016), "주거복지 공적 전달체계 개편방안 연구", 한국주거학회논문집, 27(4), 33-46.

최정민(2007), "일본의 주택건설계획법의 역할 및 주생활기본법 제정의 함의", 주택연구, 15(3), 123-167.

임현·하명호(2023), "지방자치단체의 사무구분체계에 관한 공법적 고찰", 지방자치법연구, 23(4), 115-156.

홍정선, "자치사무의 규정방식에 대한 입법상 개선에 관하여", 지방자치법연구 제11권 제4호

홍정선(2011), "자치사무의 규정방식에 대한 입법상 개선에 관하여", 지방자치법연구, 11(4), 183-205.

홍종현(2013), "지방자치단체의 복지사무에 대한 국가의 관여", 지방자치법연구, 13(3), 39-80.

주거정책 분권화를 위한 주택도시기금 개선 방안 : 지역계정 신설을 중심으로

이성영 재단법인 동천주거공익법센터 연구원

I. 서론

대한민국은 매우 중앙집중적이다. 인구의 절반 이상이 수도권에 몰려 사는 대한민국은 OECD 국가 중 수도권 집중도 1위를 기록하고 있다.[1] '말은 나면 제주도로 보내고, 사람은 나면 서울로 보내라'는 속담이 있을 정도로 서울 중심의 중앙집중도는 오랜 역사를 가지고 있다. 세계에서 유례를 찾아보기 어려울 정도로 모든 권한과 혜택이 중앙에 집중되어 있는 구조는 대한민국이 반세기 만에 산업화에 성공하여 세계 최빈국에서 OECD 국가에 진입할 수 있었던 동력이었을지도 모른다. 권한이 중앙에 집중되어 있는 구조는 리더가 자원을 적재적소에 배분한다는 가정하에 신속하고 효율적인 의사결정을 통해 단기간에 성장을 끌어낼 수 있기 때문이다.[2]

---

1 연합뉴스, "한은 "수도권 인구 비중 OECD 1위⋯저출산 문제의 원인"", 2023.11.02.

급격한 인구 증가와 수도권 집중, 도시화의 속도에 비해 절대적으로 주택이 부족했던 20세기 대한민국에서 주거 관련 최우선 과제는 대규모 주택공급이었다. 단기간의 산업화와 도시화에 발맞추어 절대적인 주택공급 부족 문제를 해결하고 대규모 주택공급을 가능할 수 있었던 요인으로 중앙정부와 중앙정부로부터 직접 지시, 전달을 받는 한국토지주택공사(이하 LH)와 같은 중앙공기업의 역할을 무시할 수 없다. 하지만 도시화율이 90%를 넘어서고[3] 절대적인 주택공급 부족을 벗어난 21세기 대한민국에 필요한 주택정책은 지역과 수요자의 필요를 고려한 주택정책이다. 지금도 인구가 몰려들고 있는 수도권과 산업의 붕괴와 인구유출로 '지방소멸'이라는 표현까지 나오는 지방의 주거정책이 같아서는 안 된다. 각 지역이 처한 상황과 노인·어린이·신혼부부 등 지역별로 다양하게 편중되어 있는 주거수요집단들의 필요를 감안한 주택공급과 주거정책이 이루어지기 위해서는 중앙정부와 중앙공기업에 권한과 자원이 집중되어 있는 구조를 전환하여 지역에 더욱 많은 권한과 자원 사용을 허용해야 한다.

본고에서는 주거정책 분권화를 촉진하기 위해 주택도시기금 제도를 개선하여 지방정부만 사용할 수 있는 지역계정을 신설하는 방안을 제시하고자 한다. 이를 위해 2장에서는 국토부와 LH 중심의 중앙집중형 주택공급 구조와 중앙공기업에 유리한 방향의 주택도시기금 운용 구조를 검토한 후, 주거비용·노후주택비율·취약계층 특성 등 지역별 차이가 다양한 주거 현황과 지역별 상황을 고려하지 않는 중앙정부의 획일적 지원의 부작용 등을 확인하여 주거정책의 분권화와 지역 및 수요자 맞춤형 공공주택 공급을 위한 주택도시기금의 지역별 활용 필요성을 도출한

---

2 권오혁(2021). 발전국가론 관점에서 본 지방경제 위기의 원인과 대응전략. 한국지역개발학회지, 33(1)
3 KBS뉴스, "전국 도시화율 90.7%…강원·경상 노령화 높아", 2024.02.26.

다. 3장에서는 주거정책 분권화를 위한 주택도시기금 활용방안을 검토한다. 구체적으로 주거정책 분권화를 위한 기존의 연구와 제안을 검토한 후 주택도시기금 내 지역계정 신설과 활성화 방안과 지역계정 신설 시 필요한 추가 논의사항을 제시한다.

Ⅱ. 중앙집중형 주택공급 현황과 지역별 주거 현황

1. 중앙집중형 주택공급 현황과 중앙에 유리한 정책 구조

가. 중앙집중형 주택공급 현황

공공임대주택은 서민의 주거안정을 위해 정부가 중심이 되어 공급하는 대표적인 공공주택이다. 공공주택의 공급주체는 중앙공기업인 LH, 지자체 및 지방공사, 민간이 있다. 2021년 기준 공급주체별 공공임대주택 재고 비율(전국 기준)은 LH 72.7%, 지방자치단체(이하 지자체)/지방공사가 20.1%, 민간 7.2%로 중앙공기업이 공급하는 물량이 압도적이다. 공공임대주택 재고 물량의 80%를 서울주택도시공사가 공급하는 서울시 외 대부분의 광역지자체는 지자체가 공급하는 공공임대주택 비율이 한 자릿수에 머물고 있다.

| **〈표1〉 지역별 공공임대주택 재고 (2021년)**

구분	공공임대주택 재고 (호)				공급주체 별 비중 (%)		
	LH	민간	지자체, 지방공사	계	LH	민간	지자체, 지방공사
전국	1,076,139	106,705	297,872	1,480,716	72.7%	7.2%	20.1%
서울	55,937	0	220,495	276,432	20.2%	0.0%	79.8%
부산	48,661	8,285	14,995	71,941	67.6%	11.5%	20.8%
대구	57,092	1,971	9,893	68,956	82.8%	2.9%	14.3%
인천	60,150	0	5,352	65,502	91.8%	0.0%	8.2%
광주	50,276	4,038	8,379	62,693	80.2%	6.4%	13.4%
대전	38,870	0	4,826	43,696	89.0%	0.0%	11.0%
울산	16,954	0	1,238	18,192	93.2%	0.0%	6.8%
세종	11,816	2,933	1,042	15,791	74.8%	18.6%	6.6%
경기	405,380	13,121	16,430	434,931	93.2%	3.0%	3.8%
강원	35,221	8,269	2,018	45,508	77.4%	18.2%	4.4%
충북	51,181	9,328	720	61,229	83.6%	15.2%	1.2%
충남	45,498	3,048	400	48,946	93.0%	6.2%	0.8%
전북	51,191	6,903	4,164	62,258	82.2%	11.1%	6.7%
전남	32,407	28,353	746	61,506	52.7%	46.1%	1.2%
경북	42,486	12,189	1,068	55,743	76.2%	21.9%	1.9%
경남	61,026	5,119	3,964	70,109	87.0%	7.3%	5.7%
제주	11,993	3,148	2,142	17,283	69.4%	18.2%	12.4%

출처 : 임대주택 재고현황 2021년, 「임대주택통계」, 국토교통부 ; 김지은(2023), "지방 도시개발 공사 예산 현황과 과제", 제1회 주거공익법제 포럼 ※ 보증금 지원형 전세임대주택은 제외함

    수익성보다는 서민의 주거안정에 목적을 둔 공공임대주택 공급은 토지매입, 건설비 등 대규모의 재정이 들어가는 사업이다. 서민주거복지를 위한 사업인 만큼 정부의 출자와 주택도시기금의 융자를 통해 사업비의 대부분을 조달하는 구조이다.

| 〈표 2〉 공공임대주택 유형별 건설에 따른 재원조달 구조

구분	재정지원 비중	기금융자 비중	임대보증금 비중	사업자 비중
영구임대	85%	-		
국민임대	평균: 30% 35㎡ 이하: 50% 45㎡ 이하: 32% 60㎡ 이하: 20%	평균: 40% 35㎡ 이하: 37% 45㎡ 이하: 39% 60㎡ 이하: 42%	평균: 20% 35㎡ 이하: 3% 45㎡ 이하: 19% 60㎡ 이하: 28%	10%
행복주택	30%	40%	20%	10%
매입임대	45%	50%	5%	-
전세임대	-	95%	5%	-
통합공공임대	39%	41%	10%	10%

출처 : 2021년도 주택도시기금 업무편람(국토교통부), 청년·노년을 위한 경기도 공공임대주택 공급 방안(경기연구원, 2023)

〈표 2〉와 같이 공공임대주택에 정부가 출자하는 금액은 공공임대주택 호당 재정지원 비중이 정해져 있으므로 LH와 지자체가 공급하는 공공임대주택 비율에 따라 LH와 지자체에 대한 중앙정부 재정지원 규모가 정해진다. 2023-2024년 장기 공공임대주택 LH/지자체 재정 지원 규모는 LH와 지자체의 공공임대주택 재고 비율과 유사한 수준인 75:25 수준이다.

| **〈표 3〉 2023-2024 장기 공공임대주택 LH/지자체 재정 지원 규모**

(단위 : 억원)

	2023		2024(예산)	
	자치단체 자본보조	LH 출자	자치단체 자본보조	LH 출자
다가구매입 임대	7,113	19,875	6,246	18,097
국민임대	595	88	59	1,115
영구임대	272	1,065	40	783
행복주택	1,558	3,058	1,549	3,739
통합공공임대	1,200	4,500	2,733	9,429
총계	10,738	28,585	10,627	33,162

출처 : 국토교통부, 『2024년 예산서(각목명세서)』 2024, 재구성.

| **〈표 4〉 2023-2024 장기 공공임대주택 LH/지자체 재정 지원 비율**

	2023		2024(예산)	
	자치단체 자본보조	LH 출자	자치단체 자본보조	LH 출자
다가구매입 임대	26.4%	73.6%	25.7%	74.3%
국민임대	87.2%	12.8%	5.0%	95.0%
영구임대	20.3%	79.7%	4.9%	95.1%
행복주택	33.8%	66.2%	29.3%	70.7%
통합공공임대	21.1%	78.9%	22.5%	77.5%
총계	27.3%	72.7%	24.3%	75.7%

나. 중앙에 유리한 정책 구조

공공임대주택 공급이 중앙공기업인 LH가 75%를 공급할 정도로 집중되어 있는 이유는 권한과 자원이 중앙에 집중되어 있는 중앙집중형 구조와 분리해서 생각하기 어렵다. 중앙공기업인 LH가 광역 단위의 대규모 택지개발을 담당하고 공공임대주택 대부분을 공급하는 구조가 고착화되면서 중앙정부의 공공임대주택 지원 재정 구조 역시 중앙공기업인 LH에 유리한 방향으로 설계되어 있다.

한국토지주택공사(LH)와 지방공기업은 '공공주택특별법'에 따른 공공임대주택을 건설하거나 매입할 경우, 공공임대주택에 대한 정부의 출자를 주택도시기금을 통해 지원받는다. 하지만 같은 공공임대주택 출자금임에도 LH는 자본금 형태로 받고 있는는 반면, 지방공기업은 지자체를 통한 보조금 형태로 지원받고 있다.[4]

| 〈표 5〉 공공임대주택 관련 주택도시기금 재정지원 절차

LH	국토부(분기별 계획수립) → LH공사(출자요청) → 국토교통부(기금 LH출자) → LH공사(증권 교부) ⇨ 주택도시기금법 제9조에 근거하여 LH 자본금 처리
지방공사	국고보조금 수요조사(국토부) → 교부 결정(국토부→지자체→지방공사) → 교부신청(지방공사→지자체) → 교부결정 및 자금교부(지자체→지방공기업) ⇨ 국토부(기금)로부터 재정지원(보조금)

출처 : 허종식 의원실, "지방도시공사 재정건전성·공공주택 공급 확대 … 주택도시기금법 개정안 대표발의" 보도자료

얼핏 보기에는 자본금과 보조금이 별다른 차이가 없어 보일 수 있을지 모르지만, 부채를 일으켜 사업을 하는 공기업 입장에서는 자본금과 보조금은 천양지차이다. 일반적으로 공기업의 공사채 발행 한도는 공기업이 보유하고 있는 자본금과 연동되어 있다. LH의 채권 발행한도는 자본금과 적립금 합계액의 500%이며[5], 광역개발공사의 채권 발행한도는 순자산의 300~350%이다.[6] 자본금이 늘어날수록 부채를 크게 일으킬 수

---

4 허종식 의원실, "지방도시공사 재정건전성·공공주택 공급 확대 … 주택도시기금법 개정안 대표발의" 보도자료, 2023.07.25.
5 한국토지주택공사법 제10조
6 연합뉴스, "3기 신도시 등 공공주택 개발사업에 지방공사채 발행한도 확대",

있기에 자본금의 규모는 해당 기관의 개발사업 규모와 역량과 직결되어 있다.

같은 공공임대주택을 공급함에도 정부의 재정지원이 LH는 자본금으로 계상되는 반면, 지방공사는 지자체를 통한 보조금 형태로 지원받다 보니 LH의 부채 한도는 높아지지만 보조금 형태로 지원받는 지방공사는 부채한도가 늘어나지 않아 개발사업에 제약이 발생하고 있다. 보조금이 아니라 공사의 자본금으로 처리되면 자기자본 대비 부채 비율이 낮아져 공기업 평가 기준인 재정건전성 강화에도 도움이 된다. 주택도시기금법 주택계정 용도에 '지방자치단체가 지방공기업에 출자할 자본금의 지원'을 추가하는 내용의 주택도시기금법 개정안을 발의한 허종식 의원에 따르면 정부의 재정지원이 지방공사도 LH와 동일하게 공사 자본금으로 처리되면 서울주택도시공사, 경기주택도시공사, 인천도시공사의 부채비율은 각각 9%p, 9%p, 4%p 낮아진다고 한다.

2. 지역별 차이가 다양한 주거 현황

과거와 같이 절대적으로 주택물량이 부족했던 시절에는 수요자 맞춤형 주거모델과 주거서비스 품질에까지 관심을 두기 어려웠지만 OECD 선진국 대열에 합류한 21세기 대한민국에서는 국민들의 주거 요구 수준이 절대적인 공급 부족에 시달리던 20세기와 같지 않다. 면적·임대료·입주자 선정의 획일적 기준과 중앙공기업 중심의 공공임대주택 공급방식의 주거정책으로는 주거 현황이 다양한 지역의 수요와 필요를 맞추기가 쉽지 않다.

박미선·이후빈·조정희(2020)는 점유안정, 주거비용, 주거의 물리적

2021.08.11.

상황, 취약계층 특성 차이 등 주거 이슈에 관한 다양한 지역별 차이를 분석하였다. 점유 안정성 측면에서는 수도권 지역과 도 지역의 임차가구 양상이 상당한 차이를 보이고 있으며, 주거비용 적정성 측면에서는 서울시의 주거비 과부담 가구의 비율이 여타 지역에 비해 월등히 높게 나타났다.

〈그림 1〉 점유 안정성, 주거비용 적정성 측면에서 시·도별 차이

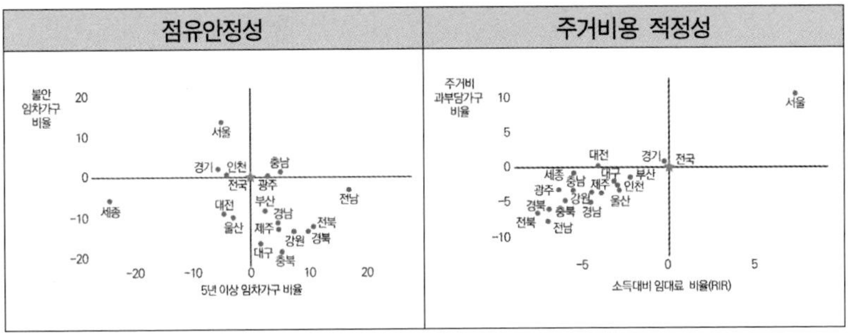

출처 : 박미선·이후빈·조정희(2020)

물리적 거주적합성 측면에서 수도권은 최저주거기준 미달 또는 비정상적 거처 가구가 상대적으로 많고, 전남·전북·경북·경남은 노후주택의 비율이 높다. 1인당 주거면적은 비수도권이 수도권에 비해 넓다.

〈그림 2〉 물리적 거주적합성 측면에서 시·도별 차이

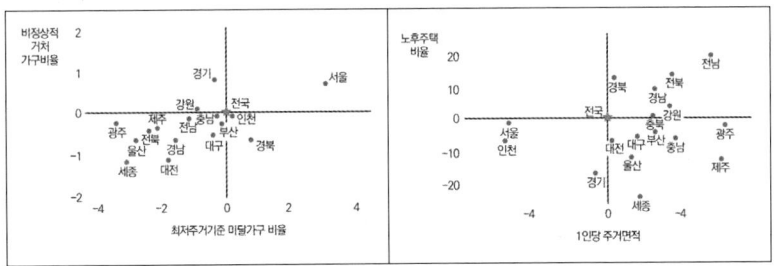

출처 : 박미선·이후빈·조정희 외(2020)

〈표 6〉에서 확인할 수 있듯이 지역별 주택보급률·주거취약계층당 공공임대주택 비율, 신규주택 수요 추정치 등 주택 수급 및 주거복지 관련 지표 역시 지역별 차이가 크다. 지역별로 다양한 주거소요는 지자체 중심의 주거정책 분권화가 필요하다는 반증이기도 하다.

| 〈표 6〉 지역별 주택보급률 및 주거복지 관련 지표

지역	주택보급률(2018)	가구수(2018)	주거취약계층당 공공임대 비율	주거비 과부담 가구비율	노후주택 비율	공공임대 건설실적	2018~2022 신규주택 수요 추정치(연평균,천호)
전국	104.2	19,979,188	43.0	9.8	16.9	179,360	386.5
서울	95.9	3,839,766	21.6	20.0	14.9	26,628	55.4
인천	101.2	1,094,749	49.3	7.4	12.8	9,853	29.5
경기	101.0	4,751,497	51.4	10.7	8.2	58,824	136.6
부산	103.6	1,363,608	38.0	8.4	21.9	6,683	15.8
대구	104.0	957,516	58.8	7.6	16.4	6,278	11.0
울산	110.3	431,391	42.8	6.6	11.5	3,610	7.8
경북	116.1	1,094,534	40.3	3.9	26.8	8,665	15.5
경남	110.1	1,306,394	53.3	5.0	20.5	8,767	22.3
광주	106.6	578,559	116.4	6.4	14.7	4,659	7.9
전북	109.4	732,980	102.8	3.3	25.7	9,845	7.4
전남	112.5	737,406	69.3	2.1	33.6	4,590	8.8
대전	101.6	602,175	64.1	9.9	14.8	4,922	11.6
세종	110.0	119,029	49.9	8.5	7.5	1,356	-
충북	113.8	640,978	95.3	5.0	20.6	7,021	12.5
충남	112.7	851,124	45.6	6.2	20.3	11,233	26.3
강원	109.6	628,484	55.6	6.0	23.2	4,257	10.3
제주	107.0	248,998	52.1	6.1	20.8	2,169	7.9

출처 : 김인제·김지은(2020)

이렇듯 다양한 지역별 상황을 고려하지 않고 획일적인 기준을 적용했을 때 발생하는 부작용들이 존재한다. 양희진·김준형·박동하·김나현(2022)은 주거정책의 지방화를 막는 장애물을 확인하기 위해 공공임대주택을 공급하는 지방정부, 지방공기업 등 주요 이해관계자들을 인터뷰하였다. 연구 결과, 지방공기업이 지역의 필요를 반영하여 적극적으로 공공임대주택을 공급하고자 해도 지역별 특성을 엄밀하게 고려하지 않는 지원 구조가 장애물로 작동하는 것을 확인하였다.

〈표 2〉에서 보았던 것처럼 공공임대주택 한 채 지을 때 중앙정부가 지원하는 지원단가가 정해져 있지만, 이러한 지원단가가 지역의 현실을 반영하지 못하고 있다. 예를 들어 섬 지역에는 건설비가 더 투입되지만 중앙정부의 지원 단가에는 이러한 고려가 없다. 그 결과 지방정부, 지방공기업의 추가 비용 부담이 발생한다.

> "영구임대아파트 지을 때 섬 지역은 건설비가 더 드는데 (…) 섬에는 순수 건설비 외에 운임비가 더 드는데 그런 부분이 현실화되지 않았어요." (A, 지방자치단체)[7]

> "건설형 같은 경우는 일단 일률적으로 적용이 되거든요. 주택기금이 전국적으로 통일되게 하고 있는데. 공사비를 기본적으로 산출할 때 기본형 건축비를 가지고 산출을 하는데, OO가 거기 스물네 개의 품목 중에 저희가 몇 가지(10개 품목)를 조사해봤을 때 최소 20% 이상이 비싸거든요. 건설형도 지역을 고려해서 지원단가를 상이하게 적용했으면 합니다." (B, 지방공기업)[8]

매입형 공공임대주택 역시 현재 책정된 지원단가보다 지자체가 30% 이상의 비용을 추가 투입하거나, 시·군 구별없이 같은 권역에 속했다는 이유로 지원금을 동일하게 책정해 저렴하던 지역의 주택가격을 높여버

---

7 양희진·김준형·박동하·김나현(2022)
8 ibid.

린 사례도 발생했다.

> "국토부 지원단가와 OOO 부동산 가격의 격차가 심해서 매입을 하려고는 했으나 거의 매입을 못한 구조입니다. OOO 주택시장이 너무 많이 급하게 올랐던 부분이 많이 있고요. (…) [지방공기업]에서 한 30% 이상의 비용을 추가로 부담을 해요. 매입을 하기 위해서. 거의 호당 3천만 원 이상의 비용을 투자해서 매입을 하고 있는 실정입니다. 지원단가하고 차이가 크지요." (C, 지방연구원)[9]

> "전세임대주택 할 때 국토부에 많은 건의가 있었어요. 수도권으로 묶어서 전세금의 한도를 똑같이 하는데, 7,000이었다가 7,500, 8,000, 지금은 9,000으로 오른 걸로 알고 있는데, 제발 차등을 둬라. 이걸 올려 버리니까 부동산에서 먼저 정책을 알고 전세보증금을 올려 버리는 거예요. 왜 서울과 똑같아야 하는지 모르겠어요." (D, 지방공기업)[10]

이렇듯 중앙집중형 주거정책은 지역의 수요와 현황을 반영하기 어려울 뿐 아니라 오히려 지역의 주거환경을 더욱 악화시키고, 지자체의 재정부담을 늘리는 부작용을 발생시키기도 한다. 지역의 다양한 주거소요의 차이와 중앙집중형 주거정책의 부작용은 주거정책 분권화의 필요성을 나타내고 있다.

3. 주거정책 분권화를 위한 주택도시기금 지역별 활용 활성화 필요

공공임대주택 공급에 사용할 수 있는 주요 재원은 주택도시기금에서 나온다. 공공임대주택에 대한 정부의 재정 지원도 주택도시기금을 거쳐

---

9 ibid.
10 ibid.

서 공공임대주택 공급주체에게 지원되고 있는데 중앙정부 산하인 주택도시보증공사가 주택도시기금을 관리하고 있어 지방정부가 스스로의 주거문제 해결을 위해 이 기금을 적극 활용하기 어렵다는 한계가 있다.

양희진·김준형·박동하·김나현(2022)에 따르면 중앙정부는 지방정부가 주도적으로 주택도시기금을 이용하려는 시도에 소극적으로 대응한다. 지방정부의 요구를 엄격하게 검토하며, 협의에도 많은 시간이 소요될 뿐만 아니라 기금 사용에 있어 해당 지역이 갖는 특별한 상황을 적극 고려하지 않아 결국 주택도시기금은 지역의 주거문제 해결을 위해 지방정부가 쉽게 활용할 수 없는 자금이 되어버렸다.

> "기본적으로 국토부에서 주택도시기금의 이용을 반대하는 게 기본적인 입장입니다. 엄격한 기준으로 검토를 하고 협의 과정이 길게는 몇 년씩 소요되기도 합니다. 국토부 입장에서는 OO시의 특수한 상황을 인정해 주기 위해서 기준이 필요하고, 기준에 벗어났을 때 다르게 해야 하기 때문에 이해가 전혀 안 되는 것은 아닙니다."
> (E, 지방자치단체)[11]

> "새로 생긴 임대주택 유형이어서 처음에 (주택도시)기금 지원이 안 된다고 했었는데 이후에 협의해서 받는 것으로 변경되었어요." (F, 지방자치단체)[12]

공공임대주택 및 공공분양주택의 수요와 필요는 인구가 집중하고 있는 수도권과 인구감소 위기에 처한 지방의 상황에 따라 차이가 크다. 지역의 상황과 지역 주민의 특성에 맞추어 공공주택의 유형과 공급이 다양해질 필요가 있으며, 지역별 공공주택 공급의 주체는 지역의 상황과 지역주민의 필요를 잘 아는 지방정부와 지방공기업이 되어야 한다. 지역의 상황과 수요자의 필요에 적합한 공공주택 공급에 지방정부가 주

---

11 ibid.
12 ibid.

도적인 역할을 하기 위해서는 공공주택 공급 재원인 주택도시기금의 적극적인 활용과 지원이 필요하다. 본고에서는 지방정부의 주택도시기금 접근성을 높이기 위해 주택도시기금 내에 지방정부만이 사용할 수 있는 지역계정을 신설하는 방안을 제안한다.

Ⅲ. 주거정책 분권화를 위한 주택도시기금 활용 방안

Ⅲ장에서는 주거정책 분권화와 관련한 주택도시기금 개선 방안에 대한 기존 연구를 검토한 후 현재 주택도시기금 구조 내에서 중앙공기업이 아닌 지자체와 지방공사가 사용할 수 있는 지역계정 신설 및 지역계정 활성화 방안을 제시한다.

1. 기존 제안

가. 지역주택기금 설립과 주거부문 포괄보조금 신설

박미선 외(2019)는 주거정책 분권화와 관련한 기금 개혁 방안으로 단기적으로는 지역주택기금을 설립하여 지방정부가 해당 지역의 주거소요에 대응하기 위한 주거정책을 재정적으로 지원할 수 있도록 하며, 장기적으로는 국토교통부 주거부문 예산의 10%를 주거부문 포괄보조금 예산으로 신설하여 지방정부가 지역특수성을 반영하는 주거사업을 자율적으로 펼칠 수 있도록 하는 방안을 제안하였다.

단기 방안으로 제안한 지역별로 사용할 수 있는 지역주택기금 설립을 위해 주거기본법에 기금설치 가능성을 명시하고, 설치 유인을 제고하기 위해 초기에는 중앙에서의 매칭 펀드 지원을 병행하며, 각 지방별로 지역주택기금 설치에 관한 조례 제정을 제안하였다. 기금의 재원으로는 현재 종합부동산세를 재원으로 하며 지역균형발전의 정신을 담아 지역별로 배분되고 있는 부동산교부세의 일부를 활용하는 방안을 제안하고 있다. 기금의 사용처는 수요자 맞춤형 부담가능주택 공급, 임대료 보조 등 지역별로 다양한 주거소요에 대응하여 사용할 수 있도록 한다. 장기적으로는 국토교통부의 주거부문 예산 일부를 지역에서 자율적으로 사용할 수 있는 포괄보조금 사업으로 배당하는 방안을 제안하고 있다.

기금은 정책사업 지출금액의 20% 범위 내에서는 지방의회의 의결 없이도 기금운용계획의 변경이 가능하며, 정책사업 금액이 변경되지 않는 범위 내에서는 세부 항목(단위사업, 세부사업, 목 등) 간의 변경이 허용되어 자금을 자율적·탄력적으로 집행가능하다. 즉, 계획수립 단계에서부터 예산에 비해 개별 운용주체의 자율성이 보다 더 확보될 수 있다는 장점이 있다.

지방자치단체가 지방주택도시기금을 설치하게 되면 그 운용은 직접하거나 지방 주택도시기금공사를 신설하여 위탁하는 방안(지방자치단체 기금관리기본법 제6조 제2항)이 있다. 지방개발공사에 지방주택도시기금의 운용을 위탁하는 것과 관련하여, 국토교통부는 주택도시기금법에서 기금의 지원대상이 되는 기관과 위탁운용·관리기관을 분리하고 있는데 수혜대상이 기금을 직접 운용 및 관리를 하게 되는 경우에는 견제를 통한 건전한 기금관리와 독립적 운용이 불가능하다는 의견을 제시하고 있다.[13]

포괄보조금 방식은 중앙정부가 보조금을 지급하는 사업들 중 유사한

---

[13] 주택도시기금법 일부개정법률안 검토보고서(국토교통위원회 수석전문위원 박재유), 2023.11. 14~15면

사업들을 포괄적으로 묶어 블록화하여 제시하면 지방정부는 블록화된 대상 사업 내에서 자율적으로 예산을 활용할 수 있는 보조금 유형이다. 지방정부는 중앙정부로부터 받은 포괄보조금을 통해 지역의 특성에 적합한 사업의 우선순위를 선정할 수 있으며, 사업을 기획 및 집행하는 과정에서 유사중복사업을 통합·조정할 수 있을 뿐 아니라 새로운 사업 발굴로 인한 사각지대 해소와 같은 긍정적인 효과가 있는 것으로 기대하고 있다.[14]

보조금 예산은 원칙적으로 보조사업의 목적과 내용, 소요경비 등을 기재하여 신청하여야 하고(보조금법 제16조), 지방자치단체에 대한 보조금의 경우 단위사업별·보조사업자별로 교부가 결정된다(보조금법 제19조). 하지만 단위사업별·보조사업자별로 구분하지 않고 예산 편성을 하거나 지급결정을 하려면 포괄보조금을 계상할 수 있도록 특례를 둘 수 있다.[15]

---

[14] 정은희 외(2014), p.13.
[15] 포괄보조금을 계상할 수 있도록 한 입법례 - 지방분권균형법
　　제86조(포괄보조금의 지원) ① 정부는 제78조제2항에 따른 지역자율계정의 세출예산을 편성할 때 대통령령으로 정하는 바에 따라 각 시·도 및 시·군·구별로 세출예산의 용도를 포괄적으로 정한 보조금(이하 "포괄보조금"이라 한다)으로 편성하여 지원한다.
　　② 제1항에 따라 정부가 포괄보조금으로 편성한 사업에 대하여 관계 중앙행정기관의 장이 예산을 교부할 때에는 해당 사업 내에 여러 개의 세부 내역을 구분하여서는 아니 된다.
　　제90조(보조금에 대한 다른 법률의 적용배제) ① 제78조제2항·제79조제2항·제80조제2항 및 제81조제2항의 사업에 대한 보조금에는 「보조금 관리에 관한 법률」 제18조·제21조·제26조 및 제28조부터 제31조까지, 제31조의2·제32조 및 제33조의3을 적용하지 아니한다. 다만, 보조사업자가 법령의 규정을 위반하여 보조금을 사용한 경우, 거짓으로 신청하거나 그 밖의 부정한 방법으로 보조금을 교부받은 때 또는 제89조에 따라 다음 연도로 이월한 세출예산을 이월받은 회계연도의 다음 회계연도까지 지출하지 아니한 경우에는 「보조금 관리에 관한 법률」 제30조·제31조·제31조의2·제32조 및 제33조의3을 적용한다.

따라서 주택도시기금법에 포괄보조금 조항을 신설하여 국토교통부 주거부문 예산의 일부를 주거부문 포괄보조금 예산으로 산정하고 지방정부가 지역특수성을 반영하는 주거사업을 자율적으로 펼칠 수 있도록 하는 방안은 국내에서도 적용이 가능할 것으로 여겨진다.[16]

나. 지역 주택도시기금공사 설립

정성훈(2023)은 지방정부가 독립적이고 자율적으로 지역의 주거복지정책을 추진할 수 있는 운용자금 확보를 위해 중앙정부가 운용하고 있는 주택도시기금의 운용 권한을 지방정부로 이양할 것을 제안한다. 현행 법률에서 국토교통부 장관에게 부여한 주택도시기금의 운용·관리 권한을 지방자치단체장에게로 이양하며, 주택도시기금의 운용·관리를 위탁받는 주체를 중앙공기업인 주택도시보증공사에서 신설한 지방 주택도시기금공사 또는 기존의 지방개발공사로 전환하여, 주택도시기금의 운용과 관리를 국토교통부 장관, 주택도시보증공사, 지방공사로 삼원화할 것을 제안하였다.

2. 주택도시기금 내 지역계정 신설 및 활성화 방안

가. 주택도시기금 내 지역계정 신설

본고에서는 중앙공기업이 아닌 지자체(지자체 기획 민관협력 주거모델 포함)와 지방공사만이 사용가능한 재원 할당을 위해 주택도시기금 내에 지역계정을 신설하는 방안을 제안한다. 주택도시기금 지방화에 관한 기존 연구에서의 제안은 주택도시기금을 각 지역별로 운용하는 방안

---

16 지역주택기금과 포괄보조금의 국내법적 검토는 김경목 변호사(법무법인(유한) 태평양)의 자문과 검토를 거쳤음을 밝힌다.

으로 지역 주택도시기금을 담당할 기관 신설 등 행정의 대폭적인 변화가 필요한 방안이기에 시간을 충분히 가지고 제도를 정비해야 할 필요가 있다. 주택도시기금 내 지역계정 신설 방안은 새로운 기관을 만들 필요가 없어 주거정책의 분권화를 신속하게 촉진할 수 있다는 장점이 있다. 지방과 수도권의 격차가 심화되는 등 주거정책의 분권화를 신속하게 진행해야 하기에 주택도시기금 내 지역계정을 도입하여 분권화를 촉진하는 한편 주택도시기금에 관한 중장기적 제도 개선을 병행하는 것이 필요하다.

현행 주택도시기금 운용 항목 중 수요자 융자 항목은 지역 특성을 반영하기 어려운 구조이기에 공공임대주택/공공분양주택/민간임대주택 건설 관련 항목을 지역계정에 일정 비율 할당하는 방안을 제안한다.

| 〈표 7〉 주택도시기금 운용 항목 중 지역계정 포함 항목

구분		내용	법적근거
기금 운영비	기금 관리비	기금위탁관리에 따른 위탁수수료	법 제9조제1항제6호
	사업 운영비	연구용역비 및 기타운영비 (일반수용비 등)	법 제9조제1항제6호
경상 사업	다가구 매입임대 출자	다가구매입임대주택사업비 보조 (총사업비 중 30~50% 보조)	법 제9조제1항제2호, 제3호
	전세임대 경상보조	전세임대 사업에 따른 전세권설정비, 수리비 등을 지원	
	국민임대 출자	국민임대 주택건설 지원에 따른 재정부담분(총 사업비중 15~45%) 출자	
	행복주택 출자	행복주택건설지원에 따른 재정 부담분(30%) 출자	
	임대주택 리츠 출자	임대주택을 공급하기 위해 설립된 부동산투자회사에 출자	

구분		내용	법적근거
	재건축부담금 자본이전	재건축 부담금 전액을 지자체에 배분	『재건축초과이익환수에 관한법률』제4조제4항
	주택신보 출연	주택금융 신용보증기금에의 출연 (법정 출연)	법 제9조제1항제2호
	이차보전	분양주택 융자(LH) 및 디딤돌 대출에 대한 이차보전	국가재정운용계획
융자 사업	임대주택 건설	국민임대주택 건설 및 공공임대주택 건설에 대한 융자	법 제9조제1항제1호
	분양주택 건설	공공분양주택 건설 및 후분양주택 건설에 대한 융자	
	주택전세	버팀목전세자금 및 기존주택전세임대자금에 대한 융자	
	주택구입	내집마련 디딤돌대출에 대한 융자 공유형 모기지에 대한 융자	
	주택개량	주거환경개선 등에 대한 융자	
	기 타	매입임대, 준주택 등에 대한 융자	
정부내부 지출		공자기금(총괄·융자) 등으로부터의 예수금에 대한 원금 및 이자상환	법 제9조제1항제4호
차입금 상환		국민주택채권 발행 및 청약저축 차입 등에 따른 원금 및 이자상환	법 제9조제1항제4호
여유자금 운용		운용 후 잉여자금 운용 (통화 금융기관 예치 등)	법 제9조제4항

출처 : 2023년도 주택도시기금 업무편람

나. 지역계정 활성화 방안

주택도시기금 내 지역계정을 신설하더라도 지방정부가 주택도시기금을 적극적으로 사용할 수 있는 별도의 인센티브가 필요하다. 예를 들어 지방정부가 주택도시기금 내 지역계정을 활용하는 사업의 경우 지역별 주거소요에 맞는 공공주택 입주자 선정, 임대료 기준 등을 지자체 상황에 맞게 조정할 수 있는 자율성 보장을 확대한다거나, 지역 특화 임대주택 또는 지속가능한 부담가능주택 공급 등 지역의 필요와 수요를 반영한 주거정책 시 주택도시기금 출자나 융자비율을 높여주는 등의 별도의 인센티브가 제시된다면 지역계정 활성화에 기여할 수 있을 것이다. 이러한 인센티브는 지역별 맞춤형 공공주택 모델의 활성화 촉진 및 공공주택 혁신모델 경쟁을 발생시키는 효과를 가져올 수 있다.

지역계정 활성화를 위해서는 주택도시기금 의사결정 구조의 개선 역시 필요하다. 현행 주택도시기금 위원회 운영규정[국토교통부훈령 제1255호]에 따르면 주택도시기금 운용심의회 구성이 중앙정부의 의사만이 반영되는 구조로 되어 있다.[17] 주택도시기금 지역계정을 활성화하기 위해서는 심의회 구성을 개정해 지역계정 운용심의회를 별도 구성하거나 주택도시기금 운용심의회 내에 대한민국시도지사협의회 또는 대한민국시장군수구청장협의회 등 지방정부의 입장을 대리할 수 있는 대표자를 포함하거나 각 지방별로 위원 배정 등 지방자치단체의 입장이 반영될 수 있는 구조를 마련하는 것이 필요하다.

지역계정을 지방정부가 적극적으로 사용하기 위해서는 지역계정 운용 주체인 지방자치단체의 계획 권한을 강화할 필요가 있다. 박미선 외(2019)는 지방자치단체의 계획 권한 강화를 위해 주거정책과 관련한 주

---

17 현재 주택도시기금 운용심의회 구성(주택도시기금 위원회 운영규정 제2장) 제4조(심의회의 구성)
① 심의회는 위원장 1명, 당연직 위원 2명, 국토교통부장관이 위촉하는 위원(이하 "위촉직 위원"이라 한다) 7명 등 10명의 위원으로 구성한다.
② 위원장은 국토교통부 주택업무를 담당하는 고위공무원이 된다.
③ 당연직 위원은 국토교통부 주택기금과장 및 주택도시보증공사 기금사업본부장으로 한다.
④ 위촉직 위원은 「국가재정법」 제74조제3항 및 같은 법 시행령 제33조제2항제2호, 제3호에 따른 자 중에서 국토교통부장관이 위촉하는 자가 된다.

거종합계획, 공공임대주택 공급·관리계획 등 주거정책과 관련한 주요 계획 수립 시, 지역 정책소요 조사 의무화를 위한 주거기본법과 공공주택 특별법을 개정할 것을 제안하고 있으며, 양희진 외(2022) 역시 지방정부의 주거종합계획 위상을 강화할 것을 제안하고 있다. 지방정부의 주거종합계획에 포함되지 않은 정책들은 중앙정부나 중앙공기업이 나서더라도 지역 내에서 수행될 수 없도록 하며, 해당 지역에서 진행되는 주거정책은 지방정부의 주거종합계획에 모두 포함시켜 지방정부 주거종합계획의 실효성을 높이는 것이 필요하다.

Ⅱ장에서 보았던 것처럼 중앙공기업에 비해 지방개발공사에 불리하게 만들어진 재정 지원 구조의 개선 역시 필요하다. 주택도시기금법 개정을 통해 지방공기업 역시 정부의 재정 지원을 LH와 같이 출자금으로 받도록 개선할 필요가 있다.[18]

---

18 ※ 허종식 의원 개정안 대표발의(23.7)
「주택도시기금법」 제9조(기금의 용도) 제1항 제9호 신설
- 근거법령 : 지방공기업법 제49조(설립) 및 동법 제79조(국고지원)
- 주택계정기금 : 국토부 지원금 지급 -> 지자체 지원금 수령 후 지방공기업 출자
* 국고보조금 출자 시 국토교통부 추가 재정 투입이 없고 행정절차도 동일

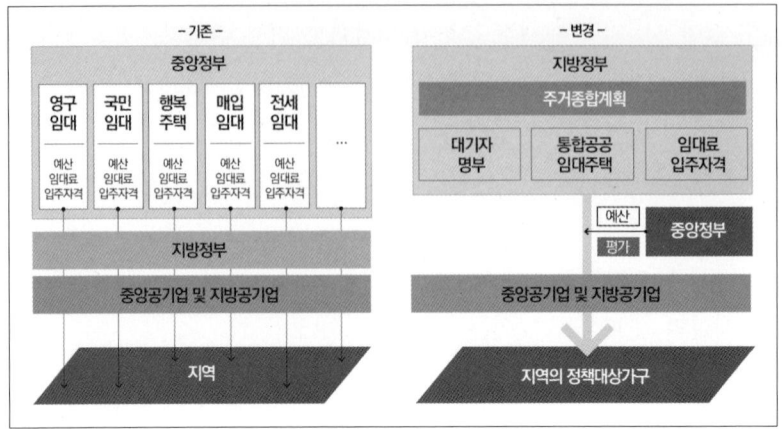

〈그림 3〉 지방정부 주거종합계획 위상 강화 시 공공임대주택 공급체계

출처 : 양희진·김준형·박동하·김나현(2022)

3. 지역계정 신설 시 추가 논의사항

본고에서는 주거정책 분권화를 위해 주택도시기금 내 지역계정 신설을 제안했지만 지역계정 신설 시 지방정부 사이의 주거정책 역량차, 광역과 기초 지자체의 역할 등으로 인해 추가적인 논의가 필요한 사항들이 있다.

주택도시기금 내에 지방정부가 사용할 수 있는 지역계정이 신설될 경우, 상대적으로 주거정책 역량이 큰 서울/경기 등 수도권 지방정부가 적극적으로 사용할 가능성이 높다. 수도권 지방정부가 지역계정을 적극적으로 활용하면 지방과 수도권의 주거환경 격차가 더욱 벌어지는 부작용이 발생할 가능성도 있다. 지역계정에서 지방정부들이 고루 사용할 수 있도록 하는 방안을 고민할 필요가 있다.

지방공사의 역량 차이가 큰 현재 상황 속에서 상대적으로 단독 사업의 역량이 부족한 지방공사는 LH와 협력사업을 통해 역량을 강화하는 방안도 필요하다. 예를 들어, 지방공사와 LH와의 협력사업은 지역계정으로 포함하는 방안도 생각해 볼 수 있다.

　광역지자체와 기초지자체 중 어느 곳이 주거정책의 중심이 될 것인지, 최종적으로 지방과 중앙의 주택도시기금 배분 최종 비율을 어떻게 할 것인지 등 주거정책 분권화의 최종 종착점에 대한 고민도 지역계정 신설 시 논의해야 할 주제이다.

참고문헌

경기연구원, 『청년·노년을 위한 경기도 공공임대주택 공급방안』, 2023.
국토교통부, 『2024년 예산서(각목명세서)』, 2024.
국토교통부, 『2023년도 주택도시기금 업무편람』, 2023.
권오혁(2021), "발전국가론 관점에서 본 지방경제 위기의 원인과 대응전략" 한국지역개발학회지, 33(1), 277-299.
김인제·김지은(2020), "지방분권형 주거복지정책에 관한 소속기관별, 지역별 인식 차이", 주택연구, 28(3), 113-140.
김지은(2023), "지방 도시개발공사 예산 현황과 과제", 제1회 주거공익법제 포럼.
박미선·이후빈·조정희·정우성·하동현·최민아(2019), 『주거권 실현을 위한 중앙과 지방의 역할 분담 방안』, 국토연구원.
박미선·이후빈·조정희(2020), 『주거정책 지방화를 위한 중앙과 지방의 역할분담 방안』, 국토연구원.
양희진·김준형·박동하·김나현(2022), "주거정책의 지방화 전략: 공공임대주택을 중심으로", 주택연구, 30(3), 5-41.
장경석·박충렬(2019), 『프랑스의 공공임대주택 의무공급비율제도』, 국회입법조사처.
정성훈(2023), "지자체 권한 강화를 위한 주택도시기금 구조개혁방안", 주택도시기금의 지방화를 위한 국회토론회
정은희 외(2014), 『포괄보조금방식의 복지 분야 적용 방안에 관한 연구』, 한국보건사회연구원.
영남일보, "청약통장 해지 러시…대구 청약통장 예치금 감소율 '전국 최고'", 2023.02.19.
허종식 의원실, "지방도시공사 재정건전성·공공주택 공급 확대 … 주택도시기금법 개정안 대표발의" 보도자료, 2023.07.25.

부 록

주택도시기금 지역계정 신설 입법안

□ 제안이유 및 주요내용

- 현행「주택도시기금법」은 지방공기업에 대한 출자 지원을 명시적으로 규정하고 있지 않아, 지방정부가 주거문제 해결을 위하여 기금을 적극적으로 활용하기 어려움
- 이에「주택도시기금법」상 계정의 구분에 '지역계정'을 신설함으로써, 중앙공기업이 아닌 지자체와 지방공사만 사용가능한 지역계정을 운용하게 하여 지자체의 주택도시기금의 접근성을 높이고 주거정책의 분권화를 모색하고자 함(안제4조, 안제5조제3항, 안제9조제3항, 안제10조 각 신설 및 안제5조제5항, 안제9조제3항 및 제6항 각 개정).

□ 주택도시기금법 개정안

- 주택도시기금법 일부를 다음과 같이 개정한다.
  ○ 제4조(계정의 구분) 기금은 주택계정 및 도시계정, 지역계정으로 구분하여 운용·관리한다.
  ○ 제5조(기금의 재원 등)
    ③ 지역계정은 다음 각 호의 재원으로 조성한다.

1. 제7조에 따른 국민주택채권 발행으로 조성된 자금
2. 「주택법」 제56조제2항에 따른 입주자저축으로 조성된 자금
3. 「복권 및 복권기금법」 제23조에 따라 배분된 복권수익금
4. 일반회계로부터의 출연금 또는 예수금
5. 「지방자치분권 및 지역균형발전에 관한 특별법」에 따른 지역균형발전특별회계로부터의 출연금 또는 예수금
6. 「공공자금관리기금법」에 따른 공공자금관리기금으로부터의 예수금
7. 「재건축초과이익환수에 관한 법률」에 따른 재건축부담금 중 국가귀속분
8. 제6조에 따른 예수금
9. 주택건설사업 또는 대지조성사업을 위하여 외국으로부터 차입하는 자금
10. 지역계정의 회수금·이자수입금과 지역계정의 운용으로 생기는 수익
11. 지역계정에서 출자한 기관의 배당수익
12. 지역계정 대출자산의 매각자금
13. 지역계정 자산의 유동화로 조성한 자금
14. 국민주택사업의 시행에 따른 부대수익
15. 그 밖에 대통령령으로 정하는 수입금

⑥ 국토교통부장관은 제1항제12호 및 제2항제8호 및 제3항제13호에 따라 기금의 자산에 대하여 「자산유동화에 관한 법률」에 따른 자산유동화를 할 수 있다.

○ 제9조(기금의 용도)
③ 기금의 지역계정은 다음 각 호의 용도에 사용한다.
1. 다음 각 목의 지방자치단체 또는 지방공기업이 시행하는 사업

에 대한 출자 또는 융자
  가. 국민주택의 건설
  나. 국민주택규모 이하의 주택의 구입·임차 또는 개량
  다. 준주택의 건설
  라. 준주택의 구입임차 또는 개량
  마. 국민주택규모 이하인 주택의 리모델링
  바. 국민주택을 건설하기 위한 대지조성사업
  사. 주택법 제51조에 다른 공업화주택(대통령령으로 정하는 규모 이하의 주택으로 한정한다)의 건설
  아. 주택 건축공정이 국토교통부령으로 정하는 기준에 도달한 이후 입주자를 모집하는 국민 주택규모 이하인 주택의 건설
  자. 경제자유구역의 지정 및 운영에 관한 특별법 제4조에 따라 지정된 경제자유구역의 활성화를 위한 임대주택의 건설 및 이와 관련된 기반시설 등의 설치에 필요한 자금
2. 다음 각 목의 기관, 기금, 특별회계에 대한 출자·출연 또는 융자
  가. 자산유동화에 관한 법률 제3조제1항에 따른 유동화전문회사등
  나. 주택법 제84조에 따른 국민주택사업특별회계
3. 주택사업을 목적으로 「지방공기업법」 제49조에 따라 설립된 지방공사에 대한 같은 법 제79조에 따른 지방자치단체의 출자금 지원
4. 임대주택 및 「공공주택특별법」 제2조제1호나목의 공공분양주택의 공급을 촉진하기 위한 다음 각 목의 어느 하나에 해당하는 증권의 매입
  가. 「부동산투자회사법」 제2조제1호에 따른 부동산투자회사가 발행하는 증권

나. 「자본시장과 금융투자업」에 관한 법률 제229조제2호에 따른 부동산집합투자기구가 발행하는 집합투자증권
다. 「법인세법」 제51조의2제1항제9호 각 목의 요건을 갖춘 법인이 발행하는 증권
라. 그 밖에 임대주택의 공급과 관련된 증권으로서 대통령령으로 정하는 증권
5. 다음 각 목에 대한 원리금 상환
  가. 제5조 및 제6조에 따른 예수금, 예탁금, 차입금
  나. 제7조에 따른 국민주택채권
6. 기금의 조성·운용 및 관리를 위한 경비
7. 지역주택분야 전문가 양성을 위한 국내외 교육훈련 및 관련 제도 개선을 위한 연구조사
8. 지방자치단체시책으로 추진하는 주택사업
9. 그밖에 지역계정의 설치목적을 달성하기 위하여 대통령령으로 정하는 사업

④ 제1항 내지 제4항에서 출자·투자할 수 있는 총액의 한도는 대통령령으로 정한다.
⑦ 국토교통부장관은 사업주체 또는 시공자가 영업정지를 받거나 「건설기술 진흥법」 제53조에 따른 벌점이 국토교통부령으로 정한 기준에 해당하는 경우 국토교통부령으로 정하는 바에 따라 제1항에서 제3항의 출자 또는 융자를 제한할 수 있다.

○ 제10조(기금의 운용·관리 등) ⑦ 지역계정에 할당되는 기금의 비율은 대통령령으로 정한다.

신·구조문대비표

현 행	개 정 안
제4조(계정의 구분) 기금은 주택계정 및 도시계정으로 구분하여 운용·관리한다.	제4조(계정의 구분) 기금은 주택계정 및 도시계정, 지역계정으로 구분하여 운용·관리한다.
제5조(기금의 재원 등) ① ~ ② (생 략)	제5조(기금의 재원 등) ① ~ ② (현행과 같음)
〈신 설〉	③ 지역계정은 다음 각 호의 재원으로 조성한다. 1. 제7조에 따른 국민주택채권 발행으로 조성된 자금 2. 「주택법」제56조제2항에 따른 입주자저축으로 조성된 자금 3. 「복권 및 복권기금법」제23조에 따라 배분된 복권수익금 4. 일반회계로부터의 출연금 또는 예수금 5. 「지방자치분권 및 지역균형발전에 관한 특별법」에 따른 지역균형발전특별회계로부터의 출연금 또는 예수금 6. 「공공자금관리기금법」에 따른 공공자금관리기금으로부터의 예수금 7. 「재건축초과이익환수에 관한 법률」에 따른 재건축부담금 중 국가귀속분 8. 제6조에 따른 예수금 9. 주택건설사업 또는 대지조성사업을 위하여 외국으로부터 차입하는 자금 10. 지역계정의 회수금·이자수입금과 지역계정의 운용으로 생기는 수익 11. 지역계정에서 출자한 기관의 배당수익 12. 지역계정 대출자산의 매각자금 13. 지역계정 자산의 유동화로 조성한 자금 14. 국민주택사업의 시행에 따른 부대수익 15. 그 밖에 대통령령으로 정하는 수입금

현 행	개 정 안
③ (생 략)	④ (현행 제3항과 같음)
④ (생 략)	⑤ (현행 제4항과 같음)
⑤ 국토교통부장관은 제1항제12호 및 제2항제8호에 따라 기금의 자산에 대하여 「자산유동화에 관한 법률」에 따른 자산유동화를 할 수 있다.	⑥ 국토교통부장관은 제1항제12호 및 제2항제8호 및 제3항 제13호에 따라 기금의 자산에 대하여 「자산유동화에 관한 법률」에 따른 자산유동화를 할 수 있다.
제9조(기금의 용도) ① ~ ② (생 략)	제9조(기금의 용도) ① ~ ② (현행과 같음)
〈신 설〉	③ 기금의 지역계정은 다음 각 호의 용도에 사용한다.
	1. 다음 각 목의 지방자치단체 또는 지방공기업의 사업에 대한 출자 또는 융자
	가. 국민주택의 건설
	나. 국민주택규모 이하의 주택의 구입·임차 또는 개량
	다. 준주택의 건설
	라. 준주택의 구입임차 또는 개량
	마. 국민주택규모 이하인 주택의 리모델링
	바. 국민주택을 건설하기 위한 대지조성사업
	사. 「주택법」 제51조에 따른 공업화주택(대통령령으로 정하는 규모 이하의 주택으로 한정한다)의 건설
	아. 주택 건축공정이 국토교통부령으로 정하는 기준에 도달한 이후 입주자를 모집하는 국민주택규모 이하인 주택의 건설
	자. 「경제자유구역의 지정 및 운영에 관한 특별법」 제4조에 따라 지정된 경제자유구역의 활성화를 위한 임대주택의

현 행	개 정 안
〈신 설〉	건설 및 이와 관련된 기반시설 등의 설치에 필요한 자금 2. 다음 각 목의 기관, 기금, 특별회계에 대한 출자·출연 또는 융자 가. 「자산유동화에 관한 법률」 제3조제1항에 따른 유동화전문회사등 나. 「주택법」 제84조에 따른 국민주택사업특별회계 3. 주택사업을 목적으로 「지방공기업법」 제49조에 따라 설립된 지방공사에 대한 같은 법 제79조에 따른 지방자치단체의 출자금 지원 4. 임대주택 및 「공공주택특별법」 제2조제1호나목의 공공분양주택의 공급을 촉진하기 위한 다음 각 목의 어느 하나에 해당하는 증권의 매입 가. 「부동산투자회사법」 제2조제1호에 따른 부동산 투자회사가 발행하는 증권 나. 「자본시장과 금융투자업」에 관한 법률 제229조제2호에 따른 부동산집합투자기구가 발행하는 집합투자증권 다. 「법인세법」 제51조의2제1항제9호 각 목의 요건을 갖춘 법인이 발행하는 증권 라. 그 밖에 임대주택의 공급과 관련된 증권으로서 대통령령으로 정하는 증권 5. 다음 각 목에 대한 원리금 상환 가. 제5조 및 제6조에 따른 예수금, 예탁금, 차입금 나. 제7조에 따른 국민주택채권

현　　행	개　정　안
	6. 기금의 조성·운용 및 관리를 위한 경비
	7. 지역주택분야 전문가 양성을 위한 국내외 교육훈련 및 관련 제도 개선을 위한 연구조사
	8. 지방자치단체시책으로 추진하는 주택사업
	9. 그밖에 지역계정의 설치목적을 달성하기 위하여 대통령령으로 정하는 사업
③ 제1항 및 제2항에서 출자·투자할 수 있는 총액의 한도는 대통령령으로 정한다.	④ 제1항 내지 제3항에서 출자·투자할 수 있는 총액의 한도는 대통령령으로 정한다.
④ (생　략)	⑤ (현행 제4항과 같음)
⑤ (생　략)	⑥ (현행 제5항과 같음)
1. ~ 2. (생　략)	1. ~ 2. (현행과 같음)
⑥ 국토교통부장관은 사업주체 또는 시공자가 영업정지를 받거나 「건설기술 진흥법」 제53조에 따른 벌점이 국토교통부령으로 정한 기준에 해당하는 경우 국토교통부령으로 정하는 바에 따라 제1항 및 제2항의 출자 또는 융자를 제한할 수 있다.	⑦ 국토교통부장관은 사업주체 또는 시공자가 영업정지를 받거나 「건설기술 진흥법」 제53조에 따른 벌점이 국토교통부령으로 정한 기준에 해당하는 경우 국토교통부령으로 정하는 바에 따라 제1항에서 제3항의 출자 또는 융자를 제한할 수 있다.
제10조(기금의 운용·관리 등) ① ~ ⑥ (생　략)	제10조(기금의 운용·관리 등) ① ~ ⑥ (현행과 같음)
〈신　설〉	⑦ 지역계정에 할당되는 기금의 일정 비율은 대통령령으로 정한다.

민관협력형 주택공급 확대를 위한
주택도시기금 개선방향

이윤형 소셜디벨로퍼그룹 더함 이사

Ⅰ. 들어가며

 필자는 LH공사가 조성한 신도시에 살고 있다. 공공주택특별법에 따라 조성된 9,000세대 남짓한 도시에는 민간분양, 행복주택, 신혼희망타운, 국민임대, 기업형 민간임대 등 다양한 유형의 주택들이 섞여있다. 겉으로 보기에는 별반 다를 것 없어 보이지만 어떤 유형의 주택이냐에 따라 가격과 품질의 차이가 크다. 필자는 공공지원민간임대주택에 살고 있는데, 횡단보도 하나 건너의 옆 단지 민간분양아파트의 전세가격과 비교하면 50~65% 수준이다. 저렴한 가격에도 불구하고, 넓은 면적의 커뮤니티시설과 만족할만한 수준의 운영이 이루어지고 있다. 아파트에서는 라인별 반상회, 취미·취향 동아리, 소모임, 강연과 세미나 등이 있고, 이따금씩 아파트 전체가 함께하는 대규모 행사도 이루어진다. 외견상 비슷해 보이는 아파트이지만, 이처럼 다른 삶이 펼쳐지는 것은 공급주체와 공급모델의 차이에서 비롯된다. 아파트의 긴 생애주기 중 초기 개발시점에 누가, 어떻게 주택을 개발하냐에 따라 전혀 다른 풍경이 펼쳐진다.

누가, 누구를 위해, 어떤 집을, 얼마나, 어떻게 공급할 것인가를 정하는 것이 주택공급정책이다. 이를 주택의 공급주체, 수요자, 공급유형, 공급물량, 공급방식이라는 표현으로 바꿔볼 수 있다. 모두 주택공급정책의 핵심적인 질문들이다. 이러한 질문들은 공급모델을 통해 구체화된다. 공급모델은 주택의 개발·소유·운영·재생의 과정에서 벌어지는 비용과 편익 배분의 주체와 역할을 압축하여 표현한 것으로, 개인분양주택과 공공임대주택이 대표적인 공급모델이다. 주택공급정책은 주택 소비단계의 일부 거래행위와 같은 소극적 범위부터, 공급모델에 대한 경로설계와 같은 적극적 범위까지 정책대상의 범위가 넓다.

시대가 변하고, 상황이 변하면 정책도 이에 맞는 현행화가 필요하다. 하지만 한 번 형성된 제도의 경로를 수정하기는 좀처럼 쉽지 않다. 이를 제도의 경로의존성이라고 한다. 특히, 주택공급모델은 공급참여자들의 역할, 비용과 편익의 조정과 긴밀히 연결되기 때문에 참여자들의 움직임을 나타내는 연쇄작용을 면밀히 살펴야 하고, 이것이 맞지 않으면 아무리 이상적인 공급모델도 참여자들의 움직임과 괴리되어 작동하지 못한다. 주택공급은 다수의 이해관계자가 참여하고, 장기간의 사업기간에 걸쳐 위험과 편익이 분배되기 때문에 경로의존성이 강하다. 기존 맥락을 고려한 정밀한 정책 설계와 조정이 필요한 이유이다.

주택도시기금은 공공임대주택을 비롯한 주택공급에 있어 가장 중요한 중심축이 되는 재원이다. 총 예산에서 기금이 차지하는 비중이 일반예산보다 훨씬 더 크다. 하지만, 그 비중과 중요도에 비해서 사회적 관심이 부족할 뿐 아니라, 관련 연구 또한 찾아보기 어렵다. 현재 대한민국은 주택정책의 현행화가 지연되며 여러 사회적 부작용이 발생하고 있다. 주택공급정책에서 기금이 차지하는 비중이 큰 만큼 심도있는 논의와 점검이 필요하다.

본고에서는 주택도시기금을 활용한 주택공급정책과 이를 구체화한 공급모델에 대해서 살펴보고자 한다. 특히, 공공지원민간임대리츠(舊 기업형임대주택, 뉴스테이)을 중심으로 2015년 주택도시기금 개편 이래 진행된 민관협력형 주택사업의 지난 10년을 돌아보고, 개선방향에 대해 논해보고자 한다.

II. 주택공급 패러다임 전환과 공공지원민간임대리츠

1. 주택공급 패러다임 전환

가. 자가소유 중심 주거패러다임의 한계

주택공급 패러다임은 우리사회가 어떤 주택공급정책을 펼칠지에 대한 거대한 이야기이다. 공급정책이 상세 도면이라면, 패러다임은 전체 청사진이자 조감도이다. 한국의 주택공급 패러다임을 한 마디로 정의하자면, '내집마련의 꿈'이다. 정부는 개별 가구가 주택을 소유하여 내집마련의 꿈을 이룰 수 있도록 돕는 역할을 한다. 행정권을 통해 대규모 택지를 조성하고, 주택을 짓고, 개인에게 분양한다. 신속한 주택공급을 위해 민간선분양제도와 분양보증제도를 도입하고, 개인간 전세 거래행위를 제도안으로 포섭한다. 또한, 주택도시기금의 주요재원인 '주택청약제도'를 운영하여, 개별 가구의 주택 소유권 획득을 최종적 목표로 정책을 디자인하고 운용해왔다.

문제는 이러한 '내집마련의 꿈'이 더 이상 작동하지 않는다는 것이다. 장기간 지속한 자가소유촉진 정책에도 불구하고 자가점유율은 답보상태에 머물러 있다. 2020년 기준 자가점유율은 57.3%로 1995년 이래 50% 박스권내에 갇혀있다. 자가점유율이 장기간 답보상태에 머무는 동안 비제도권 민간임대주택 거주가구의 주거불안이 심각하다. 전국단위의 대규모 깡통전세, 전세사기가 발생하고 있고, 이러한 주거문제는 이제 한국사회의 지속가능성까지 위협하고 있는 실정이다. 대다수 서민, 중위계층이 집 문제로 고통받고, 세대를 잇는 선택을 포기하는 '저출생 고령화 시대'에 접어들었다. 새로운 주거패러다임에 대한 모색과 시도가 시급하다.

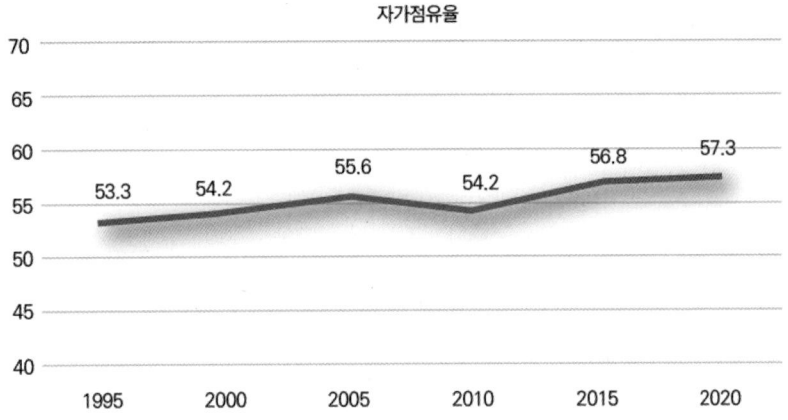

출처 : 통계청 인구주택총조사

자가점유율의 답보를 해결하기 위해 정부가 개인구매력 보완을 위한 대출지원을 해야한다는 주장도 있다. 개인입장에서 정부 대출지원을 통해 자가주택을 마련할 수 있다면 반가울 수 있지만, 국가 거시경제 전체로 볼 때는 다소 우려스럽다. 현재 한국의 명목 GDP 대비 가계부채 비중 상승폭(전년동기대비)은 비교 가능한 주요국 중에서 가장 높은 상황이다.[1] 가계부채가 위험한 수준에 이르렀다는 뜻이다. 특히나, 높은 가계부채는 국민경제가 금리변동위험에 과도하게 노출시킬뿐만 아니라, 소비를 위축시켜 거시경제 전반에 타격을 미칠 수 있다. 따라서, 개인의 주택구매력 보완을 위한 대출지원은 자칫 한국경제의 뇌관을 키울 우려가 있다.

〈GDP 대비 가계부채 비중〉

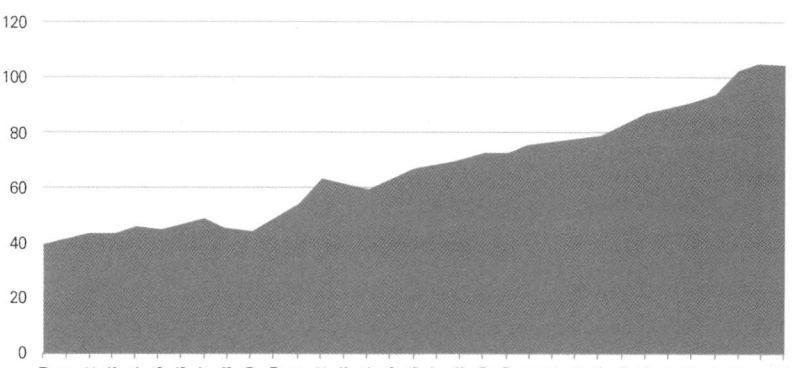

출처 : 서강대학교 이윤수 교수

나. 자가주택에서 저부담주택으로

물량 중심 그리고 공급자 중심의 주택공급과 자가소유 촉진을 우선하였던 기존 주거패러다임은 앞서 살펴본 바와 같이 자가점유율 정체와 다수의 주거불안가구 발생이라는 한계 앞에 놓여있다. 자가점유율을 높이려 애쓰는 동안, 무주택임차가구 거주자의 상당수가 불안정한 조건을 견뎌야 하는 상황에 놓였다. 주거권 확보를 통해 적절한 주거를 제공하

---

1 2024. 11. 5. 한국은행-한국금융학회 공동정책 심포지엄, 서강대학교 이윤수 교수

는 것이 주거패러다임의 주요 목표라고 한다면, 이제는 자가점유율을 높이는 방법 이외에도 다양한 방법을 고려해야 한다. 독일, 오스트리아, 스위스 등의 국가는 자가점유율이 50% 미만으로 나타나고 있음에도, 주거 안정성이 높다고 평가받고 있다. 이들 국가는 안정적인 주택임대차제도, 공공임대주택 및 사회주택의 공급을 통해 주거권 보호를 위한 주거 안정성을 확보하고 있다. 이제는 자가점유율이라는 한 가지 요소에 집착하지 않고, 주거권 확보를 위한 보다 더 다양한 주거권 요소를 입체적으로 다루는 방향으로 나아가야 한다.

기존 주거패러다임에서 주요한 목표로 삼았던 자가소유 촉진을 통한 주거안정은 어쩌면 자산기반복지에 입각한 자산축적의 가능성과 거주(점유)의 안정성에 집중하면서 고도 경제성장의 시기에 일정한 역할을 한 측면이 있다고 평가할 수 있다. 하지만 물량 중심, 공급자 중심의 기존 주거패러다임이 좀 더 나은 주거환경에서 고양된 삶의 질을 누리고, 보다 나은 삶의 전망을 가지기를 원하는 국민들의 욕구를 다 충족하기 어렵다는 것도 이제는 자명하게 드러난 사실이다. 이제는 무엇보다 주거불안정 가구들을 최우선의 정책대상으로 삼아야 한다.

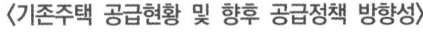

〈기존주택 공급현황 및 향후 공급정책 방향성〉

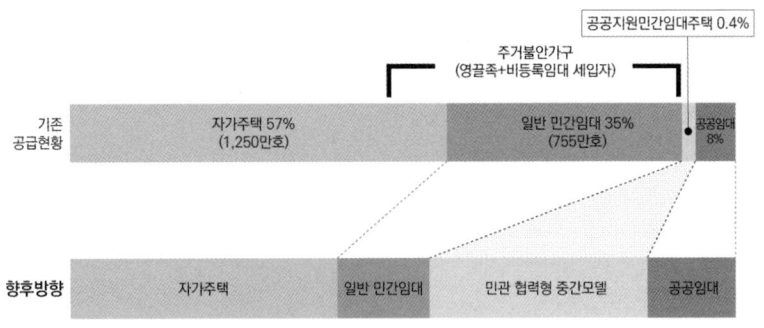

따라서 새로운 주거패러다임에서는 자산축적의 가능성, 거주 안정성 등도 주거권의 요소에 당연히 포함된다고 보지만, 이에 더하여, 수요자의 자산 및 소득으로 부담가능한 수준의 가격부담가능성(Affordability), 새로운 라이프스타일에 맞는 주거품질에 대한 부분 등도 주거권의 요소에 포함될 필요가 있다.

그렇게 되면, 자산축적의 가능성도 자산소유의 방식을 건물 및 토지 지분 100%를 개별가구가 입주시점에 모두 획득하는 방식에서, 지분비율, 지분형태, 지분획득시점 등에서 다양화할 수 있게 된다. 이를 통해 주택을 통한 자산축적의 가능성을 더 많은 수요자에게 제공할 수 있는 것은 물론이다. 또한, 주거품질도 건축 자재, 마감 등의 물리적 품질을 넘어서 입주자의 생애주기와 라이프스타일을 고려하여 지역 및 입지에 맞게 맞춤형으로 공급할 수 있게 된다. 이를 통해 주택이 단순한 주거기능을 넘어 사람들의 삶의 질을 높여주고, 다양한 삶의 필요를 채워주는 플랫폼으로서 기능할 수 있게 된다.

또한, 새로운 주거패러다임에서는 기존의 공급자 관점에서 수요자 관점으로의 전환되어야 한다. 자가보유 100% 달성을 주거정책의 최종 목표로 설정하고 어떻게 공급주택 호수를 더 늘릴 수 있을까 고민하는 것이 아니라, 자가와 임대에 관계없이 입주자의 주거안정과 더불어 어떻게 주거를 통해 행복한 삶을 영위할 수 있을까라는 수요자 관점으로 관점을 바꿔야 한다. 물량중심의 공급 정책, 생애주기적 문제발생 시 사후적 대응, 공급자 역할 종료 후 정책적 보완이 없는 기존 주거패러다임을 이제는 삶의 질, 라이프스타일에 따른 맞춤 공급, 생애주기별 삶의 문제에 대한 사전적 예방, 수요자 생애주기에 맞춰 지속적으로 운영하는 새로운 주거패러다임으로 전환해야 한다. 공급조절을 통해 가격에 집중하는 제한적 주거안정이 아니라, 커뮤니티를 통해 사회적 안전망을 조성하는 입체적 주거안정이 필요한 시점이다. 그리고 이러한 수요자 관점으로의 전환은 주택의 공급단계에서부터 시작되어야 한다. 더불어 공급단계에서부터 개발기간 이후의 운영기간과 운영과정에 대한 적극적 고려가 필요하다.

다. 분절·단독적 주택공급에서 연속·협력적 주택공급으로

엄밀한 의미에서 민관이 협력하지 않고 지어지는 주택은 없다. 개발, 소유 및 운영을 모두 공공이 담당하는 공공주택조차도 공모설계, 공사발주 등 개발단계의 공정들은 민간업체의 용역 등을 통해 이루어진다. 민관협력의 정도가 적극적 협력이냐 소극적 협력이냐로 나뉠 뿐이다.

주택공급에 있어 주체간 협력은 가슴 따뜻한 휴머니즘 드라마가 아니다. 전혀 다른 목표와 의사결정구조를 가진 주체가 서로 협력하는 것은 서로가 필요하기 때문이다. 주택가격 우상향이 기본조건이 될 때는 토지조성, 주택건설, 주택소유 및 운영의 각 단계에 정부와 기업, 개인이 순차적으로 참여했다. 정부는 주택공급의 각 단계에서 각 주체에게 적절한 이익이 돌아가도록 토지수용 및 택지판매, 주택분양가상한제 및 분양보증, 주택청약을 통한 분양 기회 제공 등의 정책을 운용했다.

문제는 주택가격 우상향이라는 기본전제가 깨질 때이다. 경기 등 영향으로 주택가격이 둔화할 때, 사회적으로 주거비 부담 경감이 필요할 때, 기존의 단계별 분업 방식으로는 주택공급이 어렵다. 단계별 주체에게 과정에 참여할 충분한 기대이익이 돌아가기 어렵기 때문이다.

민관협력사업에서 주의 깊게 살필 것은 공급주체의 구성, 역할범위의 역할범위, 공급의 최종목적이다. 예를 통해 살펴보자. 한국의 대표적인 주택공급모델인 민간분양주택은 공공이 조성한 토지를 민간건설사가 매입해 주택을 건축하고, 개인에게 분양·판매한다. 토지조성은 공공, 주택건축 민간기업, 최종적인 토지와 주택의 소유주체는 개인이다. 한편, 공공임대주택은 공공이 조성한 토지에 공공이 건축하여, 계속 소유

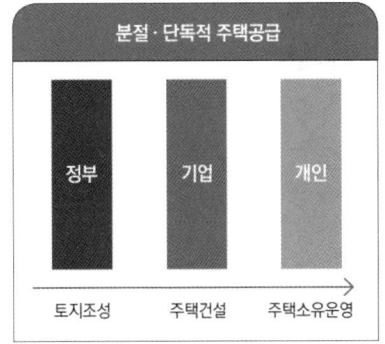 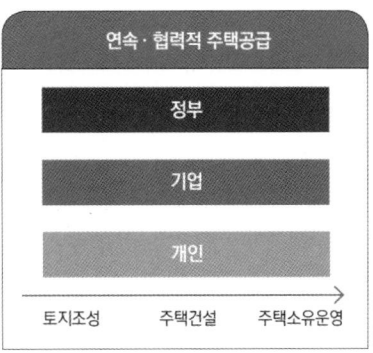

하면서 정책대상계층인 개인에게 주택을 공급한다. 두 유형의 특징은 토지조성, 주택건축, 주택소유라는 역할을 각각 나누어 분절적이고, 단독적으로 수행한다는 점이다. 반면, 민관협력형 주택공급모델은 토지조성 단계이후로 복수의 주체가 함께 공급을 책임진다. 사업에 따라 토지조성주체도 토지만 판매하고 즉시 사업에서 빠지지는 것이 아니라, 토지임대, 현물출자 방식 등을 통해서 연속적으로 사업에 참여한다.

| 주택유형별 공급단계 주요 주체 구분[2]

구분	민간분양주택	공공임대주택	민관협력형
토지조성	정부	정부	정부
주택건축	민간기업	정부	민관협력
주택소유	개인	정부	민관협력
주택이용	개인	개인	개인

---

2 주택유형별로 다수 사례를 일반화한 것이며, 개별 사례에 따라 다른 경우가 있을 수 있음

민관협력형 사업은 더 나은 주택공급을 위한 수단이지, 그 자체가 목적이 아니다. 민간은 수익성과 창의성을, 공공은 공공성과 형평성을 추구하는 주체로서 각각의 장점을 살려 역할을 수행하는 것이다. 다양해진 정책수요에 맞는 주택을 공급하고, 정부의 재정효율을 제고하기 위한 것도 보다 적극적인 민관협력형 사업이 필요해진 이유이다.

2. 공공지원민간임대리츠

주택도시기금은 버팀목 전세자금대출, 디딤돌 자가구입지원대출 등 수요자 융자지원과 함께 공공임대주택건설과 공공분양주택건설 등 공급자 출·융자지원에 주로 활용된다. 본 챕터에서 주로 살펴보고자 하는 것은 주택도시기금의 경상사업 중 임대주택 리츠사업이다.

| 주택도시기금 운용현황

구분		내용	법적근거
기금 운영비	기금 관리비	기금위탁관리에 따른 위탁수수료	법 제9조제1항제6호
	사업 운영비	연구용역비 및 기타운영비 (일반수용비 등)	법 제9조제1항제6호
경상 사업	다가구 매입 임대 출자	다가구매입임대주택사업비 보조 (총사업비 중 30~50% 보조)	법 제9조제1항제2호, 제3호
	전세임대 경상보조	전세임대 사업에 따른 전세권설정비, 수리비 등을 지원	
	국민임대 출자	국민임대 주택건설 지원에 따른 재정부담분(총 사업비중 15~45%) 출자	
	행복주택 출자	행복주택건설지원에 따른 재정 부담분(30%) 출자	
	임대주택 리츠출자	임대주택을 공급하기 위해 설립된 부동산투자회사에 출자	

구분		내용	법적근거
	재건축 부담금 자본이전	재건축 부담금 전액을 지자체에 배분	『재건축초과이익환수에 관한법률』 제4조제4항
	주택신보 출연	주택금융 신용보증기금에의 출연 (법정 출연)	법 제9조제1항제2호
	이차보전	분양주택 융자(LH) 및 디딤돌 대출에 대한 이차보전	국가재정운용계획
융자 사업	임대주택 건설	국민임대주택 건설 및 공공임대주택 건설에 대한 융자	법 제9조제1항제1호
	분양주택 건설	공공분양주택 건설 및 후분양주택 건설에 대한 융자	
	주택전세	버팀목전세자금 및 기존주택전세임대자금에 대한 융자	
	주택구입	내집마련 디딤돌대출에 대한 융자 공유형 모기지에 대한 융자	
	주택개량	주거환경개선 등에 대한 융자	
	기 타	매입임대, 준주택 등에 대한 융자	

출처 : 2023년도 주택도시기금 업무편람

가. 공공지원민간임대리츠

공공임대주택은 서민 주거 안정이라는 정책 취지에 걸맞는 좋은 상품이지만, 정부의 재원이 막대하게 투입되고 LH공사 등 공기업 적자가 누적되기 때문에 무한정 늘려가기는 어렵다는 한계가 있다. 공공임대주택 확대 요구에 대해 공기업의 부채비율 증가로 확대가 어렵다는 답변은 안 들어도 알법한 클리셰가 된지 오래다. 이처럼 임대주택은 주택의 보유·운영기간 중 입주자의 주거안정에 기여하는 만큼 사업자의 재정적 부담이 증가한다.

이러한 배경하에 공공지원민간임대리츠가 도입되었다. 주택도시기금이 출자하는 HUG임대리츠는 공공지원민간임대주택을 기초자산으로 하는 공공지원민간임대리츠와 공공임대주택을 기초자산으로 하는 공공임대리츠가 있다. 공기업 직접 보유·운영이 아닌 리츠라는 수단을 사용한 이유는 무엇일까. 리츠(REITs, 부동산투자회사)는 상법상 주식회사로 민관협력형 사업을 위한 간접투자기구이다. 리츠를 통해 임대주택을 간접 보유·운영하면 공기업이 직접 보유·운영할 때보다 공기업 회계부담이 완화되는 장점이 있다. 또한 민관합작출자를 통해 사업 재원확보의 어려움을 극복할 수 있다. 민간의 아이디어를 적극적으로 차용할 수도 있다. 리츠는 공공과 민간의 합작출자 도관체이자 사업시행주체로 기능한다. 리츠를 활용해 민간사업주체의 재원을 활용하고, 주식 상장 및 입주자조합 연계 등의 다양한 사업구조를 설계하기도 한다.

〈리츠 기본구조〉

자료출처 : 국토부 리츠정보시스템

    2015년 정부는 '뉴스테이' 라는 명칭의 기업형 임대주택 사업을 도입하였다. 재원투입에 대한 부담 경감과 주거 공급, 주거에 대한 국민 인식의 변화, 건설 경기 부양 등 다양한 목적을 위해 정부가 고안한 사업이다. 현재는 공공지원민간임대리츠로 사업명칭이 변경되었다. 민간과 공공이 하이브리드 구조로 함께 참여하고 리스크와 재원 투입 부담을 분담하면서, 민간의 창의성을 존중하고 이끌어내면서도 동시에 공공이 일정 부분 개입하여 공공성을 담보할 수 있다. 도입 당시 8년 이상

(현재 10년) 의무 임대를 지속하도록 하여 임차인이 안정적으로 거주할 수 있도록 하고, 무엇보다 시공 품질을 분양 아파트 수준으로 끌어올렸다.

임대주택 리츠사업은 저부담임대주택 공급모델이라는 점, 연속·협력적 주택공급방식을 띠고 있다는 점에서 주택공급 패러다임 전환에 유효한 사업으로 평가할 수 있다. 자세한 사업구조와 공급현황을 살펴보자.

나 공공지원민간임대리츠 사업구조

공공지원민간임대주택은 임대료 규제, 임차인 자격 제한을 의무임대기간동안 유지하는 조건으로 택지공급, 용적률 완화, 금융지원 등의 공공의 지원을 받는 주택이다. 공공지원의 핵심은 금융지원이며, 이는 주택도시기금을 통한 출자, 융자 및 HUG를 통한 융자보증으로 이루어진다. 공공지원민간임대리츠는 여러 유형의 공공지원민간임대주택 중 가장 주요한 사업유형이다. 주택공급을 위해 가장 중요한 것이 사업주체와 사업출자금의 조성이다. 이를 위해 공공은 자금조달을 지원하며, 공공과 민간이 함께 자금을 출자하는 민관 합작출자 방식을 취한다. 이를 위해서는 출자법인이 필요한데, 현재 국토부는 주택도시기금 출자를 위한 사업기구로 리츠(REITs, 부동산투자회사)만을 인정하고 있다. 일반적 의미에서의 리츠는 공공지원민간임대주택 외에 오피스, 물류센터 등 다양한 부동산을 기초자산으로 하는데, 그 중 공공지원민간임대리츠는 서민 주거안정을 목적으로 공급되는 공공지원민간임대주택을 기초자산으로 한다.

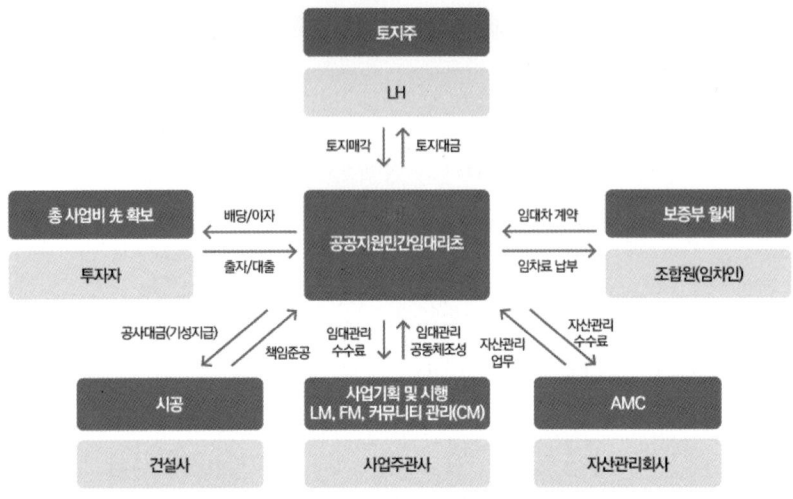

공공지원민간임대리츠의 자금조달구조에 대해 살펴보자. 첫째, 총사업비 대비 자본금 20%, 차입금 65%, 임대보증금 15%로 구성된다. 개발기간 중에는 임대보증금 없이 차입금으로 필요자금을 조달하고, 준공 후 입주 시 임대보증금으로 기존 차입금을 일부상환하는 구조이다. 주택도시기금은 총사업비의 14%를 우선주로 출자하고, 후순위 기금융자는 총사업비의 20~30%를 지원하는 등 사업의 마중물 역할을 한다. 둘째, 자본금은 주택도시기금 우선주와 사업주관사(통상적으로 건설사가 사업주관사)의 보통주 출자로 이루어진다. 자본금의 수익률(IRR)은 건설기간 및 임대운영기간 동안에는 손실이 누적되다가, 의무임대기간 종료 후 자산매각 및 청산시점에 이익을 실현하며, 이를 통해 개발 및 운영기간 중 손실을 모두 만회하고 순이익을 본다. 셋째, 차입금은 주택도시기금의 직접 융자금과 민간 차입금으로 구성된다. 주택도시기금의 직접 융자금은 주택 1호당 일정액으로 고정적이다. 민간 차입금은 선순위로 총사업비의 36%를 참여하나 100% HUG의 지급보증이 되며 capital call 형태의 한도대출로 이루어진다. 자산의 담보력과 HUG 보증이 자금조달의 기반이 된다.

〈공공지원민간임대리츠 자금조달구조〉

총사업비	DEBT (80%)	임대보증금 (15%)
		민간융자 + HUG보증 (35~45%)
		기금융자 (20~30%)
	EQUITY (20%)	기금우선주 (14%)
		민간보통주 (6%)

다. 공공지원민간임대리츠 현황

공공지원민간임대리츠는 2015년 제도 도입 이래 2023년까지 전국 107개 사업장에 사업지당 평균 840호의 주택을 공급하였다. 이는 약 8.9만 호로 전체 주택재고 대비 약 0.4%에 해당하는 수준이다. 지금까지 주택도시기금은 공공지원민간임대리츠에 약 4.5조 원을 출자하였으며, 사업지당 평균출자규모는 약 426억 원이다.[3]

공공지원민간임대리츠는 주택도시기금 사업 전체에서 어느정도 비중을 차지할까. 2023년도 주택도시기금 업무편람에 따르면, 주택도시기금 운용총액인 105.5조 원 중 0.42조 원이 임대주택리츠에 출자되었으

---

3 공공지원민간임대리츠 사업현황, 주택도시보증공사, 2023년

며, 이는 전체 주택도시기금 운용총액 대비 약 0.4%에 해당한다. 한편 자산총액을 기준으로 살펴보면, 주택도시기금 자산총액인 220.7조 원 중 4.5조 원이 임대주택리츠에 출자된 출자금이다. 이는 전체 주택도시기금 자산총액 대비 약 2.1%에 해당한다.

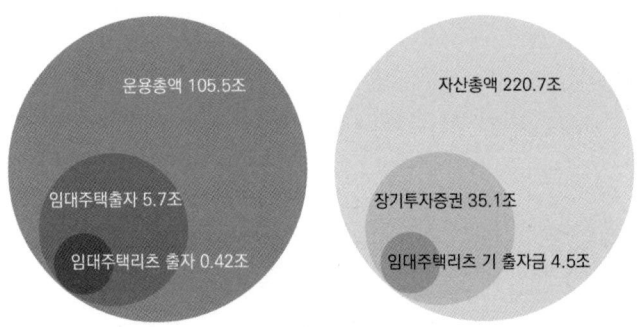

〈주택도시기금 운용 및 자산 현황〉

출처 : 2023년 주택도시기금 업무편람

임대주택리츠 출자액(계획 기준) 예산은 2014년부터 2023년까지 평균 8,096억 원을 책정하였으며, 2014년부터 2017년까지 지속적으로 증가하였으나, 2018년부터 2021년까지 예산폭이 감소하였다. 실제 임대주택리츠 출자는 2014년부터 2023년까지 연 평균 5,341억원을 집행되었으며, 2017년부터 2019년까지 실적이 크게 감소하였다. 임대주택리츠 출자액의 계획 대비 실적은 평균 2,755억 원의 차이를 보였으며, 2017년부터 2019년도까지의 계획 대비 실적의 큰 차이를 보였다. 이는 주택경기 호황으로 인해 민간임대주택 신청사업장이 상대적으로 감소하였기 때문으로 예상된다.

⟨임대주택리츠 출자 계획 및 실적, 증감추이⟩[4]

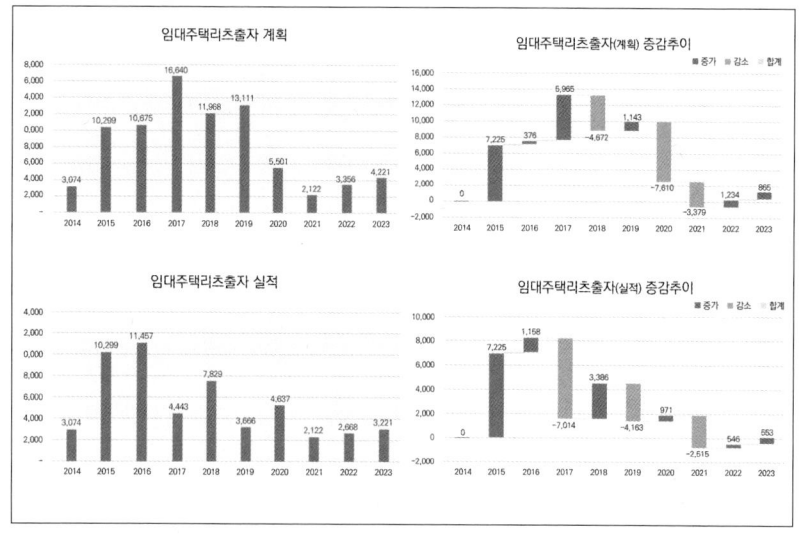

III. 공공지원민간임대리츠 향후 과제

　지금까지 약 10년간 전국에 약 9만 호 가량의 공공지원민간임대리츠가 공급되었다. 앞서 임대주택 리츠사업을 주택공급 패러다임 전환을 위해 확대, 발전할 필요가 있다고 평가했다. 자가주택에 비해 저부담임대주택이라는 점과 분절·단독적 주택공급방식이 아닌 연속·협력적이라는 점에서였다. 하지만, 임대주택 리츠사업은 개별가구의 자산증식에 기여하지 못한다는 점과 공공임대주택에 비해 임대료 절감 효과가 높지 못하다는 점을 들어 확대가 부적절하다는 목소리가 있다. 양적 확

---

[4] '2023년도 주택도시기금 업무편람' 편집 및 작성, 계획물량을 알 수 없는 경우의 해는 실적물량 준용

대와 더불어 임대주택 리츠사업이 해결할 향후 과제에 대해 살펴보고자 한다.

1. 물량확대와 공공성 제고라는 두 마리 토끼

최근 대규모 깡통전세·전세사기로 인해 피해자가 증가하고, 민간전세주택에 대한 임차가구의 불안이 커지고 있다. 주택도시보증공사(HUG)와 같은 국가보증기관의 보증보험상품을 통해 개인들의 불안감을 해소하려고 하지만, 이는 임대인의 전세보증금 미반환에 따른 피해를 국가 전체의 부담으로 돌리는 미봉책에 불과하다.

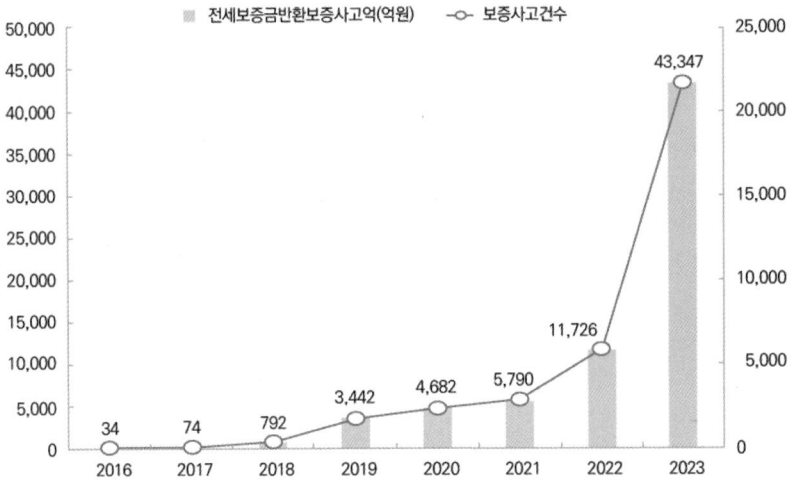

〈전세보증금 반환보증보험 사고 추이〉

출처 : 주택도시보증공사

핵심은 안심하고 살 수 있는 안전한 주택의 공급이다. 민간전세임대주택을 대체할 새로운 공급모델에 대한 필요성이 증가하면서 임대주택

리츠의 역할이 조명되고 있다. 주택 정책은 크게 공공 영역과 민간 영역, 분양주택과 임대주택으로 나누어 볼 수 있는데, 임대주택 리츠사업은 개인 다주택자가 주된 공급 주체였던 민간임대주택시장 내에서의 새로운 시도이다. 기존 민간전세주택이 개인 다주택자의 취약한 재무구조에 기대어 왔다면, 임대주택 리츠사업은 민관합작출자 리츠가 임대인이 되어 상대적으로 안전한 재무구조를 갖추고 있다. 따라서 상대적 장점을 가지고 있는 공공지원민간임대주택 물량의 확대가 필요하다.

| 주택정책 구분

구분	공공주체	민간주체
분양주택	공공분양주택	민간분양주택
임대주택	공공임대주택	민간임대주택

앞으로 임대리츠 사업이 해결해야 할 과제는 물량 확대와 동시에 어떻게 가격과 퀄리티라는 공공성을 제고할 것인가 하는 것이다. 연간 약 1만 호의 기존 공급물량을 그 이상으로 확대하면서도, 주변 시세대비 90%(일반공급 95%, 특별공급 85%)라는 임대료 부담을 유지 혹은 추가 경감하는가이다. 또한, 가격 이외의 퀄리티 제고에 대한 도전도 있다. 전통적으로 가격 이외의 주택 품질은 입지, 거주가능기간, 건축물 품질, 입주자 포괄성 등으로 평가된다. 여기에 더해 최근에는 입주자의 개발 및 운영단계 참여가능성, 이익공유 가능성, 커뮤니티공간 및 프로그램도 주택 퀄리티를 이루는 요소로 평가되고 있다.

2. 공공정책의 트릴레마

임대주택 리츠의 향후 방향성에 대해서 구체적으로 논하기 전에 공공정책 설계 시에 반드시 염두에 두어야 할 점에 대해 논해보고자 한다. 성공적인 공공정책은 '가격, 품질, 물량(접근성)'이라는 세 마리 토끼를 모두 잡아야 한다. 하지만, 현실에서는 세 가지 중 한 가지 이상을 놓칠 수 밖에 없는데, 이를 '공공정책의 트릴레마'라고 한다.

선진국 의료정책을 예로 들어보자. 미국의 경우 양질의 의료서비스를 적시에 누릴 수 있지만, 의료비가 비싸기로 악명이 높다. 때문에 미국에 거주하는 한인들이 병원 치료를 위해 한국에 들어오는 경우를 심심찮게 볼 수 있다. 한편, 유럽의 경우 저렴한 가격으로 적정 수준의 의료서비스를 받을 수 있지만, 간단한 치료에도 짧게는 몇 주에서 길게는 몇 달을 대기해야 한다.[5] 미국과 유럽의 사례는 좋은 품질의 의료서비스를 치료가 필요한 적시에 저렴한 가격으로 받을 수 있는 것이 무척 어려운 것임을 보여준다.

〈공공정책의 트릴레마〉

이번에는 한국의 주택공급정책을 들여다보자. 개인분양주택은 한국의 대표적인 주택공급방식이다. 개인이 주택개발단계에서부터 개발비용을 부담하고 토지 및 건물 전부를 매입한다. 주거안정성이 높고 자산

---

5 유럽 내에서도 각국의 상황이 다를 것이며, 저자가 이해하는 유럽 전반에 대한 총평을 한 것이다.

가격 상승 시 자본차익을 거둘 수 있어 개인선호도는 높으나, 수요자의 재정부담이 높아 충분한 재정력이 뒷받침된 수요자만 접근이 가능하다. 또한, 건설주체는 주택을 판매해야만 사업수익을 거둘 수 있기 때문에 가격보다는 개인의 소유 선호를 충족할 수 있는 입지와 건축품질로 상품을 공급한다. 한편, 자산가치 상승에 대한 기대가 줄어들거나, 수요자들의 재정력이 뒷받침되지 않으면 작동되기 어려운 공급방식이다. 앞선 평가틀로 살펴보면 가격보다는 품질과 물량에 중점을 둔 공급방식이라고 할 수 있다.[6]

한편, 공공임대주택은 공공이 개발비용을 부담하고, 토지 및 건물 전부를 소유, 임대·운영하는 공급방식이다. 입주자의 주거안정성은 높지만 자산가치 상승에 대한 자본차익을 얻을 수 없고, 공공임대주택정책의 잔여적 운용으로 인한 낙인효과가 있어 개인들의 선호가 상대적으로 떨어진다. 한편, 건설주체인 공공의 역량과 책정예산에 따라 주택의 품질과 물량에서 큰 차이를 보인다. 수요자들의 선호에 부합하지 않는 입지와 평형, 품질로 공실을 보이는 경우도 있고, 수요자의 선호에 비해서 공급물량이 부족하다.[7] 수요대비 공급이 부족한 것은 재정부담이 높은 공공임대주택정책의 근원적 한계이다. 한국의 저성장 기조와 글로벌 금리변동성 증가로 주택구매를 통한 매각차익 기대가 줄어들고, 주택시장 참여자들의 재정력 부족으로 점차 공공임대주택에 대한 수요는 증가할 것으로 예상된다. 앞선 정책평가 틀로 살펴보면, 공공임대주택은 품질과 물량보다는 입주자가 부담하는 가격목표에 중점을 둔 공급방식이라

---

[6] 한국의 개인분양주택은 국가의 택지공급 및 건축인허가, 주택청약 및 선분양제도, 전세제도 등과의 연관성 측면에서 볼 때, 순수한 민간시장상품이라기보다는 공공과 민간의 정책적 결합을 통해 공급된다고 보는 것이 더욱 합리적이라고 본다.
[7] 공공임대주택 입주희망수요는 394만명에 이르는 반면, 공급물량은 168만호로 수요에 비해 공급이 부족한 실정이다.

고 할 수 있다.

공공정책의 트릴레마를 극복하기란 무척 힘들다. 특히, 토지확보, 주택설계 및 인허가, 시공, 운영에 이르는 장기간의 과정동안 토지주, 지자체, 건설사 등 여러 이해관계자와의 협업을 통한 정책이라는 점에서 주택공급정책은 그 난도가 더 높다. 기간도 길고, 공공이 정책기획 및 실행의 전 영역을 여러 이해관계자와 함께 수행해야 한다. 이러한 트릴레마를 한 방에 해결해 줄 꿈의 주택정책은 없다. 우리가 시도할 수 있는 여러 대안이 있을 뿐이다.

가장 먼저 떠오르는 해결책은 추가 재정투입이다. 그간 주거복지 예산 확대를 요구하는 목소리가 점차 거세졌지만, 타 분야 예산을 깎아야만 하는 제로섬(Zero-sum)의 예산구조 하에서 재정투입 확대는 여전히 난망하기만 하다. 개별 주택의 공공성 제고는 재정한계와 맞물려 물량 확대를 어렵게 한다. 현행 공공임대주택의 상황이 딱 이러하다. 물량과 가격의 한계에 갇혀 시계추처럼 흔들리고 있다. 물량부족의 한계를 막고자 '1년에 10만 호', '임기 내 50만 호' 등의 양적 목표를 앞세우면 과다 재정지출로 이어져 재정의 운용효율성이 떨어지는 문제에 봉착하게 된다.

공공임대주택 중 매입임대주택 정책은 이러한 딜레마에 빠져있다. 2023년 국토부는 LH공사 수유칸타빌 매입임대주택 고가매입 사태로 매입가격을 감정가에서 원가이하로 하향조정하였다. 이로 인해 매입접수물량이 감소하여 공급목표를 달성할 수 없게 되자 다시 건설원가 수준으로 매입가격을 상향 조정하였다. 한편, 2024년도 대규모 전세사기 사태로 주거안정을 위한 매입임대주택 확대 필요성이 제기되자 물량 확대 및 매입가격 상향으로 정책 운용방향이 선회하였고, 2024년도 중순부터 수도권 100호이상 물량을 공사비 연동형 구조로 변경하여 매입가격을 책정하고 있다. 이 사례는 공공정책 운용의 핵심이 가격과 물량의 딜레마에서 균형점을 잡는 것이라는 점을 보여준다.

또 하나의 대안은 정책 운용과정에 참여하는 참여자를 늘리는 것이다. 참여주체가 많아야 주체간 협력과 경쟁을 통해 적정한 가격과 품질을 유지하면서도, 충분한 물량을 확보할 수 있다. 이를 한마디로 주체 육성과 생태계 조성이라고 한다. 공공의 정책적 목표를 달성하기 위한 토대를 만드는 작업으로써 그 중요성이 높다고 볼 수 있다. 이 과정에서 '특혜 시비'가 발생할 수 있기 때문에, 투명하고 공정한 절차 이행에 충분한 행정적 자원 투입이 필요하다. 또 다른 솔루션은 공급과정에 참여하는 이해관계자와의 원활한 파트너십을 구축하는 것이다. 파트너십 구축은 기관간 정보교류를 넘어 모델을 만들고, 개별 주체가 할 수 없는 목표를 위해서 각자의 역할을 분담하는 것이다. 이러한 주체 육성과 생태계 조성, 파트너십구축을 통해 정책효율성을 제고하고, 재정지출을 최소화할 수 있다.

Ⅳ. 공공지원민간임대리츠 사업모델 개선

앞선 과제를 해결하기 위해서 기존 공공지원민간임대리츠 사업구조를 조금 더 살펴보고, 개선지점에 대해 논해보고자 한다.

1. 기존 사업모델

가. 매각청산이익 중심의 건설사 주도 모델

임대주택사업의 수익구조는 운영기간 중 운영수익과 최종 매각시점의 매각수익으로 양분된다. 공공지원민간임대리츠는 주거복지 실현을 목적으로 시세대비 저렴한 임대료로 공급하는 민관협력모델이기에 공공지원의 반대급부로 임대료 상승제한을 적용받는다. 따라서, 개발기간 및 임대운영기간 중에 수익을 보기 어렵다. 손해를 보면서 사업을 할 민간주체는 없기 때문에, 이 모델이 그동안 공급된 것은 사실상 주택매각에 따른 기대이익이 개발 및 운영기간 중 손실을 벌충하기에 충분하기 때문이다. 주택가격상승률이 높은 우수한 입지에 자리한 경우 매각수익을 기대하며 소유를 유지한다.

현행 의무임대기간 10년형 공공지원민간임대주택은 소유구조는 임대주택이지만, 실질적인 수익구조는 매각수익 추구형 모델이라고 볼 수 있다. 사업자는 운영기간 중 손실을 감수하더라도 최종 시점에 매각가치로 누적된 손실을 만회하고, 사업수익을 거둔다. 주택도시기금과 사업자 배당수익이 대부분 매각수익에 집중되어 있다.

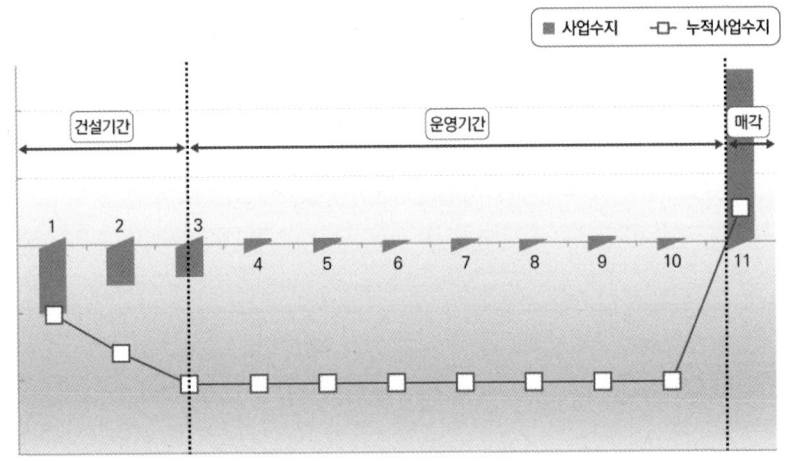

〈공공지원민간임대리츠 사업수지〉

한국리츠협회의 조사에 따르면 국내 82개 공공지원민간임대리츠의 10년간 임대운용 연평균 배당률은 －1.3%이다. 운영수익형 주택모델이 아닌, 의무임대기간만큼 수익실현시점이 이연된 분양주택모델이라고 할 수 있다. 애초 주택도시기금 출자, 융자 등의 정책지원 목적이 주거복지 실현에 있고, 시세대비 저렴한 임대료 책정이 그 핵심이기에 저렴한 임대공급을 위해서 임대사업자의 운영 손실은 불가피하다고도 볼 수 있다.

이와 같은 10년형 임대주택 시장의 주요사업주체는 건설사이다. 건설사는 해당사업장의 시공을 담당하기에, 운영기간 중 손실로 인해 실현할 수 없는 자본수익을 공사비에 반영하여 개발기간 중 사업비로 벌어들인다. 따라서, 공사비에 자본금 출자 수익이 반영되어 단순 도급사업에 비해 공사비가 높게 형성된다.

나. 경직된 금융구조

민간임대주택사업은 사업기간 내 Exit이 법적으로 제한되어 있으며, 의무운영기간 종료후에야 자산 매각을 통해 Exit가 가능하여 장기 투자만 가능한 구조이다. 또한, 현재 국내 금융시장은 단기성 부채중심으로 이루어져 있어, 장기 투자자금은 시중 조달이 어렵다. 임대주택 사업의 가장 큰 허들은 장기자본 투자와 전세중심의 주택수요시장 형성으로 운영기간 중 배당 어렵다는 점이다. 이를 해결하기 위해서는 운영배당이 가능한 모델을 만들거나, Exit 기간이 길더라도 사업에 투자 참여할 주체가 필요하다.

2. 신유형 20년 장기임대주택

정부는 2024년 8월 '서민·중산층·미래세대 주거안정을 위한 새로운 임대주택 공급방안'을 발표했다. 정책은 한국의 주택공급의 문제점과 이를 개선하기 위한 신유형 장기임대주택에 대한 계획을 담고 있는데, 문제의식과 장기임대주택의 필요성에 대해 공감하는 바이나, 구체적인 구현방안에 대해서는 추가적인 논의가 필요할 것으로 보인다. 신유형 장기임대주택 정책은 의무임대기간을 10년에서 20년으로 늘리는 반면, 운영기간 중 임대료 통제를 낮춰 운영기간 중 사업성을 높이는 방향으로 설계되어 있다. 임차인의 임대료 부담을 높일 우려가 있다. 아래 비교표를 보면, 민간임대법을 통해 적용되어온 임대료규제를 완화하는 방향으로 설계되어 있음을 알 수 있다. 임차인 변경 시 5% 상한조건과 임대료 상승률CPI 연동을 삭제하고, 임차인대표회의와의 협의의무를 삭제했다.

정부 정책안이 이처럼 임차인의 임대료 부담을 늘리는 방향으로 설계된 이유는 공공지원민간임대리츠의 사업구조에서 비롯됐을 것으로 보인다. 현재의 공공지원민간임대리츠는 운영기간 중 임대료를 통제하여 발생하는 적자를 감내하는 대신 건설도급비와 최종매각차익으로 사업이익을 거두는 구조이다. 의무임대기간이 10년인 현재모델에서도 운영기간 중 사업성 부족을 원인으로 건설사 주도로 사업주체가 형성되어 있으니, 20년으로 임대기간을 늘리면 민간사업자들의 사업참여가 저조할 것이고, 이를 극복하기 위해서는 임대수익을 높여서 참여유인을 제고해야만 할 것이다. 적정 사업성이 나와야 민간의 참여를 이끌어낼 수 있다는 점은 재론의 여지가 없지만, 역할과 주체를 확대하지 않고 정해진 틀 내에서만 고민한 것이 아닌가 한다.

| 신유형 장기임대주택 비교표

구 분			현행 10년임대		新유형 장기임대		
			장기일반	공공지원	자율형	준자율형	지원형
최소 임대기한			10년		20년		
아파트 매입임대 허용			×	●	●	●	●
임대료 규제	주임법	2+2년 연장, 갱신시 5% 상한	●	●	●	●	●
	민간임대법	임대보증 가입+임대차계약 신고 의무	●	●	●	●	●
		임대기간 계약갱신청구권, 갱신시 5% 상한	●	●	×	●	●
		초기임대료 규제(시세 95%)	×	●	×	×	●
		임차인 제한(청년, 신혼부부 등)	×	●	×	×	●
		임차인 변경시에도 5%	●	●	×	×	×
		임대료 상승률 CPI 연동	●	●	×	×	×
		임차인대표회의 협의의무	●	●	×	×	×

출처 : 서민·중산층·미래세대 주거안정을 위한 새로운 임대주택 공급방안 발표 (2024. 8. 28, 국토부)

3. 협동조합형 공공지원민간임대리츠

협동조합형 공공지원민간임대리츠(위스테이)는 2016년 국토부 시범사업으로 시행되었다. 일반 공공지원민간임대주택(舊 뉴스테이)에 협동조합 모델을 접목해 만든 사례로, 입주자들로 구성된 사회적협동조합이 개발 단계에서부터 참여하여, 임차인이 간접적인 소유주가 되는 독특한 사업 구조를 가지고 있다. 일반 공공지원민간임대주택과 비교하여 본 사업의 특징을 들여다보자. 통상 건설사가 담당하는 사업주관사의 역할을 사회적기업이 담당하였다. 임대료는 사업공모의 기준이 되는 시세 대비 90%이하 조건에서 추가적인 임대료 인하로 시세 대비 80%이하로 공급하였고, 현재는 시세 대비 50~65%에 공급되고 있다.

〈협동조합형 공공지원민간임대리츠 사업지 전경 및 커뮤니티시설〉

다목적체육관 / 동네헬스장

동네책방 / 동네창작소

동네카페 / 동네스튜디오

공유주방 / 동네세탁소

　본 사업의 가장 큰 특징은 다양한 입주자 참여다. 아파트 입주자들은 입주자만으로 구성된 사회적협동조합에 가입한다. 협동조합은 아파트 입주 시점에 주택도시기금의 출자금 일부와 민간사업자의 지분을 인수하게 된다. 입주자는 임차인인 동시에 조합원으로서 아파트를 간접소유하게 된다. 입주자는 공급단계에도 참여한다. 사업주관사, 조합원, 공간퍼실리테이터, 설계사무소가 모여 커뮤니티시설과 운영 계획을 함께 세운다. 입주 전 워크숍, 소모임을 통한 입주자 간 관계 형성, 정관 및 규약 제정 등의 커뮤니티디자인 프로그램도 진행한다. 별내의 경우 9개월 간 총 46번의 모임을 통해 커뮤니티 디자인을 진행하였다.

가. 사업구조

협동조합형 공공지원민간임대리츠 사업구조는 일반 공공지원민간임대리츠 사업구조에 사회적기업과 입주자로 이루어진 협동조합의 참여가 더해졌다. 일반 공공지원민간임대리츠와 동일하게, LH공사 택지공모절차를 통해서 사업주관사를 선정한다. 사업주관사인 사회적기업은 총사업비의 6% 출자, 차입금 조달, 건축인허가, 입주자 모집 등의 절차를 수행한다. 아울러, 입주자 모집 후 입주자로 이루어진 협동조합의 조직화 및 육성도 동시에 수행한다. 개발이 완료되고 준공된 이후에는 사회적기업과 건설사, 리츠AMC(자산관리회사) 등 민간이 보유한 리츠 지분 전액을 입주자 협동조합에 양수도한다.

입주자협동조합은 개발기간 중에는 커뮤니티시설에 대한 참여형 설계에 참여하여 의견을 내고, 건축물 준공 후 입주시점에는 입주보증금 외 조합출자금을 통해 리츠 지분을 인수한다. 그리고 운영기간 중 아파트의 운영주체가 되어 아파트의 살림살이를 관장한다. 개별 조합원 입장에서 보자면, 소유주체인 리츠와는 임대차계약을 체결하고, 조합과는 조합가입 및 출자를 하게 된다. 조합출자금의 대부분의 금원은 조합의 리츠 지분 인수에 활용된다. 개별 조합원은 입주자협동조합에 출자하고, 조합은 리츠의 지분을 획득하는 과정을 통해 개별 조합원은 임차인이면서 동시에 임대인이 되는 이중지위를 획득한다.

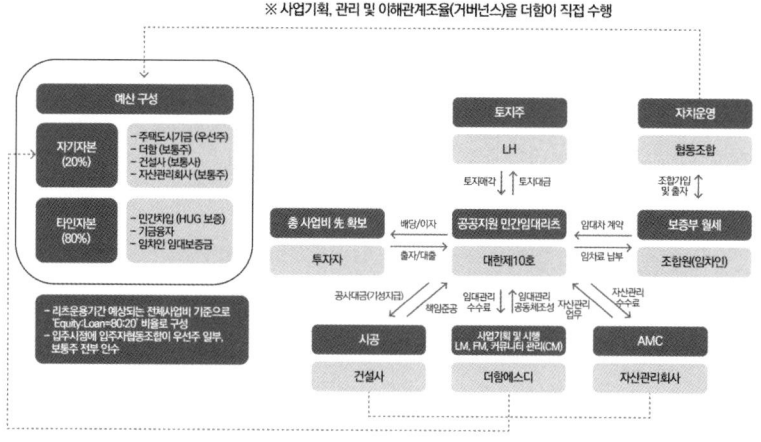

〈협동조합형 공공지원민간임대리츠 사업구조〉

나. 혁신요소

그렇다면 기존 뉴스테이 정책의 한계와 협동조합형 공공지원민간임대리츠의 혁신지점을 살펴보자. 첫째, '시행'과 '시공' 미분리로 인해 적정 공사비보다 높게 책정되는 문제에 대해 '시행'과 '시공'을 분리하였다. 한국의 경우, 부동산 개발 과정에서 '시행'과 '시공'이 분리되지 않고 대형 건설사에 의해 동시에 수행되는데, 이 과정에서 건설비가 상승하게 되고 비용은 고스란히 소비자들에게 전가된다. 또한, 공급의 과정이 철저히 소비자 그룹과 분리되어 있기 때문에, 소비자의 필요를 개발 과정에 반영시키기 어렵다는 단점이 있다. 이를 보완하기 위해 사업주관사인 사회적기업은 시행과 시공을 분리하였고, 시공사와의 협의를 통해 시공비용을 합리적으로 낮추어 냈다. 또한 개발 과정에 소비자들을 참여시켜, 이들의 니즈를 적극 반영하였다. 총 사업비 약 2,000억 원 규모 사업에서 시행 시공의 분리를 통해 약 100억 원의 비용을 줄여내었다. 이렇게 절감한 비용은 시행이익으로 수취하지 않고, 임대료 인하 및 커뮤니티시설 추가설치 등 공공성을 높이는 데 사용하였다.

둘째, 높은 자본이익이 특정주체에게 귀속되는 문제를 입주자협동조합을 설립하여 자본이익의 귀속주체를 바꾸었다. 기존 공공지원민간임대리츠 중 택지공모형 사업의 경우, 공공이 보유한 택지를 감정가 또는 (공공성에 비례해) 조성원가로 민간사업자에게 공급하고, 총사업비의 90~96%를 주택도시기금의 장기·저리자금으로 조달하고, 기타 임대주택의 세제지원도 이루어진다. 민간사업자는 시세대비 95% 수준의 임대료 책정과 전체 세대의 20% 물량의 특별공급을 지켜야 한다. 다양한 공공지원이 이루어지는 만큼 일정 수준의 공공성 실현이 필요한데, 공공지원 대비 낮은 공공성이 문제가 되었다. 여기에 더해 민간사업자는 의무임대기간 종료 후 분양가상한제를 적용받지 않고 분양을 할 수 있어 청산시점에 민간사업자들에게 높은 자본이익 귀속되는 점 또한 문제로 지적되었다. 협동조합형 공공지원민간임대리츠는 민간사업자가 취득한 리츠의 보통주식을 입주자로 이루어진 사회적협동조합에게 취득가액에 준해 양도함으로써, 큰 자본이익의 귀속주체를 선제적으로 다변화하였다. 한 가지 더 살펴볼 것은 입주자로 이루어진 단체가 일반협동조합 아닌 '사회적'협동조합이라는 점이다. 사회적협동조합은 일반협동조합과 달리 조합원 배당이 금지되어 있어, 주택 매각청산에 따른 특혜 논란을 일부 불식할 수 있다.

셋째, 형식적이고 행정적인 임대관리를 입주자참여기반의 운영관리로 혁신하였다. 그간 민간의 부동산 개발 영역에서는 빠르게 지어 빠르게 분양하는 전략이 우세할 뿐 '운영'이 중요하게 여겨지지 않았다. 일반 공공지원민간임대주택(舊 뉴스테이)의 경우 주거서비스 의무화하고 있으나, 형식적이고 행정적인 수준의 임대관리에 그치고 그 효과와 확산도 미미하다. 위스테이는 공용공간에서 일어나는 주민들의 다양한 커뮤니티 활동에 관심을 기울이고, 실제 이용자들의 의견을 적극 반영하여 계획을 수립했다. 입주민들을 운영에 적극 참여시키기도 했다. 자발적참여로 운영의 질을 높이는 동시에 일자리 창출 효과도 거두었다. 위스테이 별내는 80여 개의 마을 일자리에 입주민들이 직접 참여하고, 400여 명의 입주민들이 50개의 자발적인 동아리에서 커뮤니티 활동이 이루어지고 있다. 코로나19로 인해 발생한 돌봄 공백을 공동육아, 마을 돌봄 등의 활동으로 해결하기도 한다. 입주민이 직접 아파트 내 다양한 직업군에 직접 참여하며 아파트 단지 내에서 벌어지는 '갑질' 문제도 해결할 수 있었다. 이처럼 협동조합형 공공지원민간임대리츠는 시행과 시공의 미분리에 따른 고비용문제, 높은 자본이익이 특정주체에게 귀속되는 문제, 공공지원 대비 낮은 공공기여와 형식적이고 행적적인 수준의 임대관리라는 기존 공공지원민간임대주택의 한계를 전환적 사고를 통해 혁신하였다.

〈협동조합형 공공지원민간임대리츠 입주자 커뮤니티 디자인 현장〉

다. 시사점

협동조합형 공공지원민간임대리츠를 통해 공공성 제고방안을 살펴보자. 협동조합형 공공지원민간임대리츠의 임대료는 주변 시세대비 약 50~65% 수준으로, 동일 유형의 타 공공지원민간임대주택(시세대비 85~95% 수준)보다도 월등히 저렴하다. 입주자를 위한 대규모 커뮤니티시설을 갖추었다는 점도 상찬할 만하다. 위스테이는 어떻게 저렴한 임대료로 공급할 수 있었을까.

먼저 개발원가 절감이다. 주택개발사업은 토지비, 공사비, 금융비 등의 사업비가 발생한다. 줄일 수 있는 개발원가를 절감하는 것이 공공성 제고의 첫 단추이다. 먼저 토지비 절감방안을 살펴보자. 위스테이지축의 경우, 토지를 매입하지 않고 의무임대기간동안 토지를 임대하는 '토지임대부'사업으로 진행되었다. 토지는 '토지지원리츠'가 보유하고, 임대주택을 공급하는 공공지원민간임대리츠에 임대를 하였다. 이를 통해 사업 초기 토지매입에 따른 조달비용을 절감할 수 있었다. 공사비의 경우, 전술한 '시행'과 '시공'의 분리를 통해 절감할 수 있었다. 시행자와 건설사업자 사이에는 본원적으로 긴장관계가 형성되어야 하고, 이에 의해 도급공사비에 대한 협상 및 품질 수준에 대한 관리 감독이 자연스럽게 이루어진다.

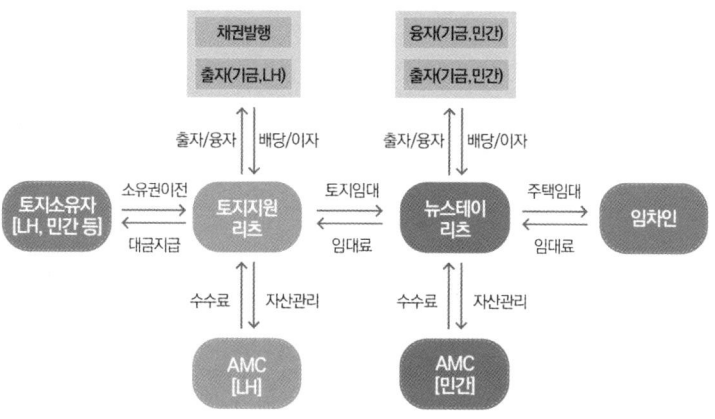
〈토지지원리츠 사업구조〉

두 번째, 운영기간 중 자본출자주체의 다변화이다. 공공은 출자, 융자, 보증 등을 통해 금융지원을 하고 있다. 하지만, 사업을 위해서는 총사업비 약 6% 수준의 운영기간 중 자기자본 출자가 필요하다. 자본구조의 가장 밑단을 받쳐주는 보통주이다. 현재는 안정적인 지가상승이 예상되는 공공택지의 경우에도, 건설사가 유일한 출자주체이다. 10년이라는 의무임대기간동안 시세 대비 저렴한 임대료 공급이라는 정책 취지를 위해 운영기간 중 사업이익이 발생하지 않기 때문에, 공사비를 통해 일정부분의 수익을 거둘 수 있는 건설사가 아니면, 출자를 할 수 없다. 하지만, 위스테이는 저렴한 임대료로 혜택을 보는 입주자들을 운영기간 중 출자참여자로 전환하였다. 이를 통해 외부출자에 따른 자본비용을 절감할 수 있었다. 이처럼 건설사는 단순도급주체로 참여하고, 운영기간 중 자본출자 및 청산이익 향유주체를 입주자, 시민, 공공으로 다양화할 필요가 있다.

세 번째, 공공지원 및 원가절감을 통해 확보한 공공성 발현 가능요인을 임대료 절감 등 공공성 실현으로 매개할 수 있는 제한영리주체이다.

일반적인 시장상품이라면, 공정 혁신과 원가 절감을 통해 만들어진 잉여이익은 사업주체의 수익 증가로 귀결된다. 하지만, 제한영리주체는 일반 영리기업 대비 적정 사업이익을 수취하고, 공정 혁신과 원가 절감을 통해 조성한 잉여분을 커뮤니티시설 면적 확대, 임대료 인하 등의 사회적가치로 환원한다. 위스테이는 개발단계는 사회적기업이, 운영기간은 입주자협동조합이 주체가 되어 사업을 이끌었다. 그리고 같은 기간 자본금을 출자하였다. 사회적기업 및 보통주 주주가 보유한 주식 전부를 준공 시점에 입주자협동조합에 액면가로 양수도하였는데, 이 지점에 주목할 필요가 있다. 개발사업은 토지매입, 건축인허가, 자금조달, 시공, 판매(임대) 등의 과정을 거치며, 사업의 불확실성과 위험이 점차 줄고, 미실현 사업이익이 점차 증가된다. 준공 전후의 사업 가치는 판이하게 달라진다. 사업주체 및 자산소유주체는 리츠이기 때문에, 준공 후 리츠의 주식가치는 준공 전에 비해 크게 상승한다. 하지만, 사회적기업은 사업 전반부의 여러 위험을 감수하고도, 준공 후 입주자협동조합에 액면가로 주식을 양도하였다. 이로 인해 입주자협동조합은 재무적 부담을 최소화하면서, 안정적인 임대를 영위할 수 있었다.

구분	내용
개발원가 절감	시행과 시공을 분리하여 시공비용을 단순 도급공사금액 수준으로 절감
장기저리 금융	입주자 협동조합의 출자참여를 통해 저렴한 임대료 유지에 따른 사업적자를 감내할 수 있는 자본을 조달하고, 외부출자에 따른 자본비용을 절감
제한영리 주체	일반 영리기업 대비 적정 사업이익을 수취하고, 절감한 공사비 및 금융비를 커뮤니티시설 면적 확대, 임대료 인하 등의 사회적 가치로 환원

```
        개발원가
         절감
          △
제한영리        장기저리
 주체           금융
```

4. 세부 개선방안

가. 우수모델의 평가 및 확대 시스템 구축

2015년 뉴스테이 사업의 편중된 이익설계로 인한 문제가 제기되었고, 이에 대한 보완책으로 2016년도 '협동조합형 공공지원민간임대리츠'가 추진되었다. 본 사업은 여러 측면의 혁신을 만들면서 우수사업으로 평가받았다. 국토부가 진행한 '협동조합형 공공지원민간임대주택 모니터링 연구'에 따르면 본 사업은 경제적측면과 사회적측면 모두에서 우수하다는 평가를 받았다. 또한, 저출산·고령화가 사회의 주요사안으로 조명되고, 각 분야에서 저출산·고령사회 대응을 위한 정책적 노력이 이어지고 있는 가운데, 협동조합형 공공지원민간임대주택은 주택분야에서의 우수한 사례로 평가받고 있다. 한국보건사회연구원의 연구에 따르면, 협동조합형 공공지원민간임대주택은 육아가구의 육아에 실질적인 도움을 주고 있다. 하지만 본 모델은 사업유형으로 자리 잡지 못하고, 일회성 사업에 그치고 말았다. 이는 우수 사업모델에 대한 평가와 확대 시스템이 부재함을 보여준다. 우수모델에 대한 평가와 지속적인 사업으로 확대될 수 있도록 할 수 있는 시스템을 구축할 필요가 있다.

나. 공공성 평가지표 다양화 및 실현정도에 따른 차등적 인센티브 부여

현재 공모사업의 평가 지표는 임대기간, 임대료, 주거품질 등에 특정 지표에 국한되어 있으며, 운영 및 커뮤니티 활성화를 위한 재원 투입 및 계획은 평가 가점으로 인정되지 않는다. 새로운 주택공급모델이 가능하기 위해서는 임대기간, 임대료, 주거품질, 자산축적 가능성을 포함한 운영 및 커뮤니티에 대한 평가지표의 다양화가 필요하다.

또한 민간임대주택 사업의 경우, 현행 10년의 임대의무기간 이상으로 임대기간을 강화할 경우 이에 대한 가점을 충분히 부여하고, 임대료도 시세 80% 이하를 기준으로 하되, 임대료를 이보다 추가적으로 낮출 경우 가점을 주는 방안을 적용하여 공공성 실현 정도에 따라 차등적으로 평가할 필요가 있다. 입주자들의 삶의 질과 커뮤니티 조성에 결정적인 역할을 하는 커뮤니티시설 면적 규모 및 시설/집기비품 설치 계획에 대한 지표가 들어갈 필요가 있다. 또한, 공모사업자 당선 이후 추가적인 공공성 강화가 있을 경우, 이를 반영하여 주택도시기금 출·융자의 직접금융지원 및 보증을 통한 간접금융지원의 정도를 차등화하여 사업자의 공공성 강화에 대한 차등적 인센티브를 부여할 필요가 있다.

다. 투자주체 다변화를 통한 장기 투자자본 조성

공공지원민간임대주택은 건설사 등 민간기업이 자본이익을 수령하고 있다. 공공지원민간임대주택이 순수하게 민간의 책임과 계산으로 진행되고 민간이 순수하게 리스크를 부담하는 것이라면 그에 대한 반대급부로 이익 또한 정당화될 여지가 있겠으나, 감정가·조성원가 수준의 택지공급, 주택도시기금의 2~3% 장기·저리 자금의 총사업비 90~96% 충당 등 높은 수준의 공공지원이 이루어지는 만큼 적절한 수준으로의 통제는 필수적이라고 판단된다.

이익의 절대크기보다 이익의 귀속주체가 중요하다. 다양하고도 압도적인 수준의 공공지원이 이루어지는 데 비해 이익은 전체사업비의 극히 일부만을 투입한 특정 민간사업자에게 귀속되는 사업구조가 유지되고 있다. 공공지원민간임대주택은 대부분 특수목적법인을 활용하고, 자본을 투입해 해당 특수목적법인의 보통주를 취득하는 주체가 자연스럽게 청산 시 배당이익을 수취해 가는 구조이기 때문에, 보통주의 소유주체를 다변화하는 것만으로 이익의 상당 부분을 환수하는 것이 가능하다. 예를 들어 자본이익을 수령하는 주체를 민간사업자가 아닌 공공·입주자·일반시민으로 다변화할 수 있다.

예를 들어, 사업시행주체는 특수목적법인이 담당하되, 해당 법인의 보통주 주식을 개별임차인이 획득할 수 있다. 임차인이 주식의 일부를 취득하도록 하고, 실거주자 후 주택가격 상승에 따른 혜택을 공유 받는다. 이는 국토부가 2020년 5월 발표한 '수도권 주택공급 강화 방안'에 포함된 내용이다. 한편, 입주자로 이루어진 협동조합이 이익 수취의 대상이 될 수도 있다. 입주자가 결성한 사회적협동조합이 입주 시점에 특수목적법인의 보통주 전부를 인수하고, 자산 처분시점에 실현된 자본이익은 협동조합에 귀속되어 입주자 공동체 및 지역사회를 위한 자금으로 사용될 수 있도록 한다. 협동조합을 '협동조합기본법'상 사회적협동조합으로 한다면 개발이익을 개별 조합원에게 배당할 수 없어 특혜 논란을 일부 불식할 수도 있다. 전술한 바와 같이 남양주 별내지구와 고양 지축지구에서 국토교통부 시범사업으로 시행된 협동조합형 공공지원민간임대리츠 사업으로 기 시행된 바 있다. 공공의 지분참여로 LH공사 및 지자체도시공사가 출자할 경우 사업이익을 공공기관에 귀속시킬 수 있다. 마지막으로, 해당 특수목적법인의 보통주 전부 또는 일부를 주식시장에 공모 상장하는 방법도 가능하다. 이를 통해 일반 시민이 손쉽게 접근할 수 있도록 하여 개발이익이 일반 시민 모두에게 귀속될 수 있는 구조를 설계할 수도 있다.

　공공지원민간임대리츠는 시세 대비 저렴한 임대료로 주거복지를 실현할 것을 목표로 하여 공공지원이 이루어지는 사업이기에, 운영수익 제고를 위한 임대료 통제 완화는 사업목표에 반할 수 있다. 따라서, 투자자 다변화를 통해 이를 해결할 필요가 있다. 아래는 자본투자자로 고려할 만한 대상층이며, 이는 시범사업을 통해 작동가능하다는 것을 확인하였기에 충분히 고려해 볼 수 있다.

보통주 소유 주체	내용	장점
개별 임차인	개별임차인이 보통주를 직접 취득. '20년 국토부 '수도권 주택 공급 강화 방안', '24년 한국은행 '한국형 New 리츠'에 포함	실거주자가 주택가격 상승에 따른 혜택을 공유 받을 수 있음
입주자 협동조합	협동조합형 공공지원민간임대리츠와 같이 입주자가 결성한 사회적협동조합이 입주 시점에 리츠 주식 인수	자본 이익이 사회적협동조합에 귀속되어 입주자 공동체 및 지역사회를 위한 자금으로 사용. 사회적협동조합은 이익을 개별 조합원에게 배당할 수 없어 특혜 논란을 일부 불식할 수 있음
공공의 지분 참여	LH공사 등 공기업이 리츠에 출자	공공기관으로 사업이익이 귀속. 법인의 영업이익으로 단순 귀속되기보다는 별도 재원으로 공공성 있는 사업에 투입될 수 있는 구조 설계 필요
공모 상장	리츠의 주식을 공모 시장에 상장	일반 시민이 손쉽게 접근 할 수 있는 공모 시장에 상장해 이익이 시민에게 귀속될 수 있는 구조 담보

V. 나가며

　주택도시기금을 통한 주택 공급사업 중 공공지원민간임대리츠를 중

점적으로 살펴보았다. 공공지원민간임대리츠는 주택도시기금을 활용한 여러 주택공급사업 중 하나이지만, 향후 주택공급 패러다임 전환에 주요한 역할을 할 것으로 보인다. 또한, 향후 주택수요자의 추이와 필요를 고려할 때, 공공지원민간임대리츠는 공급 확대가 필요하다.

현재 공공지원민간임대리츠는 건설사 주도의 매각차익 중심 모델로 설계되어있다. 앞서 살핀 바와 같이 공공정책의 트릴레마에 빠지지 않고, 물량과 가격, 품질이라는 KPI(Key Performance Indicator)를 모두 달성하기 위해서는 모델의 개선과 다양화가 필요하다. 본고에서는 대안모델로 협동조합형 공공지원민간임대리츠를 살펴보았다.

완벽한 모델을 찾는 것보다 더 중요한 것은 실현을 위한 각 주체들의 개선의지와 노력이다. 공공지원민간임대리츠는 기존 민간분양주택, 공공임대주택 위주의 주택생태계에서 필요성과 역할을 증명하고, 모델로서의 자리를 확보해야 한다. 또한, 공급주체들은 주체간 협력을 위한 리츠(REITs) 사업구조를 학습하고, 적응해야 한다. 변화 과정에서 의견 충돌과 혼란이 있을 것이다. 하지만, 주거문제가 한국사회의 지속가능성을 짓누르고 있는 만큼 그 속도를 늦출 수 없다. 변화를 통해 새롭게 맛볼 달콤함에 비하면 경로 수정은 가성비 높은 선택일 것이다.

에필로그

유욱 법인(유한) 태평양 변호사/재단법인 동천 이사장

주택도시기금에 관한 최초의 분석서를 발간하게 된 것을 기쁘게 생각한다. 이 책은 법무법인(유한)태평양과 재단법인 동천이 2023년 발간한 《주거공익법제연구》(공익법총서 제9권)을 출발점으로 한다. 《주거공익법제연구》는 2023년 전세사기 사건으로 많은 피해자가 나오고 이에 대한 구제입법의 필요성에 대하여 사회와 국회 차원에서 논의가 진행되는 가운데 주거불안이 여성 1인의 합계 출산율 0.78이라는 세계 최저 출산율의 주된 원인이고 이 문제 해결 없이 우리 사회가 지속 가능하지 않다는 뒤늦은 깨달음으로 기획된 책이다. 책 출간과 동시에 동천에 주거공익법센터가 설치되었는데, 마침 《주거공익법제연구》의 출간을 보고 그 취지에 공감한 풀무원 한마음재단의 재정 지원으로 전담 연구원(이성영)을 모셔서 센터로서 활동을 펼칠 수 있게 되었다. 동천 주거공익법센터는 우리 사회 주거취약계층의 주거문제 해결과 관련하여 공적인 자금이 얼마나 되고, 어떻게 쓰이고 있는지 먼저 살펴보기로 하고 주택도시기금을 맨 처음 과제로 설정하였다.

주거취약계층을 위한 공공임대주택 등 공공주택의 공급은 공적인 자금에 의할 수밖에 없으므로 공적인 자금은 공공주택의 공급을 좌우하는 결정 요인이다. 공공주거정책의 주요 영역인 공공임대와 최근 급증하는

전세자금대출 등 수요자 금융의 핵심 재원은 주택도시기금으로 주택도시기금은 정부 예산이 아니고 정부가 국민들에게서 저리로 빌린 돈인 바, 주택도시기금에 대하여 체계적인 논의를 찾아보기 어려운 것은 의외의 일이었다. 그것도 주택도시기금이 자산 221조원(2022년), 5년 평균 조성액 연 약 100조원이라는 대규모의 기금이라는 점을 고려하면 더더욱 그러했다. 한참 지난 다음에 왜 주택도시기금에 대한 체계적인 논의가 적은지 어느 정도 알게 되었는데, 그 단서는 이제까지 공공주택과 관련하여 논의를 하여 온 연구자들이 대부분 도시계획학과 건축학, 부동산학 전공자들이라는 점에서 찾을 수 있었다. 주택도시기금을 규율하는 법률로는 주택도시기금법이 있으나, 주택도시기금은 기본적으로 국가재정법에서 규율하는 기금 중 하나여서 국가재정법의 적용도 받게 되어 주택도시기금의 거버넌스, 운영체계에는 국가재정법이 규정하는 일반적인 기금의 거버넌스와 운영체계가 적용되는데, 도시계획학과 건축학 중심의 연구자들이 거시적인 관점에서 이러한 국가재정법을 이해하고 접근하기는 쉽지 않았을 것이고 그러한 점이 주택도시기금에 대한 체계적인 논의가 부족한 한 이유였을 것으로 짐작되었다. 다른 한편, 기재부나 국가재정법 연구자들은 주거문제를 자신들이 주된 관심 대상으로 보지 않다 보니 논의에서 멀어진 측면도 있는 듯하다.

이에 더하여 국민연금법에 의한 국민연금의 경우 그 근거법에 의하여 거버넌스, 공시 등이 국가재정법과 별도로 규율되는 것과 달리 주택도시기금은 68개 정부 기금 중 하나로 취급되다 보니 공시, 국회에 의한 감독통제의 사각지대에 있게 된 것 아닌가 짐작되는 측면도 있다.

다른 한편, 주택도시기금의 주무부처인 국토부와 그 운영위탁을 받은 주택도시보증공사(HUG) 및 실질적으로 거의 대부분의 기금을 사용하여 공공임대주택 등을 건설, 운영하는 LH공사 등에 의한 거버넌스 구조가 수십 년 간 강고하게 자리 잡다 보니 연구자들에게 국토부와 LH

공사는 슈퍼 갑의 위치에 있고 그에 대하여 비판적인 논의를 하는 데 어려움이 있었을 것으로 짐작되는 측면도 있다. 국회 주거공익법제포럼에서 발표자 중 한 분은 주택도시기금이 '국토부 사무관의 쌈짓돈'이라고 했고, 토론자로 나오신 국토부 담당 국장은 포럼에 시간을 내서 나온 이유가 주택도시기금이 국회의 통제 하에 투명하고 공정하게 관리되고 사용되어 왔다며 아무런 변경의 필요성이 없다고 말하기 위해서라고 하였는바, 이러한 논의과정은 오히려 주택도시기금에 대한 심도 있는 검토의 필요성이 절실하구나 실감하는 계기가 되기도 했다.

여하튼 주택도시기금은 그 조성 기반이 국민들이 낸 국민주택저축과 주택청약저축으로 자산 기준 200조가 넘는 대규모의 공적 기금이라는 점에서 주거취약계층을 위한 공공주택의 공급등 주거안정에 가장 중요한 자금원인바, 주택도시기금이 원래 목적대로 잘 사용되고 있는지, 거버넌스 구조는 주거취약계층의 이익을 잘 대변할 수 있도록 갖추어져 있는지, 국회에 의한 통제는 의미 있게 진행되고 있는지, 중요사항에 대한 공시가 적기에 이루어져 국민들의 알 권리를 충족하고 있는지 등은 간과되어서는 아니 되는 중요한 문제이다. 이러한 문제의식을 가지고 국회에서 4회의 주거공익법제포럼을 진행하면서 집중적으로 다루게 되었다. 국회에서 주거공익법제포럼을 진행할 수 있게 된 것은 앞서 본 《주거공익법제연구》를 보고 당시 이광재 국회 사무처장께서 연락을 주셔서 주거공익법제에 관하여 말씀을 나누던 중 국회에서 주거공익법제포럼을 진행하는 것으로 뜻이 모아졌기 때문이다. 다행히 《주거공익법제연구》 발간 이후 책 집필진을 중심으로 느슨하게나마 주거공익법제포럼이 구성되어 공공주거 전문가들과 법률전문가들이 주거공익법제의 개선방안을 지속적으로 논의하는 장이 마련된 것이다.

2023. 12. 04. 제1회 주거공익법제포럼 이후 2025. 02. 26. 제4회 주

거공익법제포럼까지 진행된 내용은 아래와 같다.

2023.12.04.

제1회 쾌적하고 안정적인 주거를 위한 예산의 역할
       - 주거정책 예산, 현황과 방향 -

발제 1. 공공임대주택의 재정지원 현황과 향후 과제(진미윤 박사, LH토지주택연구원)
발제 2. 주택도시기금 예산 현황과 과제(박준 교수, 서울시립대학교)
발제 3. 지방도시개발공사 예산 현황과 과제(김지은 박사, SH도시연구원)
토론자 : 이상민 연구위원(나라살림연구소), 홍정훈 연구원(한국도시연구소), 장경석 입법조사관(국회입법조사처), 이희숙 변호사(재단법인 동천), 김규철 주거복지정책관(국토교통부)

2024.06.12.

제2회 주택도시기금 거버넌스 구조 개선방안
       - 지역계정 신설 및 민간 지원방안을 중심으로

발제 1. 주택도시기금 거버넌스 구조 개선방안(장경석 박사, 국회입법조사처)
발제 2. 주택도시기금 개선방안 : 지역계정 신설을 중심으로(이성영 연구원, 동천 주거공익법센터)

발제 3. 민간자본의 지방 주택공급 촉진을 위한 주택도시기금의 역할(이윤형 이사, 사회혁신기업 더함)

토론자 : 김준형 교수(명지대학교), 박미선 연구위원(국토연구원), 백두진 박사(전 국토교통부 사무관), 양동수 대표(사회혁신기업 더함), 윤세형 소장(인천도시공사)

2024.11.29

제3회 국민주거안정을 위한 공공주택 공급모델 혁신방안 토론회

발제 1. 안정적인 주거정책을 위한 주택도시기금 거버넌스 체계 구성 방안(장경석 박사, 국회입법조사처)

발제 2. 무주택서민의 주거안정과 주거만족도 향상을 위한 특화형 공공임대주택 법제화 방안(이희숙 변호사, 재단법인 동천)

발제 3. 소수 로또 vs 다수 주거안정 : 부담가능주택 재고 누적을 위한 주택 공급 방안(이성영 연구원, 동천 주거공익법센터)

토론자 : 김재혁 연구위원(한마음재단), 이윤형 이사(사회혁신기업 더함), 백두진 박사(경기주택도시공사), 최경호 작가(『어쩌면, 사회주택』 저자), 김헌정 정책관(국토교통부 주택정책관)

2025.02.26

제4회 장기 공공지원민간임대주택 및 거주자 친화적 특화형 공공임대주택 공급 확대 방안 : 지방정부와 제3섹터를 중심으로

발제 1. 장기 공공지원민간임대주택 확대 및 공공성 제고 방안 :

리츠 활용을 중심으로(이성영 연구원, 동천 주거공익법센터)
발제 2. 지자체 중심의 거주자 친화적 특화형 공공임대주택 공급 방안(김종빈 부대표, 더함에스디)
발제 3. 지방정부와 제3섹터 중심의 거주자 친화형 부담가능주택 공급 사례 : 오스트리아를 중심으로(박미선 연구위원, 국토연구원)
토론자 : 김재혁 연구위원(한마음재단), 박준 교수(서울시립대학교), 백두진 박사(경기주택도시공사), 김계홍 민간임대정책과장(국토교통부)

제4회까지 주거공익법제포럼을 진행하면서 주택도시기금의 현황, 문제점, 개선방안 등에 대하여 나름대로 비슷한 결의 목소리를 내온 발제자, 토론자들이 모이게 되었고, 의기투합하여 그간 토론회 논의를 책으로 종합하기로 하여 이 책을 기획하고 수차례 논의과정을 거쳐 최종 출간하게 되었다.

이하에서는 이 책의 각 챕터를 간략히 요약하고 쟁점을 정리하며 도출된 개선과제 중심의 결론을 제시하고자 한다.

〈박준, 주택도시기금의 운용현황과 문제점〉

박준은 주택도시기금의 규모가 자산 규모상 네 번째, 운용 규모상 세 번째이나, 공공자금관리기금을 제외하면 두 번째 또는 세 번째 규모라는 점을 먼저 밝히고, 그 조성이 국민주택채권과 주택청약저축에 의하여 이루어져 대부분 부채로 조성되는 점, 운용 부문 관련하여 공급자대출사업과 수요자대출사업으로 크게 나누어 대출금 총액 147조, 그 중 주택 계정 145조, 임대주택 관련 대출금이 74조, 분양주택 대출금이 4조, 수요자 대출금이 65조인 점을 밝히고 있다.

운용의 문제점으로 전체적으로 운용액의 약 30%(9.5조원)가 융자 및 출자사업 등 사업비로 사용되어 주택구입 및 전세자금 비중이 총 융자사업에서 38%로 커진 반면, 공공임대주택 건설사업에 대한 융자 비중은 총액의 18% 수준으로 더욱 줄어가고 있다는 점을 지적한다. 출자사업에서도 건설형 공공임대 대상 출자사업의 비중은 줄고, 매입임대 대상 출자비중은 증가하는 추세라고 한다.

기금 조성액은 증가해온 반면, 융자 및 출자 등 사업비의 증가속도는 이보다 낮은 것이 확인되는바, 사업 미투입금액의 규모와 증가폭은 정책의지 부족 및 중앙 주도의 기금 운용이 효율적이지 못함을 보여주는 것이라고 하면서 누적여유자금 투자유가증권 및 예치/예탁금 규모가 2023년 기준 71조원 수준으로 장기유가증권인 출자금 약 39조원을 감안하더라도 약 32조원의 누적 여유가 있는 셈인데, 이는 주거안정을 위해 주택도시기금이 효율적으로 쓰이지 못하고 있음을 의미한다고 비판한다.

또한, 융자 및 출자사업 관련 공공주택을 직접 건설하거나 매입하여 확보하는 사업보다는 전세자금지원, 전세임대, 민간임대지원 등 민간임대시장을 활용하여 지원하는 사업에 사용되는 기금액이 더 커지고 있어 임대료 및 임대기간 측면에서 보다 주거안정성이 높은 사업에서 벗어나는 방향으로 사용되고 있는 문제가 있음을 지적하면서 이러한 문제점을 개선하기 위하여 기금 본연의 목적에 맞는 사업 지원을 위한 적극적 대안의 검토가 필요하다고 한다.

공공임대주택이 여전히 부족하다는 점은 기금이 공공임대주택 사업에 투입되어야 하는 가장 근본적인 이유이고, 민간임대주택을 활용하는 주거정책은 근본적 한계가 있는바, 영국의 예에서 보듯이 임대료 상승에 따라 지원이 커지게 되는 한계가 있고 전세자금융자 및 전세임대는 결국 갭투자 등을 통해 가격상승을 부추길 수 있는 우려 등 근본적인 한계가 있으므로 기금 운용에서 공공주택 부문이 강화되어야 한다고 주장한다.

한편, 지방정부는 기금의 지원을 받기 어려운바, 일정부분을 지방정부에 배정하여 직접 운용할 수 있도록 하는 방안을 고려할 필요가 있고, 사회적기업, 사회적협동조합, 비영리법인 등 사회적 경제주체에 의한 사회임대주택 사업에 기금의 지원이 충분하지 않으므로 임대기간 연장 및 임대료 수준 하향조정 등 의무사항을 강화하면서 융자최대한도 상향조정과 금리인하 등 방식을 통해 사회적 경제주체의 임대주택 공급 활성화 유도가 필요하다고 한다.

기금은 주거복지 증진을 위한 사업목적성 기금이기 때문에 기금 자체를 키우는 것을 목적으로 하는 여타 기금과 근본적으로 다르므로 기재부가 기금의 특수한 사업목적에 대한 고려가 부족해지는 부분을 고려한 관리 거버넌스의 개편이 필요하고 주거복지 증진을 위한 공공주택 확보에 기금의 적극적 투입과 적극적 정책의지가 필요함을 역설하고 있다.

〈백두진, 인구감소와 지방소멸시대 주택도시기금의 역할〉

백두진은 1981년 설치된 국민주택기금이 2015년 주택도시기금법 제정으로 주택도시기금으로 개편되었는바, 개편 이후 10년 동안 기금의 지원을 받아 공급된 임대주택은 113만호, 투자금액은 82.4조에 이르고, 주택도시보증공사(HUG)의 설립, 임대주택사업에 대한 리츠(REITs)의 설립, 도시계정 신설을 통한 도시재생사업 추진 등 성과를 먼저 평가한다. 특히 리츠가 임대주택을 공급할 수 있는 길을 열어 공공기관이 리츠를 활용해 부채 부담을 줄이면서 공급을 확대할 수 있도록 했고, 공공지원 민간임대주택과 같이 민간과 공공이 협력하는 모델이 출현하였으며 지방자치단체와 지방공사가 리츠를 활용하여 스스로 수요를 찾아 사업모델을 발굴하고 필요한 자원을 조직하면서 기금의 지원을 끌어내는 방식이 나타나는 등 성과가 있었다고 한다.

반면 수요자 융자의 지나친 확장, 전세대출의 급증, 다양한 주택공급 주체 육성의 부진, 중단된 도시재생 등 한계와 문제점을 지적하여, 수요자 융자의 경우 2004년 2.6조원에서 2024년 12.3조원까지 증가하였고, 2013년부터 도입된 이차보전(利差補塡 2024년 1.4조원)으로 집행된 대출금 규모가 기금이 직접 대출해 준 대출금액에 이를 것으로 예상되는 점을 고려하면 기금이 공급하는 수요자 융자 지원 규모는 예산을 통해 공개되는 규모보다 훨씬 크다고 하며, 문제는 대출을 확대하려는 정부와 정치권의 의지에 따라 이차보전을 활용한 주택구입, 전세대출이 지속적으로 늘어나고 있다는 점으로 특히 기금이 공급하는 디딤돌대출은 총부채원리금상환비율(DSR) 규제에서 제외되기 때문에 과도한 대출유발과 가계부채 악화 요인이 되고 있다고 비판한다.

관련하여 정책대출이 저소득층 보다 중고소득층에 더 많이 활용될 경우 재정지출의 역진성이 발생하는데, 2024년 신생아특례대출은 소득기준이 1.3억, 버팀목 전세대출은 저소득 일반가구에는 대출한도가 1.2억인데, 34세 이하 청년은 한도가 2억임을 지적한다.

전세대출은 2008년 금융위기 시기 서민주거안정의 명분으로 전세대출에 대하여 주택금융공사가 1억을 보증해주면서 시작되어 HUG 등의 보증서를 담보로 대출을 하는데, 2009년 2억으로 상향되고 무주택세대주 요건도 폐지되고 2015년에는 보증한도가 5억까지 확대되었으며 2015년부터 기금이 기존의 근로자서민전세자금 대출과 저소득가구전세자금 대출을 버팀목 대출로 통합하면서 본격적으로 전세자금 대출을 공급하기 시작하여 전세대출이 확대되면서 전세수요가 확대되고 전세가격이 급등하였으며 매매가격이 동반 폭등하게 되는 문제가 나타난 결과 2022년 12월 기준 기금이 공급한 전세대출 잔액은 26.5조원, 이차보전 방식을 고려하면 국내 전세대출시장에서 기금이 차지하는 비율은

20~30%로 추정된다고 한다.

또한 저소득층에 대한 전세대출 대부분이 기금의 버팀목 대출을 통해 공급되고 있는바, 이러한 전세대출은 다가구다세대주택 등 가장 하위 주택의 전세가격을 떠받치는 역할을 하는 문제가 있다.

다양한 주택 공급주체 육성 부진과 관련하여, 지난 20년간 저리로 융자된 기금 약 18조 중 4.4조(23.4%)가 부영에 집중되었는바, 부영은 과도한 임대료 인상, 분양전환대금 부풀리기, 낮은 주거품질, 퇴거 입주민에 대한 부당한 비용 청구 등 문제가 국정감사에서 지적될 정도인 반면, 사회적 기업, 사회적 협동조합 등 비영리 또는 제한영리 주택 공급주체를 육성하려는 체계적인 노력은 보이지 아니한다고 비판한다.

중단된 도시 재생 관련 도시재생 뉴딜사업이 5년간 50조원을 투자할 계획으로 전국 456곳의 사업지를 선정 진행되었으나, 2022년 윤석열 정부 출범 이후 대폭 축소되어 2017~2022년 5년간 3천억의 집행액에 그쳤다고 한다.

주택도시기금은 대한민국의 주거 문제를 해결하기 위해 지난 수십 년 동안 중요한 역할을 해왔지만, 주택도시기금이 변화하는 경제·사회적 환경 속에서 지속 가능한 역할을 수행하기 위해서는 아래 5가지 핵심적인 개선이 필요하다.

첫째, 주택도시기금의 수요자 대출이 과도하게 확대되는 것을 경계하고 공급자 지원 중심으로 정책 전환(pivot)이 필요하다. 디딤돌 대출, 버팀목 대출, 신생아 특례대출과 같은 수요자 대출상품이 확대되면서 가계부채 증가와 주택 가격 상승을 부추기는 요인으로 작용하고 있다. 특히, 총부채원리금상환비율(DSR) 규제를 적용받지 않는 정책대출이 확대되면 주택구매와 임차 수요를 증가시켜 시장을 왜곡시키는 부작용이 발생할 할 가능성이 크다. 따라서, 수요측면의 정책대출 확대보다는 공급 측면에서의 지원 확대가 바람직하며, 수요자에 대한 금융지원은 저소득 서민 중심으로 제한적으로 운영할 필요가 있다.

둘째, 공기업·건설사 중심의 기금 지원에서 벗어나 주택 공급자의 다변화를 유도할 필요가 있다. 현재의 주택공급 구조는 공공기관(예: LH, SH, GH)과 일부 대형 건설사 중심으로 이루어지고 있는데, 민간이나 제3섹터에서 보다 다양한 주체가 참여할 수 있도록 다양한 주택공급 모델의 도입이 필요하다. 특히, 협동조합형 주택, 사회주택, 공공지원 민간임대 리츠, 주거분야 소셜벤처 등의 새로운 공급 주체를 육성하고, 성과가 있는 사업모델은 일회성에 그치지 않고 지속 가능한 모델로 정착시키는 것이 중요하다.

셋째, 도시재생 사업 투자에 대한 지속성과 일관성이 필요하다. 도시재생 뉴딜사업이 단기적으로 추진되다가 중단되면서 지역 활성화 정책이 흔들리고 있다. 지방소멸 위기와 수도권 집중 현상을 고려할 때, 종합적인 지역활성화 전략으로 도시재생 사업을 전환하면서 이에 대한 지속적인 투자와 정책적 일관성이 유지되어야 한다. 특히, 지방자치단체가 주도적으로 사업을 기획하고 실행할 수 있도록 기금 운용의 자율성을 확대하는 것이 필요하다.

넷째, 전세시장의 순기능을 제고하고 연착륙을 유도해야한다. 전세제도는 대한민국의 독특한 주거 형태로, 세입자가 일정한 보증금을 예치하고 월세 없이 거주할 수 있는 장점이 있으나 전세가격 급등과 전세보증금 반환 문제(전세사기, 역전세 등)가 사회적 이슈로 부각되면서 주택시장 전반의 안정성이 위협받고 있다. 주택시장에서 전세가 차지하는 비중을 서서히 줄여나간다는 목표아래 ❶전세대출에 대한 총부채원리금상환비율(DSR)의 점진적 적용과 분할상환 방식 유도, ❷전세임대주택 공급의 대폭적 확대, ❸월세 전환을 유도하기 위한 금융상품 개발과 세제지원, ❹자산형성 기능의 전세상품 개발 등을 제안한다.

다섯째, 지방소멸에 대응하기 위한 주택도시기금의 역할이 더욱 중요해지고 있다. 지방공사의 역할 확대를 위해 임대주택 보조금을 출자금으로 전환하여 부채비율을 낮추고, 지방계정을 신설하여 지역이 자체적으로 주택정책을 운영할 수 있도록 하는 방안이 필요하다. 이를 위해 국민주택채권을 지방채로 전환하는 조성재원의 개편도 검토해야 한다.

주택도시기금은 저출생과 지역소멸이라는 현실 앞에서 단순히 주택을 공급하는 것을 넘어 지역균형발전, 사회적 약자의 주거 안정, 도시재생을 통한 지역 활성화 등의 복합적 목표를 달성해야 하는 상황에 직면해 있다. 세계적으로 비슷한 사례를 찾아보기 힘든 주거 분야에 특화된 대규모 공적 기금이며, 우리나라의 지속 가능한 주거 정책을 위한 핵심 재원이라고 할 수 있는 주택도시기금이 기존의 성과를 넘어 새로운 주거·도시정책의 중심 수단으로 자리 잡을 수 있기를 기대해 본다.

〈장경석, 안정적 주거정책을 위한 주택도시기금 거버넌스 개편방안〉

장경석은 주택도시기금의 거버넌스 구조를 상세히 분석하면서 그 문제점과 개선방안을 제시하고 있다.

주택도시기금 거버넌스와 관련하여 주택도시기금 위원회 운영규정에 따라 기금운용심의회, 자산운용위원회, 위험관리위원회, 성과평가위원회, 대체투자위원회 등 5개 위원회를 설치운영하고 있는바, (1) 기금운영심의회의 위원장은 국토부 고위공무원(주택정책관)이고, 당연직 위원으로 국토부 주택기금과장과 주택도시보증공사 기금사업본부장이 되며, (2) 자산운용위원회 위원장은 국토부 주택기금과장이고, (3) 위험관리위원회와 성과평가위원회, 대체투자위원회 위원은 국토부장관이 위촉하도록 되어 있으며, (4) 현재 대체투자위원회 위원장은 주택기금과장으로 5개 위원회가 국토부 장관, 주택정책관, 주택기금과장, 주택도시보증공사 임원 등이 수직적 계열로 연결되는 거버넌스 구조임을 지적한다.

그 결과 기금운용과 사용이 독립적으로 이루어지지 못하고 국토부의 결정에 의존하고 있음이 문제점으로 제시되는바, 국민연금의 경우 복지부장관이 위원장이고, 위촉 위원들은 주요 이해당사자인 사용자, 노동자, 직능별 지역가입자 대표, 전문가들로 구성되어 있는 것과 차이가 있다. 기금 정책결정 및 운영과 관련한 각종 자료 및 지표의 공개가 필요하나 공개되는 정보가 매우 제한적이어서 기금운용심의회 및 다른 위원회 구성 및 회의내용도 전혀 공개되지 않고 기금 운용 실무를 위탁받은 HUG는 기금운용계획, 실행, 평가와 관련한 분석보고서를 작성하여 이를 알리는 노력을 거의 하고 있지 않다. 국회에 제출되는 예산안과 이에 대한 검토보고서, 결산과 이에 대한 검토보고서, 연간 기금운용계획, 투자현황, 운용수익률, 주택도시기금 업무편람 자료 정도가 공개되고 있는데, 특히 기금이 그 사용 목적대로 사용되고 있는지에 대한 평가보고는 거의 찾아보기 어려운 문제가 있다. HUG는 기금 운용 업무를 위탁받았으면서도 이에 관한 사규를 거의 공개하지 않아 예컨대 기금법에 따라 민간임대리츠를 운영하려는 민간사업자의 경우 어떠한 근거에 의하여 HUG가 결정을 하는지 알 수 없는 문제가 발생하기도 한다.

이러한 현 거버넌스 구조의 문제점을 개선하기 위한 개편방안으로 최고의사결정기구의 마련, 기금운용실무평가위원회의 설치, 전문위원회 설치, HUG와 별도의 기금운용기관 설립, 공시를 위한 투명한 기금운용 보장 등이 제안되는바, 최고의사결정기구는 위원장을 국토부장관과 민간 전문가 공동위원장으로 하고, 당연직 위원으로 기재부, 금융위원회, 행안부, 농림축산식품부, 복지부 각 차관과 광역 지자체 부단체장 등으로 구성하며, 민간 위원으로는 주거기본법상 주거취약계층의 이해를 대표하는 주거복지분야 단체 및 전문가, 민간건설사 대표 및 주택금융기관 등으로 구성할 수 있음을 제안한다.

또한 기금의 운용성과를 집계하여 그 성과를 평가하는 평가위원회의 설치, 전문위원회로 재정운영 및 분석위원회, 여유자금 운용 및 리스크 관리위원회, 사업성과 모니터링 위원회 등을 두는 방안 및 기금의 운용만을 전문적으로 책임지는 기금관리형 준정부기관인 공단을 설립하는 방안을 제안하고 있다.

한편 현 주택도시기금법에서 규정하고 있지 않은 공시제도를 국민연금 수준으로 하여 대출자금의 회수, 여유자금의 투자대상 및 수익률에 대한 정보 등을 자세히 공시하여 투명한 기금 운용이 이루어지도록 할 필요가 있음을 역설하고 있다.

〈김경목, 주택도시기금과 지방자치〉

김경목은 〈주택도시기금과 지방자치〉에서 지방자치단체의 자치권과 관련하여 헌법 제117조 및 지방자치법 제8조제1항 등 기본 개념을 중심으로 설명하면서 중앙정부와 지방자치단체 사이에 사회복지 사무의 분배가 어떻게 이루어지고 있는지 살피며 사회보장제도의 실현과 관련하여 복지사무의 상당 부분을 국가가 담당하고 지방자치단체의 자율성이 미흡하다고 지적한다. 지방분권 강화를 위하여 2004년 구 지방분권특별법, 2008년 지방분권촉진에 관한 특별법, 2014년 지방분권 및 지방행정체계 개편에 관한 특별법, 2018년 지방자치분권 및 지방행정체계 개편에 관한 특별법, 2023년 지방자치분권 및 지역균형발전에 관한 특별법 등 일련의 입법이 계속 되었지만, 아직까지 국가사무를 지방자치단체에 적극적으로 이양하여야 한다는 의무는 선언적인 의미에 그치고 실효성 있는 정책수단은 제시되고 있지 못하다고 분석한다.

주거복지 관련 법령에서 지방자치단체가 자치사무로서 주거복지와 관련하여 실질적으로 역할을 수행할 수 있도록 규정하고 있는지 살펴보면, 주거기본법의 경우 중앙정부가 주거종합계획을 세우고 이 종합계획에 따라 시도지사가 시도 주거종합계획을 수립하도록 규정(제6조)하여 국가 주도로 주거종합계획을 수립하도록 되어 있는바, 이러한 구조는 바뀔 필요가 있다. 일본의 경우 자치단체의 자율성과 독립성을 존중하는 지역의 다양한 수요에 부응하는 공적임대주택 정리 등에 관한 특별조치법이 제정되어 국가는 기본방침만을 정하고 지자체가 지역별 요구를 반영하여 주택계획을 세우도록 하여 지자치 중심의 주택계획을 세우도록 하고 있다. 일본은 1993년 국회에서 지방분권추진에 대한 결의를 한 때부터 지방분권에 대한 논의를 본격화하여 2000년 제1차 지방분권일괄법의 제정을 시작으로 현재까지 총 14차에 걸쳐서 지방분권일괄법을 제정하여 지방분권을 추진해 왔다. 일본이 이러한 지방분권 강화 기조 속에서 2005년 지역주택특별법을 제정하여 국가는 공공임대주택의 기본방침을 정하고, 지방자치단체가 지역별 요구를 반영하여 지역주택계획을 세우도록 한 것과 여기서 더 나아가 2006년 40여 년간 주택정책의 근간이 된 주택건설계획법을 폐지하고 주생활기본법을 제정하여 국가가 지역별 공영주택의 정비사업량을 결정하는 하향식 체계를 벗어나 지방자치단체가 주택건설 목표량을 정할 수 있도록 패러다임을 바꾼 것은 우리에게 시사점을 던져 준다.

　공공주택특별법의 경우 공공주택 공급계획, 건설, 재원이 모두 국가가 결정하도록 되어 있고 지자체가 관여할 수 있는 부분은 거의 없는 것이 현실인바, 주택도시기금법을 보더라도 기금은 국토부 장관이 운용 관리하며 지금의 지출은 지역에 대한 배분이 없고 기금 사용에 지자체가 관여할 수 있는 부분은 없는 것이 현실이다. 현재 중앙정부가 주거정책의 규모, 내용의 대부분을 결정하고 지방정부는 중앙정부의 요구에 따라 정책 및 사업계획서를 제출하거나(공공임대), 이를 단순히 집행하는 역할(주거급여)에 머무르고 관할 지자체장은 자신의 지역에서 사업이 진행되어도 주택건설사업계획에 관여할 수 있는 행정적 절차가 없다. 이러한 중앙정부 주도의 주거정책은 공공임대주택 재고에 있어서 지역별 불균형을 초래하는바, 사업주체별로 보면 LH의 공공임대주택 재고가 72.5%이고 지자체는 17.3%에 그치는 등 지역에서의 LH 과대공급 또는 지자체 과소공급 문제를 가져오고 있어 이 문제를 해소하는 방안으로 지자체의 역할 강화가 필요하다.

주거정책은 국가가 국민의 주거권 보장을 위해 실시하는 것인바, 국민의 주거권 실현이 제대로 이루어지려면 지역의 특성을 반영하고 주민의 의견을 수렴할 수 있도록 정책이 수립되어야 한다. 특히 최저소득층 또는 저소득층을 위한 공공임대주택의 공급을 포함한 주거지원에 관한 정책은 중앙집권적인 방식에서 탈피하여 지방자치단체에 역할과 권한이 주어져야 한다. 즉 지방자치단체가 지역 실정에 맞게 공공임대주택의 계획, 건설, 공급 및 관리 전반을 책임지고, 중앙정부는 재정지원 및 제도를 마련하도록 하는 거버넌스의 재정립이 필요한 시점이다. 지방자치단체가 이러한 정책을 수행할 수 있도록 재정적 뒷받침을 하기 위해 주택도시기금에 지역계정을 신설하는 방안을 제안하고 있다.

〈이성영, 주거정책 분권화를 위한 주택도시기금 개선방안: 지역계정 신설을 중심으로〉

이성영은 주거정책 분권화를 위한 주택도시기금 개선방안으로 지역계정 신설을 제안하고 있다.

2021년 기준 공공임대주택 재고비율은 LH 72.7%, 지자체/지방공사 20.1%, 민간 7.2%로 LH의 비중이 압도적인바, LH가 광역 단위의 대규모 택지개발을 담당하고 공공임대주택 대부분을 공급하는 구조가 고착화되면서 중앙정부의 공공임대주택 지원 재정구조 역시 LH에 유리한 방향으로 설계되어 LH는 주택도시기금을 출자금형태로 받는 반면 지방공기업은 지자체를 통한 보조금 형태로 지원받는데, LH는 출자금이 자본금으로 계상되어 자기자본 대비 부채비율이 낮아져 채권발행한도가 늘어나는 반면, 지방공사의 경우 부채한도가 늘어나지 않아 개발사업에 제약이 발생하는 문제가 발생하고 있다. 점유안정성, 주거비용 적정성, 물리적 거주적합성, 1인당 주거면적, 지역별 주택보급률, 주거취약계층 당 공공임대주택 비율, 신규 주택 수요 추정치 등 주택수급 및 주거복지 관련 지표 관련 지역별 차이가 큰바, 이와 함께 지역별로 다양한 주거소요는 지자체 중심의 주거정책 분권화가 필요하다는 방증이다.

지방정부, 지방공기업 등 인터뷰 결과 지방 공기업이 지역의 필요를 반영하여 공공임대주택을 공급하고자 해도 지역별 특성을 고려하지 않는 지원 구조가 장애물로 작용하여 획일적인 정부 지원단가의 문제로 지자체가 30% 이상 비용을 추가 투입하거나 전세임대주택의 경우 저렴하던 지역의 주택 가격을 높여버리는 등 중앙집중형 주거정책의 부작용이 발생하고 있다. 근본적으로 중앙정부는 지방정부가 주도적으로 주택도시기금을 사용하려는 시도에 소극적으로 대응하여 "국토부에서 주택도시기금의 이용을 반대하는 게 기본적인 입장"이라는 반응이 나올 정도로 엄격하게 검토하고 협의과정이 길게는 몇 년씩 소요되기도 한다.

지역의 상황과 수요자의 필요에 적합한 공공주택 공급에 지방정부가 주도적 역할을 하도록 하려면 주택도시기금의 적극적인 활용과 지원이 필요한바, 이를 위하여 지방정부만이 사용할 수 있는 지역계정을 신설하는 방안을 제안하고 있다.

관련하여 단기적으로 지역주택기금을 설립하고, 장기적으로는 주거예산의 10%를 주거부문 포괄보조금 예산으로 신설하여 지방정부가 주거사업을 자율적으로 펼치도록 하자는 제안이 있고, 국토부장관에게 부여된 기금의 운용관리권한을 지자체장에게 이양하고, 기금의 운용관리 위탁주체를 주택도시보증공사에서 지방 주택도시기금공사 또는 기본의 지방개발공사로 전환하자는 제안도 있다. 지역주택기금의 신설, 지방

주택도시기금공사의 신설 등은 현재 주택도시기금 제도를 큰 틀에서 바꾸는 것이므로 다각적이고 종합적인 검토가 필요한바, 주택도시기금 내 지역계정 신설은 새로운 기관을 만들지 않고 분권화를 비교적 간이하고 신속하게 촉진할 수 있는 장점이 있어 지역 계정을 신설하고 이 지역계정에 공공임대주택/공공분양주택/민간임대주택 건설 관련 항목을 일정 비율 할당하는 방안을 제안하고 있다.

지역계정을 신설할 경우 지방정부가 기금을 적극적으로 활용할 수 있도록 별도의 인센티브 설계가 필요한바, 공공주택 입주자 선정, 임대료 기준 등을 지자체 상황에 맞게 조정할 수 있는 자율성을 확대하거나 기금 출자나 융자비율을 높여주는 등의 인센티브가 제시된다면 지역 계정 활성화에 도움이 될 것이라고 제안한다. 지역계정 활성화를 위하여 기금 의사결정 구조의 개선도 필요한바, 지역계정 운용심의회를 별도로 구성하거나 시도지사협의회 또는 각 지방별 위원 배정 등 지자체의 입장이 반영될 수 있는 구조 마련 필요하고 지역 계정 활성화를 위해서는 지자체의 계획권한을 강화할 필요가 있으며 지방개발공사도 LH처럼 기금을 출자금으로 받을 수 있도록 개선할 필요가 있다.

비수도권 지방정부가 고루 사용할 수 있도록 하는 방안, 광역지자체와 기초지자체 중 어느 곳이 주거정책의 중심이 될 것인지, 최종적으로 지방과 중앙의 기금 배분 비율을 어떻게 할 것인지 등도 정리되어야 할 문제이다.

〈이윤형, 민관협력형 주택공급 확대를 위한 주택도시기금 개선방향〉

이윤형은 공공지원민간임대주택의 입주민으로서 인근 민간분양아파트 전세가격의 50~65% 수준에 넓은 커뮤니티시설과 만족할만한 수준의 운영을 소개하면서 아파트를 누가, 어떻게 공급하느냐에 따라 주거의 안정성과 부담가능성, 품질에 큰 차이가 있다고 한다. 과거 오랜 기간 동안 주거공급의 패러다임은 자가소유를 확대하는 것이었으나, 2020년 자가점유율은 57.3%로 1995년 이래 50% 박스권에 머물러 더 이상 '내집 마련'의 꿈이 작동하지 않고 있어 특히 최근 개인구매력 보완을 위한 대출지원을 해야 한다는 주장도 있으나 이는 현재 우리 가계부채 비율이 거의 세계 최고 수준으로 위험수준인 것을 고려할 때 택하기 어려운 옵션이다. 이에 새로운 주거 패러다임이 필요한바, 부담 가능한 수준의 가격부담가능성과 주거품질이 주거권의 요소에 포함될 필요가 있고 기존의 공급자 관점에서 수요자 관점으로 전환되어야 하며 공공, 민간, 사회 전 영역이 주체가 되어 역할을 하여야 한다. 과거 토지 조성, 주택건축, 주택소유 각 과정이 분절적이고 단독적으로 각 과정의 공급주체에 의하여 이루어진 반면, 새로운 패러다임은 토지조성 단계 이후 복수의 주체가 함께 공급을 책임지는 점이 다르다.

관련하여 이윤형은 주택도시기금의 경상사업 중 하나인 임대주택 리츠사업을 분석한다. 공공임대주택은 서민 주거안정에 기여하는 만큼 사업자의 재정적 부담이 증가하는 특징이 있는바, 이를 완화하기 위하여 도입된 것이 임대주택 리츠사업으로 공기업의 부채비율 증가를 완화하고, 사업 재원확보의 어려움을 극복하며, 민간의 적극적 아이디어를 활용하기 위한 민관협력형 사업의 주요수단으로 리츠가 활용되는 것이다. 리츠는 공공과 민간의 합작출자 도관체이자 사업시행주체로 기능하는바, 2015년 정부는 '뉴스테이'라는 명칭의 기업형 임대주택 사업을 도입하였고 현재는 공공지원민간임대주택리츠 사업으로 명칭이 변경되었다.

공공지원민간임대주택은 임대료규제, 임차인 자격제한을 의무임대기간 동안 유지하는 조건으로 택지공급, 용적률완화, 금융지원 등의 공공의 지원을 받는 주택인바, 그 핵심은 금융지원이며 이는 주택도시기금을 통한 출자, 융자 및 HUG를 통한 융자보증으로 이루어진다. 공공지원민간임대리츠의 자금조달구조를 보면, 자본금 20%, 차입금 65%, 임대보증금 15%로 주택도시기금은 자본금 20% 중 14%를 우선주로 출자하고, 후순위 기금융자로 총사업비의 20~30%를 지원하여 사업의 마중물 역할을 하며, 민간 차입금은 선순위로 총사업비의 36%이고 100% HUG의 지급보증이 되는바, 2014년 시범사업 및 제도 도입 이래 2023년까지 전국 107개 사업장에 약 8.9만호의 주택을 공급하였고 주택도시기금은 총 약 4.5조원을 출자하여 주택도시기금 자산총액 220.7조원의 약 2.1%이고 2023년도 주택도시기금 운용총액 105.5조원 중 0.42조원이 임대주택리츠에 출자되어 약 0.4%에 해당한다.

앞서 본 새로운 주택공급 패러다임으로의 전환을 위하여 공공지원민간임대주택 리츠사업을 확대, 발전시킬 필요가 있다. 특히 임대주택 리츠사업은 민관합작출자 리츠가 임대인이 되어 기존 민간전세주택이 개인 다주택자의 취약한 재무구조에 기대어 온 것과 달리 안전한 재무구조를 갖추고 있다. 공공정책은 가격, 품질, 물량(접근성)이라는 세 마리 토끼를 모두 잡아야 하지만 현실에서는 한 가지 이상을 놓칠 수밖에 없는 딜레마(공공정책의 트릴레마)가 있는바, 공공임대주택은 가격에 중점이 있으나, 품질과 물량에는 한계가 있고 이러한 문제를 해결하려면 정책 운용과정에 참여하는 참여자를 늘려 협력과 경쟁을 통해 가격과 품질을 유지하면서 물량을 확보하는 것과 함께 공급과정에 참여하는 이해관계와의 원활한 파트너십을 구축하여야 정책효율성을 제고하고 재정지출을 최소화할 수 있다.

기존 임대주택 리츠모델은 매각청산이익 중심의 시공사 주도모델인바, 임대료 인상 규제로 인해 국내 82개 공공지원민간임대주택리츠의 10년간 임대운용 연평균 배당률은 −1.3%로 개발기간 및 임대운영기간 중에 손실이 발생하기 때문에 매각청산 이익으로 손실을 보전하는 방식의 모델이다. 이러한 임대리츠의 사업주체는 건설사인바, 운영기간 중 손실로 인해 실현할 수 없는 자본수익을 공사비에 반영하게 되고 그 결과 단순 도급사업에 비해 공사비가 높게 형성된다. 또한 사업기간 내 자본회수가 제한되어 장기투자자금을 시장에서 조달하기 어렵다. 2024년 8월 정부는 20년 장기임대주택안을 발표했는바, 의무 임대기간을 10년에서 20년으로 늘리고 임대료 통제를 일부 완화하는 것이 그 골자이다. 20년으로 임대기간이 늘게 되면 민간사업자의 참여가 저조할 것이므로 이를 극복하기 위해 임대수익을 높여서 참여유인을 제공한 것이다.

협동조합형 공공지원민간임대 리츠사업(별내, 지축 각 500세대)은 2016년 국토부 시범사업으로 시행된 것으로 기존 뉴스테이에 사회적기업과 협동조합 모델을 접목한 것으로 입주자들로 구성된 사회적협동조합이 개발단계부터 참여하여 임차인이 간접적인 소유주가 되는 독특한 구조를 갖고 있다. 가장 큰 특징은 2022년 현재 임대료 수준이 시세 대비 45~60%로 가히 반값 아파트라고 불러도 무리가 아니다. 이와 같은 구조가 가능하게 된 요인은 (1) 시행과 시공을 분리하여 시공비용을 단순도급금액수준으로 낮춘 것(개발원가 절감), (2) 입주자 협동조합의 출자참여를 통하여 저렴한 임대료 유지로 인해 발생하는 운영기간 중 사업적자를 감내할 수 있는 자본을 조달하고(장기저리금융), (3) 제한영리주체인 사회적기업이 일반 영리기업 대비 적정 사업이익을 수취, 절감한 공사비 및 금융비를 임대료 인하, 커뮤니티시설 면적 확대 등 사회적 가치로 환원하였기 때문이다.

이와 같은 시범사업의 성과에도 불구하고 협동조합형 임대리츠는 1회성 사업에 그치고 확산되지 않았는바, 이는 우수 사업모델에 대한 평가와 확산 시스템이 부재함을 보여준다. 이러한 모델을 확산하기 위해서는 공공성 평가지표 다양화 및 실현 정도에 따라 차등적 인센티브 부여가 필요한바, 10년 이상 임대기간 강화, 임대료 인하 정도에 따라 가점을 주는 방안 등 차등적 인센티브 부여를 평가에 반영할 필요가 있다.

공공지원민간임대주택의 개발이익이 특정 민간 사업자에게 모두 귀속되는 현재와 같은 구조를 개선하여 임차인이 리츠의 주주가 되도록 하거나 입주자로 구성된 사회적협동조합이 주주가 되게 하는 방안, 공공의 리츠 주주 참여방안, 리츠의 상장을 통한 일반시민을 주주로 참여시키는 방안 등 투자주체 다변화를 통한 공공성 강화와 장기 투자자본 조성이 필요하다.

이상 필진들의 제안 중 주요한 공통 제안을 정리해보면 아래와 같다.

1. 공급자 지원 확대: 수요자 대출을 제한하고 공급자 지원 확대가 필요하다.
2. 거버넌스 개혁: 지역(지방)과 주거취약계층의 목소리를 반영할 수 있도록 기금의 거버넌스 구조가 개혁되어야 하고 국민연금 수준으로 공시제도가 대폭 강화되어야 한다.
3. 주거 지방분권: 지방이 주도적으로 기금을 활용할 수 있도록 지역계정을 신설하는 등의 방안이 필요하다.
4. 민관 거버넌스: 공기업·건설사 중심의 기금 지원에서 벗어나 민간의 제한영리, 비영리 주체 등 새로운 공급주체를 육성하여야 한다.

위 주요 제안과 관련하여 국회 주거공익법제포럼과 이 책의 집필과정에서 아래와 같은 입법 필요성, 추가 연구의 필요성과 향후 과제 등이 논의되었는바, 간략히 소개한다.

〈제안 1: 공급자 지원 확대〉

주택도시기금의 사용 용도와 관련하여 수요자 금융이 증가하고 공급자 지원의 상대적 비중이 감소하는 문제가 있어 수요자 금융을 대폭 줄이고 공급자 지원을 늘리는 방향은 필진 전원의 일치된 의견이었다. 수요자 금융이 증가해 온 이유와 필요는 수요자 측면에서는 청년층, 신혼부부 등의 주거 마련과 관련한 현실의 요구가 정치적으로 반영된 측면도 있었을 것이고 정부 차원에서는 경기부양 측면도 있을 것이어서 이러한 현실적인 요구를 완전히 무시하기는 어려운 측면이 있으므로 불가불 점진적인 비율 조정이 있어야 할 것인데, 공급자 지원과 수요자 금융의 적정비율은 어느 정도로 할 것인지에 대하여는 향후 추가적인 검토가 필요해 보인다. 최근 주거공익법제포럼에서 박미선 박사가 정리한 바에 따르면 오스트리아의 경우 직접 건설자금 지원: 주거비 대인지원 비율이 81.7%: 19.3%로 약 8:2의 비율인데, 이러한 예도 참고가 될 것이고 프랑스와 네덜란드 등 예도 향후 조사하여 참고할 필요가 있을 것이다.

그밖에 주택도시기금 중 투자유가증권 규모가 2022년 64조원에 달하는 등 사업 미투입금액의 규모와 증가폭이 크다는 점을 들어 조금 더 사업 투자 기금 규모를 늘려야 한다는 주장과 최근 주택 시장 흐름에 따라 기금 입금액이 감소하는 추세이고 기금의 성격이 단기 부채의 성격이어서 여유자금이 많다고 보기 어렵다는 견해도 있었는바, 기금의 부채로서의 성격을 고려할 때 적정한 사업 투입 기금 규모와 비중이 어느 정도여야 하는지에 대하여는 향후 심도 있는 경제학적 분석이 필요해 보인다.

〈제안 2: 거버넌스 개혁〉

지역(지방)과 주거취약계층의 목소리를 반영할 수 있도록 기금의 거버넌스 구조를 바꾸고 공시제도를 국민연금 수준으로 바꾸려면 주택도시기금법을 개정하여 동법에 독자 거버넌스 구조를 두고 공시제도에 관하여 상세한 규정을 두는 방향으로 법 개정이 필요한데, 국민연금법의 거버넌스 및 공시 관련 규정을 참고하여 주택도시기금의 성격을 반영한 법 개정이 필요할 것이다. 성과 평가 특히 사용목적 대로 사용되고 있는

지, 효과 달성을 위한 자금 배분 이루어지고 있는지에 관한 부분도 주택도시기금법에 평가위원회에 관한 규정을 두는 방향으로 법 개정이 필요하고, 국회에 의한 감독관리 부분도 일반적인 기금을 대상으로 하는 국가재정법의 규율 보다는 주택도시기금법에 별도로 감독관리 장치를 두는 방향의 법 개정이 필요해 보인다.

장경석 박사는 주택도시보증공사에서 기금 관리 및 운용을 떼어내 별도의 주택도시기금공단의 신설을 제안하고 있는데, 향후 주택도시기금공단의 설치 필요성에 대한 심도 있는 검토가 필요해 보인다.

〈제안 3: 주거 지방분권〉

이성영은 지방이 주도적으로 기금을 활용할 수 있도록 지방계정을 신설하는 등의 방안을 제안하면서 법 개정안도 제안하고 있는바, 주택도시기금 거버넌스의 핵심 과제는 지방분권이다. 지나치게 중앙정부 중심으로 되어 있는 현재 주택도시기금 구조는 과도한 수도권 집중이라는 불균형을 그대로 반영한 것이지만, 이러한 불균형이 지속가능하지 않음을 세계 최저 출산율 수치는 웅변하고 있으므로 지방분권은 지체할 수 없는 시급한 국가과제인데, 그중 주거 분권은 중요한 핵심 분야라 할 것이다. 이에 주거분권의 다양한 아이디어에 대하여 향후 심도 있는 검토와 시도가 필요해 보이는바, 백두진은 지방채 전환을 제안하고 있고, 박미선 등은 (1) 지방주택도시기금 설치, (2) 포괄보조금 등을 제안하고 있는바, 이들 방안이 궁극적으로 입법화할 수 있을 것인지는 지방분권의 큰 그림에 이르는 지극히 정치적인 과정의 문제이지만, 법적인 측면에서 입법에 이러한 아이디어를 어떻게 반영할 수 있는 것인지에 대하여 추가적인 검토가 필요해 보인다.

〈제안 4: 민관 거버넌스〉

　공기업·건설사 중심의 기금 지원에서 벗어나 민간의 제한영리, 비영리 주체 등 새로운 공급주체를 육성하여야 한다는 점 역시 필진 모두 같은 의견이었다. 관련하여 박미선 박사가 소개한 오스트리아 사회주택의 경우 민간 제한영리사업자가 70%의 공급을 담당하고 있고, 프랑스의 경우 사회주택 공급의 절반을 민간 비영리사업자가 담당하고 있다는 점은 향후 민간의 제한영리, 비영리 사업자를 새로운 공급주체로 육성하여야 할 필요를 뒷받침하는 좋은 예이다. 이를 위하여 공공지원 민간임대주택 사업자 선정과 관련하여 공공성 평가지표 다양화 및 차등적 인센티브 제도의 도입이 필요하고 평가지표 개발이 뒤따라야 할 것이다. 제한영리, 비영리 주체의 양성을 위한 회사 제도 연구도 필요한데, 오스트리아, 프랑스, 미국 등 제한영리, 비영리 주체에 대한 회사법적 비교법연구와 이를 바탕으로 한 새로운 회사 제도 도입이 필요하다.

　책을 마무리하며 이 책의 출발점이 된 《주거공익법제연구》의 에필로그에서 정리한 숙제를 조금 한 느낌이다. 이렇게 숙제를 정리했었다.

　"먼저 떠오르는 생각은 우리 공공임대주택이 OECD 중간 이상이라고 함에도 최근 전세사기 등 주거취약계층의 주거불안문제가 심각해 보이는 것은 왜일까 하는 것이다. 관련하여 공공주거의 절대공급물량 자체가 중요한데, 미국 등의 예에서 보듯이 그 재원의 많은 부분은 정부에서 나올 수밖에 없고 이 점에서 역대 정부의 주거복지 관련 예산의 규모와 구성을 살펴보고 그 한계와 문제점, 개선방안에 대한 검토가 추가적으로 필요하다는 생각을 하게 된다.

　프랑스 주거공익법제에서 인상적인 것은 지방정부에 2025년까지 사회주택 25% 공급의무를 부과하고 있는 것인데, 관련하여 주거공익법제의 큰 그림과 로드맵을 누가, 어떻게 그리고 있고, 정부와 민간은 어떻게 역할을 분담하여 협력하고 있는가 하는 문제를 추가적으로 살펴볼 필요가 있다는 생각에 이르게 한다. 또한 지방정부의 역할과 비중을 어떻게 높여갈 것인가 하는 문제도 보다 심도 있는 추가 검토가 필요할 것으로 생각된다.

영국이 1980년대 이후 민간 주도로 사회주택 공급 시스템을 변화시켜 간 것과 미국의 비영리법인과 영리법인에 의한 사회주택 공급시스템 역시 민간의 역할과 비중 제고라는 측면에서 주목되는바, 특히 영국과 프랑스 등 나라에서 사회주택 공급의 중심축을 이루고 있는 주택협회와 관련하여 좀더 상세한 연구가 필요하다고 생각된다. 주택협회는 비영리법인으로 전국적으로 산재하며 사회주택 공급과 유지, 운영의 중심역할을 하고 있는바, 주택협회가 이러한 중심역할을 하게 된 배경과 경위, 그 구체적인 조직 및 거버넌스 구조, 법적 근거, 재원, 주된 사업, 정부와의 관계 등을 심도 있게 검토하여 향후 우리 사회에서 공공주거의 건설 및 유지, 운영에서 민간의 역할을 높여나가려면 어떠한 정책과 제도가 필요한지 시사점을 찾아낼 필요가 있다고 생각된다."

이런 소박한 문제의식에서 주택도시기금을 들여다보게 되었고, 4회의 주거공익법제포럼을 거쳐 이 책이 만들어진 것으로 '아 이제 비로소 첫 발을 내딛었구나' 느낌이 들면서 동시에 갈 길이 참 멀구나 생각한다. 주택도시기금에서 보듯이 우리의 주거 문제는 참으로 복합적이다. 김수현 전 정책수석이 《부동산과 정치》에서 토로한 바와 같이 금리와 유동성이 주택의 가격과 수요에 미치는 영향은 절대적이고 종합부동산세를 포함한 세법 역시 큰 영향을 미치며 복지 담론 역시 주거정책에 큰 영향을 미치는 요소이다. 문재인 정부에서 보듯이 주택문제는 정권의 향배를 좌우할 만큼 지극히 정치적인 이슈가 되었고 언론은 주택문제를 정치화하는데 결정적 역할을 하고 있다. 따라서 공공주거의 문제는 단순히 도시계획학, 건축학, 부동산학의 문제가 아니라 금융, 재정, 세법, 입법, 복지와 언론, 정치 및 경제학 담론을 포괄하는 복합적이고 고도로 정치적인 문제이므로 그 정책담론은 이러한 복합적인 성격을 고려하여 다학제적인 각 분야 전문가 컨소시엄의 논의를 통해 마련될 필요가 있는 것이다.

마지막으로《주거공익법제연구》에필로그 과제 중 향후 과제로 남아 있는 부분을 상기하고자 한다. 즉, (1) 주거공익법제의 근간을 이루는 공공주택특별법 및 민간임대주택특별법과 관련하여 두 법을 전체적으로 조망하고 그 한계와 문제점, 개선방안을 모색하는 작업, (2) 토지임대부, 지분적립형, 이익공유형 분양주택 등 대안적 모델의 평가와 비영리 및 영리 사업자의 역할을 제고하도록 하는 부동산, 세제 및 금융법제 등에 대한 종합적인 검토, (3) 장애인, 노인 등 주거취약계층의 주거 법제와 관련하여 그 현황과 한계, 문제점과 개선방안 검토 등.

주택 임대차법제의 현황과 개선과제를 다루는《임차인의 권리연구》는 공익법총서 제11권으로 준비되어 2025년 6. 17. 동천 설립 16주년을 기념하여 출간될 예정이다. 향후 우리 주택 임대차 법제 개선의 발판이 되기를 바라고, 이 책이 주택도시기금이 주거취약계층의 주거문제 해결을 위하여 올바로 사용되는 데 도움이 되기를 희망한다.

| 집필자 약력 |

진희선

연세대학교 건축공학과 졸업 (1988)
기술고등고시 합격 (1987)
미국 아이오와주립대학교 도시계획학 석사 (1996)
연세대학교 도시공학과 박사 (2007)
서울시 주택건축국장, 도시재생본부장, 행정2부시장 (1988~2020)
연세대학교 도시공학과 특임교수 (2020~현재)

박준

서울대학교 지구환경시스템공학부 학사 (2000)
서울대학교 지구환경시스템공학부 석사 (2005)
University College London 박사 (2011)
국토연구원 책임연구원 (2012~2016)
서울시립대학교 국제도시과학대학원 교수 (2016~현재)

백두진

경희대학교 회계학 학사 (2003)
건국대학교 부동산학 석사 (2008)
서울벤처대학원대학교 부동산학 박사 (2017)
사)한국주택학회 이사 (2025)
서울주택도시공사 부장 (2003~2022)
국토교통부 사무관 (2022~2024)
경기주택도시공사 부동산금융사업단장 (2024~현재)

장경석

서울시립대학교 행정학과 학사 (1996)
서울대학교 환경대학원 도시계획학 석사 (2001)
서울대학교 환경대학원 도시계획학 박사 (2007)
한국감정원 부동산연구원 책임연구원 (2008~2009)
사)한국주택학회 학술위원회 부위원장 (2016), 위원장(2017)
국회입법조사처 입법조사관(선임연구관) (2009~현재)

김경목

서울대학교 법학과 학사 (1993)
제26기 사법연수원 수료 (1997)
미국 University of California, Berkeley School of Law (J.S.D.) (2010)
김•장 법률사무소 변호사 (1997-2001)
헌법재판소 헌법연구관/선임헌법연구관/부장연구관 (2002~2020)
법무법인(유한) 태평양 변호사 (2020~현재)

이성영

한동대학교 공간시스템공학부 학사 (2007)
세종대학교 부동산학 석사 (2022)
세종대학교 부동산학 박사 수료 (2024)
토지정의시민연대 정책팀장, 희년함께 토지정의센터장 (2012~2022)
토지+자유연구소 객원연구원 (2015~2020)
동천주거공익법센터 연구원 (2023~현재)

이윤형

건국대학교 부동산학과 학사 (2016)
중국은행 기업금융부 (2016~2017)
코람코자산신탁 신탁사업팀 (2017~2020)
사회혁신기업 더함 실장, 이사 (2020~현재)

유욱

서울대학교 법과대학 공법학과 학사 (1986)
제19기 사법연수원 수료 (1990)
미국 Harvard Law School (LL.M.) (1998)
법무법인(유한) 태평양 변호사 (1993~현재)
재단법인 동천 이사장 (2024~현재)

재단법인 동천은 2009년 법무법인(유한) 태평양이 설립한 국내 로펌 최초 공익재단법인으로서 '모든 사람의 기본적 인권을 옹호하고 우리 사회의 법률복지 증진과 법률문화 발전을 통해 모두가 더불어 함께 사는 세상을 만들어 나가는 것'을 목표로 전문적인 공익활동을 해오고 있습니다. 장애인, 난민, 이주외국인, 사회적경제, 탈북민, 여성, 청소년, 복지, NPO, 주거 분야에서 법률구조, 제도개선, 입법지원 등 법률지원 활동을 수행하는 것과 함께 태평양공익인권상, 장학사업, 공익법총서 발간, 주중배식봉사, 나무심기, 플로킹, 연말 나눔행사 등 다양한 사회공헌 활동을 수행하고 있습니다. 특히 2016년 12월에는 NPO(비영리법인, 단체) 법률지원의 허브를 구축하여 NPO의 성장, 발전에 기여하고자 '동천NPO법센터'를 설립하여 매년 NPO법률지원단을 운영하면서 NPO에 대한 전문적인 법률지원을 할 수 있는 변호사단을 배출하였습니다. 또한 주거취약계층의 주거권 보호를 위한 체계적이고 종합적인 공익법률지원 및 연구를 실천하고자 2023년 3월에 '동천주거공익법센터'를, 장애와 관련한 법·제도 연구와 관련 입법을 추진하기 위해 2024년 12월에 동천장애인법센터를 설립하였습니다. 동천은 이러한 성과를 인정받아 2014년 국가인권위원회 대한민국인권상 단체표창, 2015년 한국인터넷기자협회 사회공헌상, 그리고 2019년 국가인권위원회 대한민국인권상 단체표창을 공동수상하였습니다.

| 저 자(논문 게재순) |

진희선 연세대학교 도시공학과 특임교수
박 준   서울시립대학교 국제도시과학대학원 교수
백두진 경기주택도시공사 부동산금융사업단 단장
장경석 국회입법조사처 선임연구관
김경목 법무법인(유한) 태평양 변호사
이성영 동천주거공익법센터 연구원
이윤형 사회혁신기업 더함 이사
유 욱   재단법인 동천 이사장/법무법인(유한) 태평양 변호사

『225조 원의 질문 : 주택도시기금의 진실과 미래』

초판 1쇄 인쇄 2025년 6월 13일
초판 1쇄 발행 2025년 6월 20일

엮 은 이   재단법인 동천
발 행 인   한정희
발 행 처   경인문화사
편   집   김지선 한주연 양은경 김한별
마 케 팅   하재일 유인순
출 판 번 호 제406-1973-000003호
주   소   경기도 파주시 회동길 445-1 경인빌딩 B동 4층
전   화   031-955-9300 팩   스 031-955-9310
홈 페 이 지 www.kyunginp.co.kr
이 메 일   kyungin@kyunginp.co.kr

ISBN 978-89-499-6867-4 03320
값 23,000원

* 저자와 출판사의 동의 없는 인용 또는 발췌를 금합니다.
* 파본 및 훼손된 책은 구입하신 서점에서 교환해 드립니다.